WENN ENERGIE VERSCHWINDET

Quarterlife Crisis,

Long Covid und

die erschöpfte Generation

Frank Hertfelder

ISBN: 978-3-912194-08-1

WIDMUNG

Dieses Buch widme ich meinen Lehrerinnen, Lehrern und Professoren. Sie haben mir nicht nur Wissen vermittelt, sondern Grundlagen gelegt, Neugier geweckt und mir gezeigt, wie wichtig sauberes Denken, Disziplin und Ausdauer sind. Vieles, was man später im Leben braucht, erkennt man nicht sofort. Manches wirkt erst Jahre später weiter – in Entscheidungen, in Fragen, in der Art, Zusammenhänge zu prüfen und nicht bei der ersten Antwort stehenzubleiben.

Ebenso widme ich dieses Buch meinen Freunden und ganz besonders meiner Frau. Nicht, weil jeder Weg schwer sein muss, sondern weil lange Wege Menschen brauchen, die mitgehen. Menschen, die ermutigen, wenn man selbst zu kritisch wird, die ehrlich bleiben, wenn man sich verrennt, und die da sind, wenn Alltag, Verantwortung und Ziele gleichzeitig Aufmerksamkeit verlangen.

Diese Form von Rückhalt ist selten laut. Aber sie trägt. Und oft entscheidet gerade sie darüber, ob aus einem Gedanken ein Projekt wird – und aus einem Projekt ein fertiges Buch.

INHALT

DANKSAGUNG

Dieses Buch wäre ohne die Menschen, die mir in den vergangenen Jahren Einblick in ihre Erschöpfung, ihre Grenzen und ihre Verletzlichkeit gegeben haben, nicht entstanden.

Mein besonderer Dank gilt meiner Frau. Ihre Erkrankung, ihr langer Weg durch Long Covid, ihre Geduld, ihre Rückschläge und ihre langsamen Fortschritte haben mir auf sehr persönliche Weise gezeigt, was es bedeutet, wenn Energie nicht mehr selbstverständlich ist. Viele Gedanken dieses Buches sind aus dem gemeinsamen Alltag entstanden: aus Gesprächen, aus stillen Momenten, aus abgesagten Plänen, aus vorsichtigen Hoffnungen und aus der Erfahrung, dass Gesundheit oft erst dann wirklich verstanden wird, wenn sie brüchig wird.

Ich danke auch allen Betroffenen, Angehörigen und Familien, deren Geschichten, Erfahrungen und Fragen in dieses Buch eingeflossen sind. Manche Namen und Situationen wurden verändert oder verdichtet. Die dahinterliegenden Erfahrungen bleiben jedoch real: Erschöpfung, Unsicherheit, Überforderung, Krankheit, Sorge, Liebe und der Wunsch, wieder am Leben teilnehmen zu können.

Mein Dank gilt ebenso den jungen Menschen, Sportlern, Familien, Führungskräften, Unternehmern und Vereinsmenschen, die ich in vielen Jahrzehnten als Trainer, Coach, Referent und Berater begleiten durfte. In diesen Begegnungen habe ich immer wieder gesehen, wie eng Energie, Lebensmut, Sicherheit, Verantwortung und Zukunft miteinander verbunden sind. Viele Gespräche haben mir geholfen, die Themen dieses Buches nicht nur aus der Perspektive von Krankheit, sondern auch aus der Perspektive von Lebensplanung, Arbeit, Familie, Sport und Gesellschaft zu betrachten.

Dankbar bin ich auch den Menschen, die sich wissenschaftlich, medizinisch, therapeutisch, pflegerisch und gesellschaftlich mit Long Covid, ME/CFS, Fatigue und chronischer Erschöpfung beschäftigen.

Ihr Einsatz ist wichtig, weil viele Betroffene noch immer um Anerkennung, Versorgung und Verständnis kämpfen müssen.

Dieses Buch versteht sich nicht als medizinische Anleitung. Es ist ein Versuch, genauer hinzusehen und eine Sprache für Erfahrungen zu finden, die zu oft übersehen, verharmlost oder falsch gedeutet werden.

Wenn dieses Buch dazu beiträgt, dass ein betroffener Mensch sich weniger allein fühlt, ein Angehöriger mehr Verständnis findet oder ein Leser Erschöpfung nicht länger vorschnell als Schwäche deutet, dann hat es seinen Zweck erfüllt.

Frank Hertfelder

Vorwort

Dieses Buch ist kein medizinischer Ratgeber. Ich schreibe es nicht als Arzt, nicht als Therapeut und nicht mit dem Anspruch, Diagnosen zu stellen oder Heilungswege vorzugeben. Ich schreibe es als Angehöriger, Autor, Coach, Trainer und Beobachter einer Gesellschaft, die zu lange geglaubt hat, Energie sei selbstverständlich.

Der persönliche Ausgangspunkt dieses Buches liegt in meiner eigenen Familie. Seit drei Jahren bin ich mit den Folgen von Long Covid unmittelbar konfrontiert. Meine Frau hatte über viele Monate hinweg nur ein extrem begrenztes Energiefenster. Aktivitäten von mehr als dreißig Minuten waren anfangs kaum möglich. Autofahren ging über ein halbes Jahr nicht. Arztbesuche mussten begleitet, der Alltag neu organisiert, der Haushalt anders verteilt, berufliche Abläufe auf Homeoffice umgestellt und private Einladungen immer wieder abgesagt oder stark verkürzt werden.

Solche Veränderungen wirken von außen vielleicht klein, solange man sie nicht selbst erlebt. Aber sie verändern ein Leben grundlegend. Ein gemeinsames Abendessen mit Freunden wird plötzlich nicht mehr danach geplant, worauf man Lust hat, sondern danach, wie lange der Körper es aushält. An einem Silvesterabend saßen wir mit Freunden zusammen, doch meine Frau musste bald auf die Couch. Um Mitternacht wurde noch kurz angestoßen, dann mussten wir nach Hause. Es war kein dramatischer Moment im äußeren Sinn. Aber genau solche Situationen zeigen, was Energieverlust bedeutet: Das Leben verschwindet nicht auf einmal. Es wird kleiner, vorsichtiger, berechneter. Heute geht es meiner Frau besser. Ihr Energieniveau liegt eher bei etwa siebzig Prozent. Das ist viel, wenn man die dreißig Prozent erlebt hat. Aber es ist nicht einfach das alte Leben. Wer einmal erfahren hat, dass Energie nicht selbstverständlich zurückkommt, hört anders auf den Körper. Man freut sich über das, was wieder möglich ist, und bleibt zugleich vorsichtig, weil man weiß, dass Kraft keine abstrakte Größe ist. Sie entscheidet darüber, ob ein Mensch teilnehmen kann.

Dann gibt es Max, den Sohn einer Freundin. Er war neunundzwanzig, am Ende seiner Promotion, als sein Leben kippte. Ob eine Infektion, eine Impfung, eine immunologische Reaktion oder ein anderes Zusammenspiel der Auslöser war, kann niemand sicher sagen. Gerade diese Unsicherheit gehört zur Tragik seiner Geschichte. Heute ist Max pflegebedürftig. Er muss in einem dunklen Zimmer leben, ohne normale Geräusche, ohne normales Licht, ohne normale Teilhabe. Nicht, weil er sich aus der Welt zurückgezogen hätte, sondern weil die Welt für seinen Körper zu laut geworden ist. Wer solche Erfahrungen macht oder ihnen nahekommt, kann über Erschöpfung nicht mehr oberflächlich sprechen. Dann reichen Begriffe wie Stress, Überarbeitung, schlechte Work-Life-Balance oder fehlende Resilienz nicht mehr aus. Sie erklären manches, aber nicht alles. Es gibt Müdigkeit, die nach Schlaf verlangt. Es gibt Erschöpfung, die nach Ruhe verlangt. Und es gibt Zustände, in denen Ruhe nicht mehr genügt, weil der Körper selbst die Fähigkeit verloren hat, Energie verlässlich bereitzustellen.

Gleichzeitig habe ich in meinem Berufsleben und in meiner ehrenamtlichen Arbeit immer wieder gesehen, dass Erschöpfung nicht erst bei Krankheit beginnt. Seit rund fünf Jahrzehnten arbeite ich als Trainer, Coach, Referent und Begleiter von Menschen in sehr unterschiedlichen Lebenssituationen: im Sport, mit Jugendlichen und Erwachsenen, mit Führungskräften, in der Finanz- und Lebensplanung, in Vereinen, bei Unternehmensgründungen und in Krisensituationen. Ich habe junge Menschen erlebt, die zwischen Schule, Sport, Berufswahl, Leistungsdruck und familiären Erwartungen zerrieben wurden. Ich habe Erwachsene erlebt, die äußerlich erfolgreich waren und innerlich kaum noch Reserven hatten. Ich habe Familien begleitet, in denen finanzielle Unsicherheit, berufliche Umbrüche, Arbeitsplatzverlust, Altersteilzeit oder die Frage, ob das Geld reicht, weit mehr waren als sachliche Planungsthemen. Sie waren emotionale Belastungen. Als Finanzplaner und Vermögensverwalter habe ich oft erlebt, dass Sicherheit nicht nur eine Zahl ist. Zwei Menschen können objektiv in unterschiedlichen finanziellen Situationen leben und sich dennoch ähnlich unsicher fühlen — oder umgekehrt. Entscheidend ist nicht nur das Vermögen, sondern das innere Sicherheitsgefühl. Wenn dieses Gefühl fehlt, werden Entscheidungen schwerer, Zukunft enger und Belastung größer. Auch das gehört zur modernen Erschöpfung.

In der Vereinsarbeit habe ich eine andere Form von Überlastung kennengelernt. Ehrenamt ist oft härter als Unternehmensführung, weil niemand bleiben muss. Jeder kann im Grunde jeden Tag aufhören. Gleichzeitig finden sich immer weniger Menschen, die langfristig Verantwortung übernehmen wollen. Viele helfen projektbezogen, aber dauerhafte Verantwortung verdichtet sich auf immer weniger Schultern. Am Ende droht nicht nur die Erschöpfung einzelner Menschen. Am Ende kann ein ganzes System brechen.

Auch der Sport hat mir viel über Energie, Grenzen und Entwicklung gezeigt. Training bedeutet Belastung, aber sinnvolles Training lebt vom richtigen Verhältnis zwischen Reiz, Erholung und Anpassung. Wer diesen Zusammenhang ignoriert, wird nicht stärker, sondern verletzt sich. Covid hat eine ganze Generation junger Sportler in ihrer Entwicklung massiv eingeschränkt. In vielen körperkontaktbezogenen Sportarten stand über Monate nahezu alles still: Training, Wettkampf, Gemeinschaft, Entwicklung, Ziele und Träume. Für manche war es eine Pause. Für andere ein Bruch.

Aus all diesen Erfahrungen entstand die zentrale Frage dieses Buches: Was geschieht mit Menschen, Familien, Organisationen und Gesellschaft, wenn Energie nicht mehr selbstverständlich ist?

Dieses Buch verbindet persönliche Erfahrung, gesellschaftliche Beobachtung und wissenschaftliche Einordnung. Die medizinischen Abschnitte beruhen auf öffentlich zugänglichen Quellen, Leitlinien und Fachinformationen. Sie sollen verständlich machen, nicht behandeln. Sie sollen Begriffe klären, nicht Diagnosen ersetzen. Wer selbst betroffen ist, braucht ärztliche Beratung und medizinische Begleitung. Aber Betroffene und Angehörige brauchen auch Sprache. Sie brauchen Begriffe für das, was ihr Leben verändert. Sie brauchen eine Gesellschaft, die Erschöpfung nicht sofort moralisch deutet. Und sie brauchen die Anerkennung, dass Grenzen real sein können, auch wenn andere sie nicht sehen.

Ich schreibe dieses Buch unter meinem Namen, weil ich genau diese Verbindung einbringen kann: die persönliche Erfahrung als Angehöriger, die jahrzehntelange Arbeit mit Menschen an Belastungsgrenzen, den Blick auf finanzielle und gesellschaftliche Sicherheit, die Erfahrung aus Sport, Coaching, Vereinsarbeit und

Autorenschaft. Nicht als medizinische Autorität. Sondern als jemand, der erlebt hat, wie schnell ein Leben kleiner werden kann, wenn Energie verschwindet — und wie schlecht unsere Gesellschaft oft darauf vorbereitet ist.

Dieses Buch will keine einfachen Antworten geben. Es will genauer hinsehen. Auf Menschen, die funktionieren und sich dabei verlieren. Auf junge Erwachsene, denen Freiheit versprochen wurde und die an ihren Möglichkeiten erschöpfen. Auf Arbeit, die Identität verspricht und Energie verbraucht. Auf Social Media, das Pausen simuliert und das Nervensystem aktiviert. Auf eine Pandemie, die nicht nur gesellschaftliche, sondern für viele auch körperliche Folgen hatte. Auf Long Covid, ME/CFS, PEM, Brain Fog und verlorene Teilhabe. Auf Angehörige, die mittragen und dabei selbst erschöpfen. Auf Medizin, Forschung, Politik und Versorgung, die lernen müssen, genauer zuzuhören.

Vielleicht beginnt eine menschlichere Gesellschaft dort, wo sie aufhört, Energie für selbstverständlich zu halten.

Dieses Buch ist ein Versuch, genau dort anzusetzen.

Einleitung

Warum dieses Buch jetzt

Viele Menschen sagen heute: „Ich bin müde." Dann korrigieren sie sich fast sofort. „Aber eigentlich geht es mir gut." Dieser zweite Satz ist aufschlussreicher als der erste. Er zeigt, dass Erschöpfung sich rechtfertigen muss. Wer müde ist, sucht nach einem Grund, der groß genug erscheint. Krankheit, Verlust, finanzielle Not, Pflege, Trennung, berufliche Krise — das wären Gründe. Aber wenn das Leben äußerlich funktioniert, wenn Arbeit, Wohnung, Familie, Freundschaften und Alltag irgendwie weiterlaufen, erscheint Müdigkeit vielen nicht berechtigt. Sie wirkt wie ein persönlicher Mangel.

Genau dort beginnt dieses Buch.

Es handelt von einer erschöpften Generation, aber nicht im Sinne eines Vorwurfs. Es behauptet nicht, dass Millennials oder Gen Z schwächer wären als frühere Generationen. Es romantisiert auch keine Vergangenheit, in der vieles enger, härter und ungerechter war. Frühere Generationen kannten Krieg, Wiederaufbau, Armut, körperlich schwere Arbeit, autoritäre Familienstrukturen, geringere Bildungschancen und weniger Freiheit. Leid lässt sich nicht sinnvoll gegeneinander aufrechnen. Die bessere Frage lautet nicht: Welche Generation hatte es am schwersten? Die bessere Frage lautet: Welche Form von Belastung prägt diese Zeit?

Die Antwort dieses Buches lautet: Wir leben in einer Kultur, die Energie falsch versteht. Sie hält Energie zu oft für eine Frage von Motivation, Disziplin, Organisation, Resilienz oder Haltung. Wer erschöpft ist, soll besser schlafen, effizienter arbeiten, Grenzen setzen, weniger scrollen, sich mehr bewegen, achtsamer leben, klarer kommunizieren, positiver denken oder sich endlich entscheiden. Manches davon kann sinnvoll sein. Aber es greift zu kurz, wenn die eigentliche Frage nicht gestellt wird: Warum verbrauchen moderne Lebensformen so viel Energie, und warum nehmen wir Grenzen erst ernst, wenn Menschen zusammenbrechen? Die Figuren dieses Buches stehen für unterschiedliche Formen dieser Erschöpfung.

Lena ist vierunddreißig. Sie hat einen guten Job, eine Wohnung, Freunde und ein Leben, das von außen stabil wirkt. Gerade deshalb versteht sie ihre Müdigkeit nicht. Sie funktioniert, und weil sie funktioniert, glaubt sie, dass es ihr eigentlich gut gehen müsste. Ihre Erschöpfung ist nicht spektakulär. Sie zeigt sich in schlechtem Schlaf, innerer Leere, abnehmender Freude und dem Gefühl, dass jeder Tag schon begonnen hat, bevor sie ihn betreten konnte.

Mia ist sechsundzwanzig und steckt in einer Quarterlife Crisis. Nicht als Lifestyle-Phase, sondern als erster ernsthafter Bruch im Versprechen unbegrenzter Möglichkeiten. Sie kann vieles wählen, aber jede Wahl scheint etwas über sie auszusagen. Job, Stadt, Beziehung, Wohnung, Geld, Körper, Zukunft — alles wird zur Entscheidung, alles zur Selbstbeschreibung. Freiheit fühlt sich nicht nur offen an, sondern schwer.

Jonas ist neunundzwanzig und hat gelernt, dass Leistung Sicherheit gibt. Arbeit ist für ihn nicht nur Erwerb. Sie ist Beweis. Solange er liefert, ist er sichtbar. Solange er gebraucht wird, ist er wertvoll. Was nach Ehrgeiz aussieht, ist auch Angst: die Angst, ohne Leistung an Bedeutung zu verlieren.

Sara arbeitet in einem sozialen Beruf. Ihre Erschöpfung kommt nicht aus Karriereambition, sondern aus Fürsorge. Wenn sie Nein sagt, sagt sie scheinbar nicht nur Nein zu einer Aufgabe, sondern zu Menschen, die Hilfe brauchen. In Pflege, Kita, Therapie, Medizin, Bildung und Sozialarbeit wird Überlastung oft moralisch. Gerade weil die Arbeit wichtig ist, wird die Grenze schwer.

Timo ist Vater, Partner, Arbeitnehmer und Sohn alternder Eltern. Sein Satz lautet: „Ich darf nicht ausfallen." Dieser Satz klingt verantwortungsvoll. Und das ist er auch. Aber wenn ein Mensch zu lange in dieser Haltung lebt, wird aus Verantwortung eine innere Härte. Wer nicht ausfallen darf, erlaubt sich oft nicht einmal rechtzeitig zu spüren, dass er längst an einer Grenze ist.

Aylin ist als Erste in ihrer Familie aufgestiegen. Sie hat erreicht, worauf andere stolz sind. Genau deshalb fühlt sich jeder Zweifel schwierig an. Darf sie müde sein, wenn andere für ihren Weg verzichtet haben? Darf sie einen sicheren Job infrage stellen, wenn

Sicherheit in ihrer Familie nie selbstverständlich war? Darf sie etwas anderes wollen, ohne undankbar zu wirken?

Diese Figuren sind keine dokumentarischen Porträts. Sie sind Verdichtungen. Sie stehen für Muster, die sich in vielen Gesprächen, Beobachtungen und Lebensläufen zeigen. Das Buch braucht sie, weil Erschöpfung sonst abstrakt bleibt. Sie zeigt sich nicht zuerst in Theorien, sondern morgens in einer Küche, abends vor einem Laptop, in abgesagten Treffen, in stummer Überforderung, in einem Körper, der schwer bleibt, obwohl die Nacht lang genug war. Der erste Teil dieses Buches fragt deshalb: Warum hatte diese Generation schon vor der körperlichen Krise so wenig Reserve? Denn bevor Long Covid, ME/CFS und schwere Fatigue-Zustände in den Mittelpunkt treten, muss verstanden werden, auf welchen Boden sie trafen. Viele Menschen waren schon vorher erschöpft. Nicht im medizinischen Sinn wie schwer Betroffene. Das darf nicht vermischt werden. Aber sie lebten in einer Kultur, die Grenzen verdächtig machte und Verfügbarkeit belohnte. Sie arbeiteten, verglichen sich, optimierten sich, reagierten auf Krisen, blieben digital erreichbar und versuchten, ein Leben zu gestalten, das immer mehr Selbststeuerung verlangte.

Dann kam die Pandemie.

Für manche war sie eine Unterbrechung. Für andere ein Bruch. Für junge Menschen verschwanden Übergänge: Schule, Studium, Sport, erste Beziehungen, erste Berufserfahrungen, zufällige Begegnungen, Vereinsleben, Training, Wettkämpfe, Gemeinschaft. Für Eltern verdichteten sich Arbeit, Kinder, Haushalt und Sorge in denselben Räumen. Für Pflegekräfte, medizinisches Personal, Erzieherinnen und viele andere wurde Belastung nicht abstrakt, sondern täglich körperlich. Für Beschäftigte im Homeoffice verschwanden Wege, Pausen und Rollenwechsel. Für Sportler brachen ganze Entwicklungsphasen weg. In körperkontaktbezogenen Sportarten stand über Monate nahezu alles still. Für manche bedeutete das verlorene Form, verlorene Ziele, verlorene Träume. Und für einige endete Covid nicht, als die Infektion vorbei war.

Damit beginnt der zweite Teil dieses Buches. Er führt von gesellschaftlicher Erschöpfung zu körperlichem Energieverlust. Dort reicht die Sprache von Stress und Überforderung nicht mehr aus. Long Covid zeigt, dass ein Körper nach einer Infektion nicht selbstverständlich zurückkehren muss. ME/CFS und PEM zeigen, dass Belastung nicht nur müde machen, sondern Symptome verschlechtern kann. Brain Fog zeigt, dass Denken selbst zur Belastung werden kann. Dysautonomie zeigt, dass die automatische Steuerung des Körpers aus dem Takt geraten kann. Schlaf kann aufhören, wirklich zu erholen. Teilhabe kann verschwinden, obwohl ein Mensch noch da ist. Meine Frau hatte über Monate hinweg nur ein sehr begrenztes Energiefenster. Dreißig Minuten Aktivität konnten bereits zu viel sein. Später wurde es besser, aber die alte Selbstverständlichkeit war nicht einfach wieder da. Max, der Sohn einer Freundin, wurde mit neunundzwanzig zum Pflegefall. Er muss in einem dunklen Zimmer leben, weil Licht und Geräusche für seinen Körper zu viel sind. Diese Beispiele stehen nicht im Buch, um Betroffenheit zu erzeugen. Sie stehen dort, weil sie zeigen, was Energieverlust wirklich bedeutet: nicht weniger Produktivität, sondern weniger Welt.

Der dritte Teil fragt, was daraus folgen muss.

Nicht in Form eines klassischen Ratgebers. Dieses Buch liefert keine zehn Schritte zur Heilung, keine Therapieempfehlung und keine einfache Methode, mit der alles besser wird. Es ersetzt keine ärztliche Beratung. Es will nicht behandeln, sondern einordnen. Es will eine Sprache für etwas finden, das zu lange falsch benannt wurde: Erschöpfung als individuelles Versagen, Krankheit als mangelnde Resilienz, Grenzen als Angst, Schonung als Schwäche, Arbeitsunfähigkeit als persönlicher Makel. Was jetzt zählt, ist eine neue Ehrlichkeit über Grenzen. Nicht jede Grenze ist eine Komfortzone. Manche Grenzen sind Körpergrenzen. Was jetzt zählt, ist ein anderer Blick auf Angehörige, die mittragen und dabei selbst erschöpfen. Was jetzt zählt, ist eine Arbeitswelt, die Menschen nicht erst dann ernst nimmt, wenn sie ausfallen. Was jetzt zählt, ist eine Medizin, die bei unsichtbaren Erkrankungen genauer zuhört. Was jetzt zählt, ist Forschung, Versorgung und Politik, die Menschen nicht vergessen, nur weil sie zu krank sind, um sichtbar für sich selbst zu kämpfen. Der rote Faden dieses Buches ist Energie. Nicht Energie als Fitnessbegriff. Nicht Energie als Motivation. Nicht Energie als Produktivität. Sondern Energie als Grundlage von

Freiheit. Wer Energie hat, kann teilnehmen. Wer Energie hat, kann arbeiten, sprechen, entscheiden, lieben, reisen, widersprechen, planen, helfen, feiern, sich kümmern und sich erholen. Wer zu wenig Energie hat, muss wählen. Wer fast keine Energie hat, verschwindet aus dem sichtbaren Leben. Eine Gesellschaft, die Energie moralisch deutet, versteht Krankheit schlecht. Sie hält Funktionieren zu schnell für Gesundheit. Sie hält Belastbarkeit zu schnell für Charakter. Sie hält Grenzen zu schnell für Schwäche. Sie hält Überwindung zu schnell für Stärke. Dieses Buch widerspricht dieser Erzählung. Es sagt: Wir müssen genauer werden.

Genauer bei Begriffen. Genauer bei Körpern. Genauer bei Arbeit. Genauer bei jungen Menschen, die an Freiheit erschöpfen. Genauer bei Angehörigen, die schweigend mittragen. Genauer bei Betroffenen, deren Werte vielleicht unauffällig sind, während ihr Leben zerbricht. Genauer bei Systemen, die auf Dauer nur funktionieren, weil einzelne Menschen ihre Grenzen überschreiten. Vielleicht ist das der wichtigste Satz dieses Buches:

Was du erlebst, ist real.

Dieser Satz löst nichts allein. Aber er verschiebt den Ausgangspunkt. Er beendet die falsche Verhandlung darüber, ob Erschöpfung erst dramatisch genug sein muss, bevor sie zählt. Er beendet den Reflex, jede Grenze sofort als Schwäche zu deuten. Er beendet nicht die Krankheit, nicht die Überlastung, nicht die gesellschaftlichen Probleme. Aber er schafft die Voraussetzung, um ehrlicher über sie zu sprechen. Vielleicht bist du nicht falsch. Vielleicht bist du müde, weil du zu lange versucht hast, in einem Leben stabil zu bleiben, das dauerhaft zu viel von dir verlangt. Vielleicht ist dein Körper nicht dein Gegner, sondern der Teil von dir, der früher verstanden hat, dass es so nicht weitergeht. Vielleicht beginnt eine menschlichere Gesellschaft dort, wo sie aufhört, Energie für selbstverständlich zu halten.

Das ist keine endgültige Antwort.

Aber es ist der Anfang dieses Buches.

Teil I — Wie wir hierher gekommen sind

Kapitel 1 - Die Generation der „Du kannst alles sein"

Lena ist vierunddreißig und sitzt an einem Mittwochmorgen in ihrer Küche, die Kaffeemaschine läuft, das Handy liegt neben der Tasse, der Laptop ist noch geschlossen, aber innerlich hat der Arbeitstag längst begonnen. Sie hat nicht schlecht geschlafen. Jedenfalls nicht dramatisch schlecht. Sie war nicht auf einer Feier, sie hat keine kleine Tochter, die nachts wach wurde, keinen Notfall, keinen außergewöhnlichen Grund für diese Müdigkeit. Genau das macht sie so schwer erklärbar. Lena ist müde, obwohl nichts Besonderes passiert ist.

Der Kühlschrank brummt leise. Draußen fahren die ersten Autos. Auf dem Handy erscheinen Nachrichten, die sie noch nicht öffnet, weil sie weiß, dass der Tag dann sofort Zugriff auf sie nimmt. Eine Kollegin hat spät am Abend noch etwas geschickt. Ihre Mutter hat gefragt, ob sie am Wochenende kommt. Eine Freundin hat ein Foto aus dem Urlaub geteilt. Nichts davon ist schlimm. Nichts davon ist zu viel, wenn man es einzeln betrachtet. Und doch liegt über allem ein Gefühl, als sei Lena schon vor dem ersten Kaffee im Rückstand.

Sie schaut auf den geschlossenen Laptop und spürt diesen alten Reflex: einfach anfangen. Nicht zu lange fühlen. Nicht zu lange nachdenken. Erst einmal die Mails öffnen, die ersten Aufgaben erledigen, sich in Bewegung bringen. Bewegung hilft. Bewegung hat immer geholfen. In der Schule, im Studium, im Beruf. Wenn etwas unklar war, hat Lena mehr getan. Besser vorbereitet. Früher angefangen. Listen geschrieben. Verantwortung übernommen. Das war ihr Weg, Sicherheit herzustellen.

Lange wurde sie dafür belohnt. Lena war nie die Lauteste im Raum, aber die Verlässlichste. Sie lieferte ab. Sie konnte sich konzentrieren, auch wenn andere längst nachließen. Sie war freundlich, auch unter Druck. Sie übernahm Aufgaben, weil sie wusste, dass sie sie gut machen würde. Lehrer mochten sie, später Professorinnen, dann

Vorgesetzte. Nicht, weil sie sich in den Vordergrund drängte, sondern weil sie funktionierte. Funktionieren wurde zu einer zweiten Haut, so vertraut, dass sie kaum noch merkte, wann sie es tat. Was Lena heute spürt, ist kein dramatischer Zusammenbruch. Es ist leiser. Und genau deshalb gefährlicher. Es ist das Gefühl, dass ihr Leben äußerlich stimmt und innerlich zu viel kostet. Sie hat keinen offensichtlichen Grund, unglücklich zu sein. Sie hat Arbeit, Einkommen, Freunde, eine Wohnung, Möglichkeiten. Wenn sie sich beklagen würde, könnte sie sich selbst sofort widersprechen. Andere haben es schwerer. Andere sind krank. Andere haben Kinder, Pflegefälle, finanzielle Sorgen, echte Krisen. Lena hat keine Katastrophe. Sie hat nur diese Müdigkeit.

Und doch ist diese Müdigkeit eine Information. Sie sagt etwas über ein Leben, das lange auf der Annahme beruhte, dass Energie nachkommt, wenn man sie nur richtig organisiert. Früh schlafen, effizient arbeiten, Pausen einplanen, Sport machen, Nachrichten beantworten, Kontakte pflegen, gesund essen, erreichbar bleiben, beruflich vorankommen, innerlich reflektiert sein, nicht zu viel jammern, nicht zu wenig leisten. Dieses Leben sieht von außen vernünftig aus. Von innen kann es sich anfühlen wie ein System, das ständig Energie abfragt und kaum noch echte Regeneration zulässt.

Lenas Generation ist mit einem großen Versprechen aufgewachsen: Du kannst alles sein. Es war kein böser Satz. Im Gegenteil. Er entstand aus Freiheit, aus Bildung, aus Aufbruch, aus dem Wunsch, alte Begrenzungen zu überwinden. Du musst nicht bleiben, wo du herkommst. Du musst nicht den Beruf deiner Eltern übernehmen. Du musst nicht in Rollen leben, die andere für dich vorgesehen haben. Du kannst studieren, reisen, gründen, wechseln, dich neu erfinden. Du kannst lieben, wen du willst, wohnen, wo du willst, arbeiten, wie du willst, zumindest theoretisch. Du kannst aus deinem Leben etwas Eigenes machen.

Dieses Versprechen hatte eine befreiende Kraft. Es öffnete Türen. Es erlaubte Lebensläufe, die früher schwieriger gewesen wären. Es gab Menschen Sprache für Wünsche, die lange klein gehalten wurden. Für viele war es ein Fortschritt, dass Herkunft, Geschlecht, Familienmodell oder lokale Erwartungen weniger endgültig über das eigene Leben bestimmen sollten. Freiheit ist nicht das Problem. Das

Problem beginnt dort, wo Freiheit in Dauerverantwortung kippt. Wenn du alles sein kannst, musst du auch herausfinden, was du sein willst. Wenn du wählen kannst, bist du für die Wahl verantwortlich. Wenn dein Lebensweg offen ist, wird jede Entscheidung zu einer Aussage über dich. Der Beruf ist dann nicht nur Erwerb, sondern Identität. Die Stadt nicht nur Wohnort, sondern Lebensentwurf. Die Beziehung nicht nur Nähe, sondern Zukunftsentscheidung. Der Körper nicht nur Körper, sondern Projekt. Freizeit nicht nur Erholung, sondern Ausdruck deiner Persönlichkeit. Selbst Ruhe muss begründet werden, weil es immer eine bessere Nutzung der Zeit geben könnte.

So entsteht ein Druck, der selten wie Druck aussieht. Er trägt die Sprache von Möglichkeiten. Niemand sagt Lena: Du musst dich ständig optimieren. Es klingt eher so: Du könntest noch mehr aus dir machen. Du könntest dich weiterentwickeln. Du könntest sichtbarer werden. Du könntest gesünder leben. Du könntest mutiger sein. Du könntest dein Potenzial besser nutzen. Du könntest deine Finanzen klüger strukturieren, deine Ernährung verbessern, deine Beziehung reflektieren, deine Karriere strategischer planen, dein Netzwerk pflegen, deine mental health ernst nehmen, deine Bildschirmzeit reduzieren und trotzdem digital präsent bleiben.

Aus Freiheit wird eine endlose To-do-Liste des Selbst. Das ist der erste Kern dieser Generationsermüdung. Viele Menschen sind nicht nur erschöpft, weil sie zu viel arbeiten. Sie sind erschöpft, weil sie sich selbst als permanente Aufgabe erleben. Sie sollen nicht einfach leben, sondern ihr Leben bewusst gestalten, verbessern, überprüfen und sinnvoll erzählen. Und wenn sie müde werden, erscheint diese Müdigkeit nicht als Hinweis auf zu viel, sondern als weiteres Optimierungsproblem.

Lena kennt diesen Kreislauf. Wenn sie erschöpft ist, sucht sie nicht zuerst nach Entlastung. Sie sucht nach einer Methode. Besser schlafen. Effizienter planen. Mehr Bewegung. Weniger Handy. Mehr Achtsamkeit. Klarere Grenzen. Vielleicht eine App. Vielleicht ein Podcast. Vielleicht ein Buch. Vielleicht ein neues System. Sie ist klug genug, um zu wissen, dass manches davon sinnvoll sein kann. Aber irgendwann merkt sie, dass selbst die Suche nach Erholung Arbeit geworden ist. Das ist der zweite Kern: Regeneration wird instrumentalisiert. Man ruht nicht, weil man leben darf. Man ruht, um wieder leistungsfähig zu werden. Schlaf wird zur Produktivitätsstrategie. Sport zum Stressmanagement. Meditation zum Werkzeug für bessere Selbststeuerung. Urlaub zur Reparaturmaßnahme. Selbst Freundschaften geraten in die Logik von Energiehaushalt und Kalenderpflege. Alles soll helfen, das System wieder funktionsfähig zu machen. Aber kaum etwas stellt die Frage, ob das System selbst zu viel verlangt.

Lena stellt diese Frage lange nicht. Sie ist zu beschäftigt damit, vernünftig zu sein.

Vernunft ist ein wichtiges Wort in ihrem Leben. Vernünftig arbeiten. Vernünftig sparen. Vernünftig mit den Eltern umgehen. Vernünftig essen. Vernünftig auf den Körper achten. Vernünftig nicht alles infrage stellen. Vernünftig dankbar sein. Vernünftig akzeptieren, dass das Erwachsenenleben eben anstrengend ist. Die Erwachsenenwelt hat Lena nie betrogen, jedenfalls nicht offensichtlich. Sie hat nur sehr viel mehr von ihr verlangt, als das alte Versprechen erkennen ließ. Denn „Du kannst alles sein“ sagt nichts darüber, wie viel Energie es kostet, ständig wählen zu müssen. Es sagt nichts über die Angst, falsch zu wählen. Nichts über die Scham, Möglichkeiten nicht zu nutzen. Nichts über soziale Ungleichheit, die aus theoretischer Freiheit sehr unterschiedliche reale Spielräume macht. Nichts über Mieten, befristete Verträge, steigende Preise, unsichere Renten, digitale Vergleichsräume, globale Krisen und die stille Erschöpfung, die entsteht, wenn ein Mensch sich immer wieder selbst beweisen soll, dass er sein Leben im Griff hat.

Aylin erlebt diesen Widerspruch aus einer anderen Perspektive. Sie ist als Erste in ihrer Familie akademisch aufgestiegen. Ihr Abschluss ist nicht nur ihr Abschluss. Er ist ein Symbol. Für die Eltern, die verzichtet haben. Für Verwandte, die stolz sind. Für eine Familie, die den Satz „Du kannst alles sein“ nicht als Lifestyle-Slogan kennt, sondern als Hoffnung, dass es die nächste Generation leichter haben soll. Aylin weiß, wie viel dieser Weg bedeutet. Gerade deshalb fühlt sich jeder Zweifel schwer an. Wenn sie erschöpft ist, denkt sie nicht nur: Ich brauche Ruhe. Sie denkt: Darf ich das überhaupt? Darf ich müde sein, wenn andere für mich gearbeitet haben? Darf ich einen sicheren Job infrage stellen, wenn Sicherheit für meine Familie nie selbstverständlich war? Darf ich weniger wollen, wenn mein Mehr für andere ein Beweis ist, dass sich alles gelohnt hat? Aylins Erschöpfung entsteht nicht aus zu vielen Optionen allein. Sie entsteht aus Verantwortung, Herkunft, Aufstieg und der Angst, undankbar zu wirken.

Das zeigt: Die erschöpfte Generation ist keine einheitliche Komfortgeneration. Sie besteht nicht nur aus urbanen Akademikern, die sich zwischen Karriere, Selbstverwirklichung und Yogakurs nicht entscheiden können. Sie besteht aus Menschen mit sehr unterschiedlichen Startbedingungen. Manche haben zu viele Möglichkeiten und fühlen sich davon überfordert. Andere haben offiziell viele Möglichkeiten, aber real enge finanzielle, familiäre oder soziale Spielräume. Wieder andere tragen Aufstiegserwartungen, Sorgearbeit, Schulden, Pflege, Kinder oder unsichere Arbeit. Was sie verbindet, ist nicht dieselbe Lage. Es ist die Erfahrung, dass Grenzen schwer zuzugeben sind.

Denn die Kultur sagt: Wenn alles möglich ist, sollte auch genug möglich sein. Genau hier liegt die Lüge. Alles ist nicht möglich. Nicht gleichzeitig. Nicht für alle. Nicht ohne Kosten. Nicht ohne Körper. Ein Leben ist keine unbegrenzte Fläche. Es hat Zeit, Geld, Herkunft, Beziehungen, Gesundheit, Schlaf, Energie und Zufall. Der Körper ist nicht nur das Werkzeug, mit dem man seine Möglichkeiten verwirklicht. Er ist die Grenze, innerhalb derer Möglichkeiten überhaupt gelebt werden können. Dieser Gedanke klingt banal, bis man ihn ernst nimmt. Eine Gesellschaft, die ständig von Potenzial spricht, spricht selten vom Körper. Sie spricht von Chancen, Wachstum, Bildung, Karriere, Resilienz, Mindset, Digitalisierung und Innovation. Sie spricht davon, dass Menschen sich verändern, weiterentwickeln und anpassen sollen. Der Körper taucht oft erst auf, wenn er stört. Wenn jemand krank wird. Wenn jemand ausfällt. Wenn Schlaf nicht mehr funktioniert. Wenn Konzentration schwindet. Wenn Panik, Erschöpfung, Schmerz oder Fatigue den Kalender sprengen. Dann wird der Körper zum Problem, das möglichst schnell repariert werden soll.

Aber der Körper war die ganze Zeit beteiligt. Lenas Müdigkeit ist nicht losgelöst von ihrer Lebensform. Jonas' Überarbeitung ist nicht nur Ehrgeiz. Mias Orientierungslosigkeit ist nicht nur

Unentschlossenheit. Saras moralische Erschöpfung ist nicht nur fehlende Abgrenzung. Timos Satz „Ich darf nicht ausfallen“ ist nicht nur Verantwortungsgefühl. In allen steckt ein Körper, der Belastung registriert, auch wenn der Kopf noch gute Gründe findet, weiterzumachen. Das ist die Verbindung zu dem, was später in diesem Buch noch viel radikaler sichtbar wird. Bei Long Covid, ME/CFS und PEM setzt der Körper Grenzen, die nicht mehr durch Motivation verschoben werden können. Bei Max kann Licht zu viel sein. Bei meiner Frau wurden dreißig Minuten Aktivität zu einer relevanten Größe. Diese Extremformen dürfen nicht mit normaler Erschöpfung verwechselt werden. Aber sie werfen ein Licht zurück auf eine Kultur, die auch schon vorher schlecht darin war, Körpergrenzen ernst zu nehmen.

Vielleicht ist das der eigentliche Grund, warum viele Menschen ihre Erschöpfung so spät bemerken. Sie wurden darauf trainiert, Grenzen als Herausforderung zu lesen. In der Schule, im Sport, im Studium, im Beruf, in Motivationssätzen, in sozialen Medien. Grenzen sind da, um überwunden zu werden. Wer aufgibt, hat es nicht genug versucht. Wer müde ist, braucht bessere Routinen. Wer zweifelt, braucht Klarheit. Wer überfordert ist, muss Prioritäten setzen. Alles ist lösbar, wenn man das richtige System findet.

Diese Haltung kann stark machen. Aber sie kann auch taub machen. Lena ist taub geworden für die frühen Signale. Nicht vollständig, aber genug, um sie zu übergehen. Sie merkt zwar, dass sie weniger Freude empfindet, schneller gereizt ist, schlechter abschaltet, nicht mehr richtig Lust auf Verabredungen hat, aber sie ordnet es als Phase ein. Phasen sind praktisch. Sie müssen nicht grundlegend verstanden werden. Man wartet, bis sie vorbeigehen. Oder man arbeitet sich durch sie hindurch. Doch manche Phasen sind keine Phasen. Sie sind Warnungen. Lena sitzt noch immer in der Küche. Der Kaffee ist fertig. Das Handy leuchtet wieder auf. Sie öffnet die erste Nachricht, dann die zweite, dann den Kalender. Der Tag füllt sich, bevor sie ihn bewusst betreten hat. Für einen Moment spürt sie Widerstand. Nicht dramatisch. Nur ein kleines inneres Nein. Dann schiebt sie es zur Seite. Sie hat Termine. Sie hat Verantwortung. Sie hat keinen Grund, heute nicht zu funktionieren.

Genau dieser Satz ist gefährlich: Ich habe keinen Grund. Er bedeutet nicht, dass nichts los ist. Er bedeutet nur, dass Lena gelernt hat, ihre Belastung erst ernst zu nehmen, wenn sie von außen eindeutig genug aussieht. Aber Erschöpfung beginnt oft, bevor sie beweisbar ist. Sie beginnt in kleinen Verlusten. Weniger Freude. Weniger Ruhe. Weniger Geduld. Weniger echte Erholung. Weniger Gegenwart. Weniger innerer Spielraum. Irgendwann ist ein Mensch noch da, aber nicht mehr richtig anwesend in seinem Leben.

Die Generation der „Du kannst alles sein" verliert sich nicht unbedingt in einem großen Scheitern. Viele verlieren sich im Gelingen. Sie schaffen Abschlüsse, bekommen Jobs, bauen Beziehungen auf, ziehen um, kümmern sich, bleiben erreichbar, entwickeln sich weiter, reagieren auf Krisen, halten sich offen und nennen das Erwachsenwerden. Doch unter dieser Oberfläche wächst die Frage: Wann darf ich aufhören, mich beweisen zu müssen?

Diese Frage ist der eigentliche Anfang des Buches. Denn sie führt zu allem, was folgt. Zur Quarterlife Crisis, in der Mia merkt, dass Freiheit ohne Richtung nicht nur offen, sondern erschöpfend sein kann. Zu Social Media, wo Möglichkeiten und Vergleiche permanent sichtbar werden. Zur Arbeit, die für Jonas Identität und für Sara moralische Verpflichtung wird. Zur Pandemie, die bestehende Risse vertieft und für manche Menschen nicht nur eine Erinnerung, sondern eine körperliche Folge hinterlässt. Und schließlich zu Long Covid, ME/CFS und der radikalen Erkenntnis, dass Energie nicht selbstverständlich ist.

Teil I beginnt also nicht mit Krankheit. Er beginnt mit einer Kultur, die Krankheit und Erschöpfung vorbereitet, indem sie Grenzen zu spät ernst nimmt.

Lena trinkt ihren Kaffee aus, öffnet den Laptop und beginnt zu arbeiten. Nach außen sieht dieser Moment vollkommen normal aus. Eine Frau in ihrer Küche, ein neuer Tag, ein voller Kalender, ein Leben, das funktioniert. Doch in diesem unspektakulären Bild liegt die ganze Spannung dieses Kapitels. Eine Generation wurde nicht nur durch Katastrophen erschöpft. Sie wurde durch Normalität erschöpft. Durch eine Normalität, die ständig mehr Wahl, mehr Verantwortung, mehr Vergleich, mehr Selbststeuerung und mehr Verfügbarkeit verlangte, ohne zu fragen, wie viel Energie dafür eigentlich vorhanden ist. Vielleicht muss man genau dort anfangen: nicht bei der großen Krise, sondern bei dem Morgen, an dem ein Mensch müde ist und sich selbst sagt, dass er keinen Grund dafür hat. Denn dieser Satz ist falsch. Der Grund ist nicht immer ein einzelnes Ereignis. Manchmal ist der Grund ein ganzes System aus Erwartungen, das so selbstverständlich geworden ist, dass man es kaum noch erkennt. Und manchmal beginnt Veränderung damit, diesen Satz nicht länger zu glauben. Lena hat einen Grund. Vielleicht kennt sie ihn noch nicht. Vielleicht kann sie ihn noch nicht erklären. Vielleicht wird sie noch lange funktionieren, bevor sie ihn ernst nimmt. Aber ihr Körper hat längst begonnen, die Rechnung zu schreiben.

Das nächste Kapitel führt zu Mia, zu jener Lebensphase, in der das Versprechen unbegrenzter Möglichkeiten zum ersten Mal sichtbar bricht. Die Quarterlife Crisis ist nicht nur Orientierungslosigkeit junger Erwachsener. Sie ist der Moment, in dem Freiheit ihre Kosten zeigt — und in dem viele zum ersten Mal spüren, dass ein Leben nicht dadurch leichter wird, dass theoretisch alles offensteht.

Kapitel 2 - Die Quarterlife Crisis — der erste Einbruch

Mia ist sechsundzwanzig und hat das Gefühl, dass sie zu spät dran ist, obwohl niemand ihr sagen könnte, wofür genau.

Es ist ein Dienstagabend, kurz nach neun. Sie sitzt auf der Couch, der Laptop steht noch offen auf dem Couchtisch, auf dem Teller liegen Reste eines Essens, das sie nicht richtig geschmeckt hat, und auf ihrem Handy wechseln sich Nachrichten, Bilder und kleine Hinweise auf fremde Leben ab. Eine Freundin hat eine Wohnung gefunden. Ein ehemaliger Kommilitone schreibt auf LinkedIn über seine neue Position. Eine andere Bekannte postet ein Foto von einem Verlobungsring, so beiläufig ins Bild gesetzt, dass es fast noch absichtlicher wirkt. Mia sieht all das und spürt keinen klaren Neid. Neid wäre einfacher. Was sie spürt, ist diffuser. Eine Mischung aus Druck, Beschämung und der Frage, ob alle anderen irgendeine Anleitung bekommen haben, die ihr fehlt.

Der Tag war nicht schlecht. Das macht es schwieriger. Mia war arbeiten, sie hat Aufgaben erledigt, freundlich geantwortet, eingekauft, gekocht, ein paar Nachrichten verschickt und einen Termin für nächste Woche bestätigt. Es gab keinen Zusammenbruch. Keine schlechte Nachricht. Keinen Streit. Kein offensichtliches Problem. Und doch sitzt sie da und fühlt sich, als würde ihr Leben an ihr vorbeilaufen, obwohl sie mittendrin steht.

Sie nennt es Orientierungslosigkeit. Manchmal nennt sie es Unentschlossenheit. An schlechten Tagen nennt sie es Schwäche. Aber vielleicht ist es etwas anderes. Vielleicht ist es der erste Moment, in dem das Versprechen unbegrenzter Möglichkeiten seine Rechnung zeigt.

Die Quarterlife Crisis wird oft zu leicht erzählt. Als Krise junger Menschen, die zu viele Optionen haben und sich deshalb nicht entscheiden können. Als Phase zwischen Studium, erstem Job, Dating-Apps, Selbstfindung, Umzugskartons und der Frage, ob man jetzt eigentlich erwachsen sein müsste. In dieser Darstellung hat sie etwas Weiches, fast Modisches. Man könnte meinen, es gehe um ein bisschen Verwirrung am Rand eines ansonsten komfortablen Lebens. Das greift zu kurz. Die Quarterlife Crisis ist nicht einfach ein

Luxusproblem. Sie ist auch kein Beweis dafür, dass eine Generation zu empfindlich geworden ist. Sie ist der Moment, in dem junge Erwachsene zum ersten Mal spüren, dass Freiheit nicht nur öffnet, sondern belastet. Dass Möglichkeiten nicht nur Chancen sind, sondern Entscheidungen verlangen. Dass ein offener Lebensweg nicht automatisch leicht ist. Und dass ein Mensch, der alles wählen könnte, trotzdem an der Frage erschöpfen kann, was davon wirklich sein Leben ist.

Mia ist mit der Vorstellung aufgewachsen, dass sie gestalten kann. Sie sollte nicht einfach einen Weg übernehmen. Sie sollte herausfinden, was zu ihr passt. Das klang gut. Es klingt immer noch gut. Niemand möchte ernsthaft zurück in eine Welt, in der Herkunft, Geschlecht, lokale Erwartungen oder enge Familienbilder stärker bestimmen, wer man zu sein hat. Die Freiheit, ein eigenes Leben zu wählen, ist ein Fortschritt. Aber Fortschritt schützt nicht automatisch vor Überforderung.

Denn Mia muss nicht nur wählen. Sie muss ihre Wahl auch begründen. Vor anderen, vor ihrer Familie, vor ihrem Lebenslauf, vor ihrem inneren Bild davon, wie ein gelungenes Leben aussehen sollte. Ein erster Job ist nicht einfach ein erster Job. Er wirkt wie eine Richtung. Eine Wohnung ist nicht einfach ein Ort. Sie wirkt wie ein Status. Eine Beziehung ist nicht einfach Nähe. Sie wird zur Zukunftsfrage. Eine Kündigung ist nicht einfach Veränderung. Sie wird zum Risiko, zur Erklärung, zur Erzählung. Selbst ein freier Abend ist nicht einfach frei, sondern steht unter der leisen Frage, ob sie ihn sinnvoll nutzt.

Das ist die eigentliche Last dieser Lebensphase: Das Leben wird zum Projekt, bevor es sich überhaupt wie ein Leben anfühlt. In der Schule war das anders. Nicht leichter, aber klarer. Es gab Stundenpläne, Prüfungen, Noten, Fristen. Später im Studium gab es Module, Semester, Abgaben, Praktika, vielleicht Auslandsaufenthalte. Auch dort gab es Druck, aber er war gerahmt. Man konnte sich über das System beklagen und sich dennoch an ihm orientieren. Es gab nächste Schritte. Nach der Klausur kam die nächste. Nach dem Semester das nächste. Nach dem Abschluss der Einstieg. Der Lebenslauf wirkte wie eine Abfolge von Stationen, die zumindest vorläufig Sinn ergaben. Dann endet diese Struktur. Nicht dramatisch.

Eher administrativ. Ein Abschlusszeugnis. Ein Vertrag. Eine Probezeit. Eine Wohnungssuche. Eine E-Mail mit Unterlagen für die Personalabteilung. Ein Konto, auf dem zum ersten Mal ein richtiges Gehalt eingeht und von dem fast sofort Miete, Versicherungen, Strom, Internet, Bahn, Lebensmittel und Rücklagen abgehen. Erwachsensein beginnt selten mit einem Gefühl von Ankommen. Es beginnt oft mit Verwaltung.

Mia hatte erwartet, dass sie sich nach dem Studium freier fühlen würde. Stattdessen fühlt sie sich zuständiger. Für alles. Für ihre Arbeit, ihre Finanzen, ihren Körper, ihre Zukunft, ihre psychische Gesundheit, ihre Beziehungen, ihre politische Haltung, ihre Ernährung, ihre Altersvorsorge, ihre Wohnung, ihre digitale Präsenz, ihre Erholung. Nichts davon ist für sich genommen falsch. Aber zusammen ergeben diese Zuständigkeiten eine unsichtbare Last. Man ist nicht nur erwachsen. Man ist das Managementsystem des eigenen Lebens.

Das wäre leichter, wenn es klare Maßstäbe gäbe. Aber gerade die fehlen. Mia weiß nicht, ob ihr Job gut genug ist oder nur vernünftig. Sie weiß nicht, ob sie bleiben oder wechseln sollte. Sie weiß nicht, ob ihre Beziehung offen genug, verbindlich genug, tief genug oder einfach nur noch nicht entschieden genug ist. Sie weiß nicht, ob sie Geld sparen oder erst einmal leben sollte. Sie weiß nicht, ob sie reisen sollte, weil sie jung ist, oder sesshaft werden, weil irgendwann alle anfangen, Zukunft zu bauen. Jede Option hat ein Argument. Jede Option hat Kosten.

Diese Fragen haben keinen einfachen Rechner. Sie leben im Körper. In Unruhe, schlechtem Schlaf, Entscheidungsmüdigkeit, innerem Druck, gereizter Stimmung, Vergleichen, plötzlicher Traurigkeit. Mia glaubt, sie müsse nur klarer werden. Vielleicht ist das teilweise richtig. Aber vielleicht ist ihr Problem nicht mangelnde Klarheit. Vielleicht ist ihr Problem, dass zu viele Lebensbereiche gleichzeitig Entscheidung verlangen.

Die Quarterlife Crisis ist deshalb auch eine Energiekrise. Nicht im medizinischen Sinn von Long Covid oder ME/CFS. Das wäre eine falsche Gleichsetzung. Mia kann arbeiten, ausgehen, reisen, lachen, funktionieren. Aber ihre Energie wird durch permanente

Selbstverortung verbraucht. Wer bin ich? Wo stehe ich? Was will ich? Bin ich zu spät? Was machen die anderen? Ist das mein Weg? Was sagt diese Entscheidung über mich? Diese Fragen kosten Kraft, auch wenn sie keine sichtbare Arbeit sind. Dazu kommt der Vergleich. Früher gab es Vergleich auch. In der Schule, in der Familie, im Freundeskreis, im Dorf, in der Stadt, im Betrieb. Aber der Vergleich war begrenzter. Man sah eine überschaubare Zahl von Lebenswegen. Heute sieht Mia täglich Hunderte Ausschnitte aus fremden Leben. Wohnungen, Beziehungen, Körper, Karrieren, Routinen, Reisen, Hochzeiten, Selbstständigkeit, Sabbaticals, Beförderungen, Schwangerschaften, Fitnessfortschritte, Therapieerkenntnisse, politische Positionen, neue Jobs, neue Städte. Jede einzelne Information ist klein. Zusammen entsteht ein permanentes Urteil.

Niemand spricht es aus. Das ist das Tückische. Der Feed sagt nicht: Du bist zurück. Er zeigt nur Menschen, die scheinbar weiter sind. Und Mia erledigt den Rest selbst.

Sie weiß, dass die Bilder kuratiert sind. Natürlich weiß sie das. Sie ist nicht naiv. Sie weiß, dass niemand den ganzen Alltag zeigt. Dass hinter einer schönen Küche Schulden, Streit oder Einsamkeit stehen können. Dass ein LinkedIn-Post nicht die Wahrheit über eine Karriere ist. Dass eine Verlobung kein Beweis für Glück ist. Aber Wissen schützt nicht vollständig vor Wirkung. Das Nervensystem reagiert schneller als die Einordnung. Erst kommt das Gefühl, dann die Korrektur. Und manchmal ist das Gefühl stärker.

So beginnt der Tag oft nicht bei ihr selbst, sondern bei den Leben anderer. Noch bevor Mia gespürt hat, wie es ihr geht, weiß sie, was andere tun. Das verändert die innere Reihenfolge. Erst Vergleich, dann Selbstwahrnehmung. Erst Außen, dann Innen. Kein Wunder, dass die eigene Stimme leiser wird.

Aylin erlebt eine andere Form dieses Drucks. Sie vergleicht sich weniger mit Lifestyle-Bildern und mehr mit Erwartungen, die aus ihrer Herkunft kommen. Sie ist die Erste in ihrer Familie, die studiert hat. Ihre Eltern sprechen mit Stolz über ihren Weg, auch wenn sie nicht immer verstehen, was sie genau macht. Wenn Aylin nach Hause fährt, steht ihr Erfolg mit am Tisch. Nicht laut. Nicht als

Forderung. Eher als stille Erzählung: Du hast es geschafft. Du bist weitergekommen. Du hast Möglichkeiten, die wir nicht hatten. Das ist schön. Und es ist schwer. Denn Aylin weiß nicht, ob der Job, den alle bewundern, sie wirklich trägt. Sie weiß nicht, ob sie in der Branche bleiben will. Sie weiß nicht, ob sie müde ist, weil der Einstieg anstrengend ist, oder weil sie ein Leben lebt, das mehr nach Erfolg aussieht, als es sich nach ihr anfühlt. Aber wie sagt man das einer Familie, für die Sicherheit kein abstraktes Problem ist? Wie erklärt man Zweifel an einem sicheren Job, wenn Sicherheit für andere der Traum war? Wie spricht man über Erschöpfung, wenn die Eltern körperlich härter gearbeitet haben, weniger verdient und trotzdem durchgehalten haben?

Aylins Quarterlife Crisis sieht deshalb anders aus als Mias. Sie besteht nicht nur aus Wahlfreiheit, sondern aus Loyalität. Aus dem Wunsch, den eigenen Weg zu gehen, ohne die Geschichte der Familie abzuwerten. Aus der Frage, ob persönliches Glück ein ausreichender Grund ist, etwas Sicheres infrage zu stellen. Aus dem Schuldgefühl, müde zu sein, obwohl man doch diejenige ist, die es besser haben sollte.

Das macht das Thema sozial ernster. Quarterlife Crisis ist nicht nur die Krise der Privilegierten. Sie kann Menschen mit unterschiedlichen Startbedingungen treffen, aber sie sieht je nach Herkunft anders aus. Wer finanzielle Rücklagen hat, kann Risiken eingehen und es Selbstfindung nennen. Wer keine Rücklagen hat, nennt dasselbe Risiko existenziell. Wer Familie im Hintergrund hat, kann eine schlechte Entscheidung eher abfedern. Wer selbst Familie unterstützt, trägt jede Entscheidung schwerer. Wer erbt, kann Freiheit anders leben als jemand, der Miete, Studienkredite oder familiäre Verpflichtungen tragen muss. Das Versprechen „Du kannst alles sein“ klingt demokratisch. Seine Einlösung ist es nicht.

Mia spürt das beim Wohnen. Eine eigene Wohnung ist mehr als ein Dach über dem Kopf. Sie ist ein Zeichen dafür, ob man angekommen ist. Doch in vielen Städten wird Wohnen zu einer finanziellen Dauerbelastung. Wer einen großen Teil seines Einkommens für Miete zahlt, hat weniger Freiheit, auch wenn theoretisch viele Wege offenstehen. Weniger Geld für Weiterbildung. Weniger Rücklagen für einen Jobwechsel. Weniger Spielraum für Krankheit. Weniger

Mut für Experimente. Das Leben wird enger, ohne dass es nach außen unbedingt eng aussieht. Freiheit ohne Sicherheit erzeugt Erschöpfung. Das ist ein zentraler Satz dieses Kapitels. Denn viele Debatten über junge Erwachsene betonen ihre Möglichkeiten, aber unterschätzen die fehlende Absicherung. Es ist ein Unterschied, ob man sich ausprobieren kann oder ob jeder Versuch Konsequenzen hat, die man allein tragen muss. Es ist ein Unterschied, ob ein Umzug Abenteuer ist oder finanzielles Risiko. Ob eine Kündigung Selbstverwirklichung ist oder Bedrohung. Ob eine Auszeit Regeneration ist oder unmöglich. Ob Therapie, Weiterbildung, Coaching, Reisen, Teilzeit und Neuanfang reale Optionen sind oder nur Wörter aus einer Welt, die man sich nicht leisten kann.

Mia merkt diese Ungleichheit, ohne sie immer politisch zu benennen. Sie merkt sie, wenn jemand sagt, man müsse einfach mal raus aus der Komfortzone. Sie merkt sie, wenn andere von Auszeiten sprechen, als seien sie nur eine Frage des Mutes. Sie merkt sie, wenn Freundinnen mit elterlicher Unterstützung Wohnungen kaufen oder längere Reisen machen. Mia gönnt ihnen das. Aber sie spürt, dass ihre eigene Freiheit weniger elastisch ist. Und weil niemand gern neidisch oder kleinlich sein will, richtet sie die Frage wieder gegen sich selbst: Vielleicht bin ich nicht mutig genug. Das ist ein Muster der erschöpften Generation: Strukturelle Unterschiede werden zu persönlichen Zweifeln.

Wer keine Wohnung findet, fragt sich, ob er falsch geplant hat. Wer keinen sicheren Job findet, fragt sich, ob er nicht genug leistet. Wer sich keine Auszeit leisten kann, fragt sich, ob er zu ängstlich ist. Wer im Vergleich zurückliegt, fragt sich, ob er zu spät dran ist. Natürlich gibt es persönliche Entscheidungen. Natürlich ist nicht alles Struktur. Aber eine Kultur, die fast alles in Selbstverantwortung übersetzt, macht Menschen einsam mit Problemen, die sie nicht allein geschaffen haben.

Die Quarterlife Crisis ist deshalb nicht nur psychologisch. Sie ist auch ökonomisch, sozial und körperlich.

Körperlich, weil Unsicherheit nicht im Kopf bleibt. Sie verändert Schlaf. Sie macht den Nacken hart. Sie beschleunigt den Puls vor Entscheidungen. Sie führt dazu, dass Menschen abends erschöpft sind, obwohl sie den ganzen Tag nur am Schreibtisch saßen. Sie macht freie Zeit unruhig. Sie lässt Menschen scrollen, obwohl sie Ruhe bräuchten. Sie erzeugt das Gefühl, ständig etwas klären zu müssen, ohne je wirklich bei einer Klärung anzukommen.

Mia liegt manchmal im Bett und spielt Zukunftsszenarien durch. Neuer Job. Alte Stadt verlassen. Beziehung vertiefen. Beziehung beenden. Master machen. Mehr sparen. Mehr leben. Karriere ernster nehmen. Weniger über Karriere nachdenken. Jedes Szenario beginnt kurz als Möglichkeit und endet als Überforderung. Irgendwann greift sie zum Handy, nicht weil sie eine Antwort erwartet, sondern weil sie eine Unterbrechung braucht. Der Feed gibt ihr sofort etwas. Bilder, Stimmen, Bewegung, kleine Reize. Danach ist sie nicht klarer. Nur müder auf eine andere Weise.

Genau hier berührt die Quarterlife Crisis das spätere Thema dieses Buches: Energie. Nicht als Krankheit, aber als Grundressource. Mia hat Energie, aber sie wird verstreut. Durch Entscheidungslast, Vergleich, Zukunftsangst, soziale Erwartungen, finanzielle Unsicherheit und die ständige Aufforderung, aus ihrem Leben eine gute Geschichte zu machen. Wer so lebt, verliert nicht sofort die Funktionsfähigkeit. Aber er verliert Reserve. Und Reserve ist entscheidend. Sie ist das, was zwischen Belastung und Zusammenbruch liegt.

Die Pandemie wird später zeigen, wie wichtig Reserve ist. Long Covid und ME/CFS werden noch radikaler zeigen, was geschieht, wenn Energie nicht mehr verfügbar ist. Doch schon hier, in Mias relativ normalem Leben, beginnt ein Muster: Das System verlangt dauernde Anpassung, und der Mensch glaubt, er müsse einfach besser darin werden.

Vielleicht ist genau das die gefährlichste Botschaft der modernen Selbstgestaltung: Wenn du nicht zurechtkommst, hast du dich noch nicht gut genug verstanden, organisiert oder optimiert. Du brauchst mehr Klarheit, bessere Routinen, bessere Grenzen, bessere Kommunikation, mehr Selbstliebe, mehr Mut. All das kann hilfreich sein. Aber es kann auch verdecken, dass ein Leben objektiv zu viele offene Fragen gleichzeitig stellt. Mia braucht nicht nur bessere Selbstoptimierung. Sie braucht eine ehrlichere Landkarte. Eine

Landkarte, auf der steht: Es ist schwer, erwachsen zu werden, wenn alle alten Sicherheiten brüchig sind und gleichzeitig so getan wird, als sei alles offen. Es ist schwer, Entscheidungen zu treffen, wenn jede Entscheidung als Ausdruck deiner Identität gilt. Es ist schwer, sich nicht zu vergleichen, wenn Vergleich die Grundtemperatur digitaler Räume geworden ist. Es ist schwer, ruhig zu bleiben, wenn Wohnen, Arbeit, Beziehungen, Körper, Geld und Zukunft gleichzeitig verhandelt werden. Es ist schwer, Energie zu behalten, wenn das eigene Leben sich wie ein dauerhaftes Bewerbungsverfahren vor sich selbst anfühlt.

Aylin braucht ebenfalls eine ehrlichere Landkarte. Eine, auf der steht: Aufstieg kann stolz machen und erschöpfen. Dankbarkeit schließt Zweifel nicht aus. Ein sicherer Job kann wertvoll sein und trotzdem nicht der richtige. Die Geschichte der Familie verdient Respekt, aber sie darf nicht zur stillen Gefangenschaft werden. Wer als Erste geht, trägt oft mehr als den eigenen Lebenslauf.

Das bedeutet nicht, dass Mia oder Aylin sofort alles ändern müssen. Die Quarterlife Crisis wird oft mit radikalen Wendepunkten verbunden: Kündigen, reisen, umziehen, neu anfangen. Manchmal ist Veränderung richtig. Aber nicht jede Krise verlangt sofort eine große Entscheidung. Manchmal verlangt sie zuerst, die richtigen Fragen zu stellen.

Nicht: Warum bekomme ich mein Leben nicht hin?
Sondern: Welche Erwartungen trage ich, ohne sie gewählt zu haben?
Nicht: Warum bin ich nicht mutiger?
Sondern: Welche Risiken kann ich real tragen?
Nicht: Warum weiß ich nicht, was ich will?
Sondern: Wann habe ich zuletzt gefragt, was ich brauche?
Nicht: Warum sind andere weiter?
Sondern: Welche Außenansichten vergleiche ich mit meinem Innenleben?

Diese Verschiebung ist klein, aber wichtig. Sie nimmt Scham aus der Krise. Sie macht aus einem persönlichen Defekt eine biografische Suchbewegung. Mia ist nicht falsch, weil sie unsicher ist. Aylin ist nicht undankbar, weil sie zweifelt. Beide stehen an einem Punkt, an dem die alte Erzählung nicht mehr ausreicht. Schule, Studium,

Familie, gesellschaftliche Bilder und digitale Vorbilder haben ihnen Hinweise gegeben. Aber jetzt müssen sie prüfen, welche davon wirklich tragen.

Das ist anstrengend. Es kostet Energie. Und es braucht Zeit, die viele sich kaum zugestehen.

Vielleicht liegt die größte Gefahr der Quarterlife Crisis nicht darin, falsche Entscheidungen zu treffen. Falsche Entscheidungen gehören zu einem Leben. Die größere Gefahr liegt darin, die Krise zu überarbeiten. Sie zu übergehen, indem man einfach weiterleistet. Noch ein Projekt. Noch eine Bewerbung. Noch ein Ziel. Noch eine Weiterbildung. Noch mehr Bewegung, damit man nicht spürt, dass die Richtung unklar ist. Beschäftigung kann große Fragen beruhigen, aber sie beantwortet sie nicht.

Lena wird Jahre später erleben, was passiert, wenn solche Fragen zu lange überarbeitet werden. Jonas wird Arbeit als Antwort auf Unsicherheit verwenden. Sara wird Verantwortung über Grenze stellen. Timo wird glauben, nicht ausfallen zu dürfen. Mia steht noch früher an diesem Punkt. Ihre Krise ist schmerzhaft, aber sie enthält auch eine Chance: Sie zeigt den Riss, bevor der Körper ihn lauter machen muss.

An diesem Dienstagabend sitzt Mia noch immer auf der Couch. Das Handy liegt neben ihr, der Laptop ist inzwischen zugeklappt. Sie könnte eine Serie starten, scrollen, einer Freundin schreiben, Jobanzeigen öffnen oder einfach schlafen gehen. Nichts davon würde ihr Leben lösen. Zum ersten Mal seit Tagen tut sie nichts davon sofort. Sie sitzt nur da und spürt die Unruhe, die normalerweise sofort von einem Bildschirm gefüttert wird.

Nach ein paar Minuten kommt eine Frage. Sie ist nicht groß, nicht dramatisch, nicht geeignet für eine sofortige Entscheidung. Aber sie ist ehrlicher als viele Fragen, die Mia sich sonst stellt. Was will ich eigentlich, wenn gerade niemand zuschaut? Diese Frage ist unbequem, weil sie kein Plan ist. Sie ist noch keine Kündigung, kein Umzug, keine Entscheidung, keine Lösung. Aber sie führt weg von der Oberfläche. Weg von Vergleich, Lebenslauf, Außenbild und Panik. Hin zu einem Kontakt mit sich selbst, der in dieser

Lebensphase leicht verloren geht.

Vielleicht beginnt die Quarterlife Crisis nicht dort, wo ein Mensch keine Antwort hat. Vielleicht beginnt sie dort, wo er zum ersten Mal merkt, dass die bisherigen Antworten nicht mehr seine eigenen sind.

Und vielleicht ist das nicht nur Krise. Vielleicht ist es der erste Versuch, ein Leben nicht länger nach dem Versprechen „Du kannst alles sein" zu bauen, sondern nach einer schwierigeren, langsameren und ehrlichieren Frage:

Was davon kann ich wirklich leben, ohne mich selbst dabei zu verlieren?

Das nächste Kapitel führt zu dem Ort, an dem diese Frage täglich überlagert wird: zum Bildschirm. Denn wer ohnehin unsicher ist, wer sich ohnehin fragt, ob er zu spät, falsch, unfertig oder unklar ist, trifft dort auf eine Welt, die aus sichtbaren Möglichkeiten besteht. Social Media erfindet die Quarterlife Crisis nicht. Aber es macht ihre Vergleiche schneller, dichter und körperlicher. Und es sorgt dafür, dass viele Menschen ihren Tag nicht mehr mit sich selbst beginnen, sondern mit dem Leben der anderen.

Kapitel 3 - Immer online, nie präsent

Mia öffnet Instagram um 7:18 Uhr morgens, obwohl sie eigentlich nur die Uhrzeit sehen wollte. Der Raum ist noch dunkel, die Heizung knackt leise, und für einen kurzen Moment weiß sie nicht einmal genau, ob sie ausgeschlafen hat oder nur wach geworden ist, weil ihr Körper den Tag erwartet. Ihr Daumen bewegt sich schneller als ihr bewusster Wille. Eine Berührung, ein Wischen, ein kurzer Moment des Ladens, und der Morgen gehört nicht mehr ihr.

Zuerst sieht sie eine ehemalige Kommilitonin, die offenbar in Portugal arbeitet und ein Foto aus einem hellen Café gepostet hat. Laptop, Cappuccino, Meer im Hintergrund, darunter ein Satz über Mut, Veränderung und die Entscheidung, dem eigenen Gefühl zu folgen. Dann eine Freundin, die gestern noch von Wohnungssorgen gesprochen hatte und heute einen Schlüsselbund in die Kamera hält. Dann ein Video einer jungen Frau, die um sechs Uhr joggen war, danach ein grünes Frühstück vorbereitet und in drei Sätzen erklärt, dass Disziplin Selbstliebe sei. Mia schaut das alles nicht lange an. Vielleicht sechs Minuten. Vielleicht acht. Die Zeit im Feed hat keine Kanten. Sie beginnt nicht richtig und hört nicht richtig auf.

Als sie das Handy sinken lässt, hat niemand ihr etwas getan. Niemand hat sie kritisiert, niemand hat ihr geschrieben, sie sei zu langsam, zu unsicher, zu wenig mutig oder zu unklar. Trotzdem fühlt sich der Tag schon an, als müsse sie etwas aufholen. Nicht konkret. Es ist kein klarer Gedanke, eher ein Druck unter der Haut. Während sie in die Küche geht, denkt sie plötzlich an ihre eigene Wohnung, an den Job, den sie seit Monaten nicht wirklich schlecht findet, aber auch nicht wirklich als richtig empfindet, an die Beziehung, über die sie zu selten ehrlich nachdenkt, weil Ehrlichkeit dort sofort Folgen hätte. Sie fragt sich nicht in sauber formulierten Sätzen, ob sie bleiben oder gehen, kündigen oder aushalten, warten oder entscheiden soll. Es arbeitet diffuser in ihr. Jede Möglichkeit zieht eine andere nach sich, und noch bevor der Kaffee durchgelaufen ist, wirkt ihr Leben wie ein Raum, in dem zu viele Türen offenstehen und hinter jeder Tür ein anderer Preis wartet.

Genau das ist die Wirkung des Bildschirms. Er zeigt nicht nur Bilder. Er aktiviert Alternativen. Die Frau in Portugal ist nicht einfach eine

Frau in Portugal. Sie wird für einen Moment zur Frage, ob Mia zu vorsichtig lebt. Der Schlüsselbund ist nicht einfach eine Wohnung. Er wird zum Hinweis, dass andere ankommen. Das Video über Disziplin ist nicht einfach ein Video. Es legt sich wie ein Urteil auf einen Morgen, an dem Mia nicht einmal sicher ist, ob sie genug geschlafen hat. Social Media muss keine direkten Botschaften aussprechen. Es reicht, Ausschnitte aus anderen Leben so dicht nebeneinanderzustellen, dass das eigene Leben plötzlich erklärungsbedürftig wirkt. Vergleich ist nichts Neues. Menschen haben sich immer verglichen. Mit Geschwistern, Nachbarn, Kolleginnen, Freunden, Klassenkameraden. Vergleich gehört zur sozialen Orientierung. Er zeigt, wo man steht, wozu man gehört, was anerkannt wird, was möglich scheint. Aber früher war dieser Vergleich begrenzter, langsamer, stärker an konkrete Beziehungen gebunden. Man wusste vielleicht, dass eine Schulfreundin geheiratet hatte, dass ein ehemaliger Mitschüler ein Haus baute oder dass jemand beruflich erfolgreich war. Heute werden solche Informationen nicht mehr gelegentlich wahrgenommen. Sie strömen täglich, stündlich, in kleinen Portionen in den eigenen Kopf.

Das Entscheidende ist dabei nicht nur die Menge. Es ist die Asymmetrie. Mia kennt ihr eigenes Innenleben vollständig genug, um sich darin zu verlieren. Sie kennt ihre Unklarheit, ihre ungewaschene Wäsche, den Kontostand, den Streit mit ihrem Freund, den sie nicht Streit nennen möchte, die Erschöpfung nach der Arbeit, die Zweifel, die sie kaum jemandem erzählt. Von den anderen sieht sie Ausschnitte. Gute Winkel. Gute Nachrichten. Verdichtete Momente. Sätze, die klingen, als habe jemand begriffen, was Mia noch sucht. Sie vergleicht also nicht Leben mit Leben. Sie vergleicht ihr Innenleben mit den Außenansichten anderer. Dieser Vergleich kann nicht fair sein, aber er fühlt sich wahr an.

Dass Mia das weiß, schützt sie nur begrenzt. Sie ist nicht naiv. Sie weiß, dass Bilder ausgewählt sind. Sie weiß, dass auch die Frau in Portugal schlechte Tage haben kann, dass der Schlüsselbund nichts über Einsamkeit verrät und dass eine Morgenroutine kein Beweis für inneren Frieden ist. Aber der Körper reagiert schneller als die Analyse. Erst kommt das kleine Gefühl von Rückstand, dann die vernünftige Einordnung. Und manchmal bleibt das Gefühl, auch wenn der Kopf längst widersprochen hat. So beginnt digitale

Erschöpfung selten mit einem großen Ereignis. Sie beginnt mit Mikroverschiebungen. Ein bisschen weniger Ruhe. Ein bisschen mehr Unzufriedenheit. Ein kleiner Stich beim Erfolg anderer. Ein kurzes schlechtes Gewissen über den eigenen Morgen. Ein Impuls, sich selbst sofort verbessern zu müssen. Alles einzeln harmlos. Zusammen entsteht ein inneres Grundrauschen, das den Tag färbt, bevor er überhaupt angefangen hat.

Für Mia ist der Bildschirm deshalb keine bloße Ablenkung. Er ist ein Ort, an dem die Quarterlife Crisis täglich neues Material bekommt. Die Frage, ob sie den richtigen Weg gewählt hat, bleibt nicht abstrakt. Sie bekommt Gesichter, Wohnungen, Städte, Körper, Beziehungen und Jobtitel. Früher hätte Mia vielleicht abends mit einer Freundin gesprochen und sich danach für einige Tage besser oder schlechter gefühlt. Heute genügt ein Blick am Morgen, um ihr zu zeigen, wie viele andere Möglichkeiten es geben könnte. Nicht als Liste, nicht als sauber sortierte Optionen, sondern als visuelle Überfülle. Ein Leben am Meer. Ein Leben mit Eigentum. Ein Leben mit Verlobung. Ein Leben mit Gründung. Ein Leben mit geregeltem Schlaf. Ein Leben mit Körperkontrolle. Ein Leben, das so aussieht, als sei es bereits entschieden. Das eigene Leben wird dadurch nicht wirklich kleiner. Aber es fühlt sich kleiner an.

Jonas würde darüber lange lächeln. Instagram interessiert ihn kaum. TikTok hält er für Zeitverschwendung. Er sieht sich nicht als Mensch, der sich von fremden Urlaubsbildern beeindrucken lässt. Wenn es um Social Media geht, spricht er gern distanziert, fast überlegen. Dann öffnet er LinkedIn.

LinkedIn ist für ihn etwas anderes. Es ist beruflich, also vernünftig. Dort geht es nicht um Oberflächen, sondern um Netzwerke, Branchenwissen, Sichtbarkeit und Entwicklung. Jonas sagt sich, dass er informiert bleiben muss. Er liest Beiträge über Führung, Transformation, Produktivität, Künstliche Intelligenz, neue Rollen und berufliche Veränderungen. Er sieht ehemalige Kommilitonen, die befördert wurden, Kolleginnen, die auf Panels sprechen, Gründer, die aus Rückschlägen Lektionen machen, Managerinnen, die nach langen Projekten dankbar über Teamgeist schreiben. Alles klingt professionell. Gerade deshalb erkennt Jonas den Vergleich schwerer. Denn LinkedIn trifft ihn nicht am Körperbild, nicht an der Wohnung, nicht an der Urlaubssehnsucht. Es trifft ihn an seiner beruflichen Identität. Ein neuer Titel eines anderen wird für Jonas nicht einfach zur Information, sondern zu einem Maßstab. Ein Beitrag über mutige Veränderung fragt ihn, ob er zu bequem geworden ist. Ein Satz über Leadership erinnert ihn daran, dass er selbst sichtbarer sein müsste. Selbst Posts über Erschöpfung enden oft mit einer Lektion, die nach Stärke klingt. Burnout wird zur Story, Kündigung zur Transformation, Schlafmangel zur Etappe, Zweifel zum Material für persönliche Marke.

So wird beruflicher Vergleich als Lernen getarnt. Jonas legt das Handy nach zwanzig Minuten weg und hat durchaus etwas gelesen, vielleicht sogar etwas Interessantes. Aber was in ihm bleibt, ist selten Wissen. Es ist Druck. Er müsste strategischer sein, sichtbarer, klüger vernetzt, mutiger positioniert. Sein eigener Arbeitsalltag, eben noch fordernd genug, wirkt plötzlich provinziell oder unzureichend. Nicht weil jemand ihn angegriffen hätte. Sondern weil er sich in einem Raum bewegt hat, in dem alle Karrieren als Erzählungen erscheinen und kaum eine als Müdigkeit. Das ist die digitale Verschärfung moderner Arbeit. Der Beruf endet nicht mehr mit dem Büro, nicht einmal mit dem Laptop. Er wandert in die Sichtbarkeit. Wer erfolgreich sein will, soll nicht nur gut arbeiten, sondern die eigene Entwicklung erzählen können. Still gute Arbeit zu leisten reicht in manchen Branchen nicht mehr. Man soll sichtbar sein, Haltung zeigen, Expertise markieren, Kontakte pflegen, lernen, kommentieren, reagieren. Aus Karriere wird nicht nur ein Weg, sondern ein dauerhaftes öffentliches Signal.

Für Jonas ist das besonders gefährlich, weil es perfekt zu seiner inneren Logik passt. Leistung beruhigt ihn nur kurzfristig. Sichtbarkeit verspricht zusätzliche Sicherheit. Wenn andere sehen, dass er vorankommt, dann ist er vielleicht wirklich auf dem richtigen Weg. Doch diese Sicherheit hält nie lange. Der Feed liefert sofort den nächsten Vergleich, den nächsten Menschen, der scheinbar weiter ist, den nächsten Impuls, etwas nachzuholen. Das System ist nicht darauf gebaut, Jonas innerlich ankommen zu lassen. Es ist darauf gebaut, ihn in Bewegung zu halten.

Bei Mia funktioniert es ähnlich, nur in anderen Bildern. Sie scrollt durch Wohnungen, Reisen, Beziehungen und Alltagsästhetik. Jonas scrollt durch Titel, Projekte, Thought Leadership und berufliche Meilensteine. Beide suchen etwas anderes. Beide finden Vergleich. Und beide spüren danach selten mehr Gegenwart.

Das ist der zentrale Unterschied zwischen echter Pause und digitaler Unterbrechung. Eine Pause gibt dem Nervensystem Raum, Reize zu verarbeiten. Digitales Scrollen füllt den Raum mit neuen Reizen. Es fühlt sich an wie Ausruhen, weil man körperlich still ist und keine unmittelbare Aufgabe erledigt. Aber innerlich arbeitet das System weiter: wahrnehmen, einordnen, vergleichen, reagieren, speichern, verwerfen, neu bewerten. Der Körper liegt vielleicht auf dem Sofa. Das Nervensystem ist unterwegs.

Lena erlebt genau das abends. Sie ist zu müde, um ein Buch zu lesen, zu müde für ein richtiges Telefonat, zu müde, um einfach nur still zu sein. Also greift sie zum Handy. Nicht aus Begeisterung, sondern weil der Feed weniger Kraft zu verlangen scheint als alles andere. Zwanzig Minuten später weiß sie kaum noch, was sie gesehen hat. Ein Rezept, politische Empörung, ein Hundevideo, ein Fitnessclip, eine Nachricht über Krieg, ein Kunstfoto, ein Kommentar, eine Werbung, eine alte Bekannte mit Baby. Nichts bleibt wirklich. Aber sie fühlt sich voller und leerer zugleich. Voller Eindrücke. Leerer in sich selbst. Diese Erfahrung ist weit verbreitet. Menschen nehmen ihr Handy, weil sie erschöpft sind, und legen es erschöpfter weg. Nicht immer dramatisch. Aber spürbar. Der Feed beruhigt nicht zuverlässig. Er betäubt eher, und Betäubung ist nicht dasselbe wie Erholung. Erholung führt den Menschen zu sich zurück. Betäubung hält ihn von sich fern. Manchmal braucht man das kurz. Niemand muss jeden Abend tiefsinnig mit sich selbst sein. Aber wenn Betäubung zur Standardpause wird, verliert der Körper die Gelegenheit, wirklich herunterzufahren.

Die Plattformen nutzen dabei keine zufällige Dynamik. Sie sind darauf gebaut, Aufmerksamkeit zu halten. Niemand muss unterstellen, dass jeder Entwickler böse Absichten hat. Die ökonomische Logik reicht. Was lange bindet, wird belohnt. Was Reaktion erzeugt, bleibt sichtbar. Was überrascht, empört, berührt, reizt oder verunsichert, hat bessere Chancen, weitergetragen zu werden. Für das Nervensystem bedeutet das: Es bekommt nie nur Information. Es bekommt Aktivierung.

Ein Like aktiviert. Eine ausbleibende Reaktion aktiviert. Ein schöner Körper aktiviert. Eine schlechte Nachricht aktiviert. Ein beruflicher Erfolg anderer aktiviert. Ein Streit in Kommentaren aktiviert. Ein Video, das verspricht, das eigene Leben in fünf Gewohnheiten zu verbessern, aktiviert ebenfalls. Mal durch Sehnsucht, mal durch Angst, mal durch Ärger, mal durch das Gefühl, noch nicht genug zu sein. Der Feed ist nicht neutral. Er greift in die innere Regulation ein.

Das ist wichtig, weil Teil II dieses Buches später zeigen wird, wie ernst Reizverarbeitung werden kann, wenn der Körper krank ist. Bei Max können Licht und Geräusche zu viel sein. Bei Long Covid oder ME/CFS können kognitive und sensorische Reize echte Belastung werden. Das ist nicht dasselbe wie Mias Instagram-Morgen oder Lenas abendliches Scrollen. Diese Unterscheidung muss klar bleiben. Aber gerade die schweren Erkrankungen werfen ein Licht auf etwas, das auch im gesunden Alltag gilt: Reize kosten Energie. Auch wenn wir sie nicht zählen. Die digitale Welt lebt davon, dass wir diese Kosten unterschätzen. Mia denkt nach dem Scrollen nicht: Ich habe gerade mein Nervensystem aktiviert. Sie denkt: Irgendwie bin ich heute schlecht drauf. Jonas denkt nach LinkedIn nicht: Ich habe berufliche Vergleichsreize aufgenommen, die meine Selbstbewertung verschieben. Er denkt: Ich muss strategischer werden. Lena denkt nach einer halben Stunde Feed nicht: Ich habe meine letzte Restenergie mit ungefilterten Eindrücken gefüllt. Sie denkt: Ich sollte schlafen, aber irgendwie komme ich nicht runter.

So entstehen falsche Deutungen. Das Gefühl nach der Nutzung wird dem eigenen Leben zugeschrieben, nicht dem digitalen Raum. Mia fühlt sich zurück und nimmt an, sie sei tatsächlich zurück. Jonas fühlt sich ungenügend und hält das für Karriereeinsicht. Lena fühlt sich leer und denkt, sie sei einfach erschöpft. In allen Fällen ist das Gefühl real. Aber seine Geschichte ist möglicherweise falsch.

Diese Unterscheidung ist entscheidend. Ein Gefühl kann wahr sein, ohne dass seine Deutung stimmt. Mia wird wirklich enger, wenn sie morgens fremde Lebensentwürfe sieht. Aber daraus folgt nicht, dass ihr Leben objektiv falsch ist. Jonas wird wirklich unruhig, wenn er berufliche Erfolgserzählungen liest. Aber daraus folgt nicht, dass er mehr leisten muss. Lena wird wirklich müder, wenn sie abends scrollt. Aber daraus folgt nicht, dass sie nur zu schwach für Ruhe ist.

Es kann bedeuten, dass der digitale Raum ihr genau die Reize gibt, die Erholung verhindern. Die Lösung ist nicht einfach, alle Plattformen zu verlassen. Das wäre zu glatt. Digitale Räume sind nicht nur schlecht. Sie können verbinden, informieren, inspirieren, trösten, politisieren, berufliche Chancen eröffnen, Nischen sichtbar machen und Menschen helfen, die im direkten Umfeld niemanden finden, der sie versteht. Gerade Betroffene von seltenen oder missverstandenen Erkrankungen haben online oft Wissen, Gemeinschaft und Sprache gefunden, lange bevor Institutionen ausreichend reagierten. Für Long Covid und ME/CFS waren digitale Stimmen von Betroffenen wichtig, um Muster sichtbar zu machen.

Das Problem ist also nicht die Existenz digitaler Räume. Das Problem ist ihre Dominanz über Aufmerksamkeit, Selbstbild und Erholung.

Eine gesunde Beziehung zum Digitalen müsste deshalb nicht bei moralischem Verzicht beginnen, sondern bei Wahrnehmung. Was passiert mit mir danach? Bin ich klarer oder unruhiger? Fühle ich mich verbunden oder verglichen? Habe ich etwas verstanden oder nur mehr Reize aufgenommen? Nutze ich diesen Raum, oder nutzt er meine Müdigkeit? Diese Fragen sind nicht spektakulär. Aber sie schaffen Abstand. Und Abstand ist genau das, was Plattformen möglichst klein halten.

Mia beginnt diesen Abstand an einem Morgen zufällig. Sie wacht auf, greift zum Handy und hält inne, nicht aus Disziplin, sondern weil sie den leisen Druck vom Vortag noch erinnert. Sie legt es zurück. Nur für ein paar Minuten. Der Morgen wird dadurch nicht magisch. Die Wohnung ist nicht schöner, der Job nicht klarer, die Zukunft nicht gelöst. Aber etwas Entscheidendes passiert: Der Tag beginnt nicht mit den Leben anderer. Er beginnt mit der Stille ihres eigenen Zimmers, mit dem Geräusch der Heizung, mit dem Licht am Fenster, mit der Frage, wie sie sich wirklich fühlt, bevor der Vergleich eine Antwort liefert. Das ist wenig. Aber in einer Welt permanenter Außenreize ist wenig manchmal viel.

Jonas versucht etwas Ähnliches mit LinkedIn. Nicht als vollständigen Verzicht. Dafür ist das Netzwerk beruflich zu wichtig, und vielleicht will er es auch nicht. Aber er beginnt zu merken, dass berufliche Information und beruflicher Druck bei ihm zu nah beieinanderliegen. Wenn er morgens LinkedIn öffnet, arbeitet er innerlich, bevor die Arbeit beginnt. Wenn er abends LinkedIn öffnet, nimmt er die Arbeit mit ins Bett, auch wenn keine Mail offen ist. Also verschiebt er die Nutzung. Nicht perfekt. Nicht immer. Aber oft genug, um zu merken, dass seine Unruhe nicht nur aus seinem Job kommt, sondern auch aus der ständigen Sichtbarkeit anderer Karrieren.

Lena legt das Handy an manchen Abenden außer Reichweite. Nicht, weil sie plötzlich eine radikale digitale Askese lebt. Sondern weil sie erkennt, dass ihr müder Körper nicht noch mehr Eindrücke braucht. Am Anfang ist die Stille unangenehm. Ohne Feed tauchen Gedanken auf, die sie sonst überdeckt: Was hat mich heute eigentlich erschöpft? Warum freue ich mich so selten auf morgen? Wen vermisse ich? Was schiebe ich seit Wochen weg? Das sind keine leichten Fragen. Vielleicht ist genau deshalb der Feed so verführerisch. Er bewahrt vor Stille, aber damit auch vor Verarbeitung.

Verarbeitung braucht Zwischenräume. Früher entstanden manche Zwischenräume von selbst: Wege ohne ständige Erreichbarkeit, Warten ohne Smartphone, Abende ohne Feed, Pausen, in denen der Kopf sortieren musste, weil nichts anderes verfügbar war. Heute müssen viele dieser Räume bewusst geschützt werden. Das klingt banal, ist aber tiefgreifend. Ein Leben ohne Zwischenräume wird nicht automatisch produktiver. Es wird oft nur unverarbeiteter.

Die erschöpfte Generation lebt nicht nur mit zu vielen Aufgaben. Sie lebt mit zu wenig unverplanten inneren Räumen. Jeder freie Moment kann gefüllt werden. Jede Unsicherheit kann durch Input überdeckt werden. Jede Langeweile kann verschwinden, bevor sie etwas zeigt. Doch Langeweile, Stille und Übergänge sind nicht nutzlos. Sie sind Orte, an denen der Mensch wieder spürt, was in ihm los ist. Wenn sie verschwinden, verliert man nicht nur Ruhe. Man verliert Selbstkontakt. Das ist die tiefere Verbindung zwischen Social Media und Erschöpfung. Nicht nur die Zeit, die verloren geht. Nicht nur der Vergleich. Nicht nur Schlafverschiebung. Sondern der Verlust von Präsenz. Viele Menschen sind ständig erreichbar, informiert, stimuliert, verbunden — und zugleich weniger anwesend in ihrem eigenen Leben. Sie wissen mehr über die Welt, aber weniger darüber, was sie noch tragen können. Sie sehen mehr Möglichkeiten, aber spüren weniger Richtung. Sie reagieren schneller, aber verarbeiten langsamer.

Mia merkt das an einem Sonntag. Sie hat keinen großen Plan, nur einen freien Vormittag. Früher hätte sie das vielleicht genossen. Jetzt fühlt sich freie Zeit oft verdächtig an. Zu offen. Zu leer. Zu wenig definiert. Sie setzt sich mit Kaffee ans Fenster und lässt das Handy im Schlafzimmer. Nach wenigen Minuten wird sie unruhig. Nicht dramatisch, eher wie ein leises Ziehen. Sie möchte nachsehen, ob jemand geschrieben hat, ob es Neuigkeiten gibt, ob irgendwo etwas passiert, das sie verpasst. Dann bleibt sie sitzen. Die Unruhe wird nicht sofort besser. Aber nach einer Weile verändert sie sich. Unter ihr liegt nicht Langeweile, sondern Müdigkeit. Und unter der Müdigkeit Traurigkeit. Nicht groß genug für Tränen. Aber deutlich genug, um zu zeigen, dass sie sich lange abgelenkt hat. Das ist kein Durchbruch. Aber es ist ein Anfang. Denn Mia erkennt, dass sie den Bildschirm oft nicht nutzt, weil sie so interessiert ist, sondern weil sie den eigenen Zustand nicht spüren will. Der Feed ist dann weniger Fenster zur Welt als Flucht aus sich selbst. Eine sanfte Flucht, gesellschaftlich akzeptiert, jederzeit verfügbar. Niemand muss trinken, schreien oder verschwinden. Man muss nur scrollen.

Auch Jonas flieht, nur anders. Er flieht in berufliche Relevanz. Wenn er unsicher ist, schaut er, was die Branche macht. Wenn er erschöpft ist, liest er über Produktivität. Wenn er zweifelt, sucht er Signale dafür, wohin Karrieren gehen. Das wirkt aktiv, aber oft verhindert es die ehrlichere Frage: Will ich dieses Tempo wirklich, oder habe ich nur Angst, ohne Tempo an Wert zu verlieren?

Lena flieht in betäubende Reizdichte. Sara später vielleicht in kurze Nachrichten zwischen Schichten, nicht aus Interesse, sondern weil echte Ruhe nach einem Tag voller Bedürfnisse zu viel Nähe zum eigenen Zustand hätte. Timo scrollt abends, wenn die Kinder schlafen und der Laptop zu ist, nicht weil ihm Inhalte wichtig sind, sondern weil er einen Moment braucht, in dem niemand etwas von ihm will. Das ist verständlich. Aber wenn jeder erschöpfte Mensch zur Entlastung in Räume greift, die selbst wieder aktivieren, entsteht ein Kreislauf.

Dieser Kreislauf ist nicht mit Willenskraft allein zu lösen. Plattformen sind stärker als müde Individuen. Sie sind immer verfügbar, perfekt angepasst, unendlich, sozial belohnt und emotional variabel. Mal geben sie Trost, mal Vergleich, mal Empörung, mal Humor, mal Information. Genau diese Mischung macht sie so schwer zu regulieren. Wäre der Feed nur schlecht, wäre Verzicht einfacher. Er ist aber manchmal hilfreich. Gerade genug, um immer wieder zurückzukehren. Deshalb braucht es keine moralische Reinheit, sondern digitale Mündigkeit. Nicht die Frage: Bin ich schwach, weil ich scrolle? Sondern: Welche Funktion erfüllt es gerade? Suche ich Verbindung, Ablenkung, Betäubung, Bestätigung, Information, Flucht, Vergleich, Hoffnung? Und bekomme ich wirklich, was ich suche? Wenn Mia Verbindung sucht und Vergleich bekommt, wird sie erschöpfter. Wenn Jonas Orientierung sucht und Druck bekommt, wird er getriebener. Wenn Lena Ruhe sucht und Reiz bekommt, bleibt sie müde.

Eine solche Mündigkeit ist nicht nur individuell. Sie ist auch gesellschaftlich. Schulen, Arbeitsplätze, Familien und Politik müssen verstehen, dass digitale Dauerpräsenz keine neutrale Umgebung ist. Kinder und Jugendliche wachsen nicht einfach mit mehr Technologie auf. Sie wachsen mit einer Aufmerksamkeitsökonomie auf, die ihr Selbstbild, ihre Konzentration, ihre Schlafroutinen und ihre soziale Wahrnehmung prägt. Erwachsene sind nicht immun dagegen. Nur weil sie älter sind, heißt das nicht, dass ihr Nervensystem besser mit endlosen Reizströmen umgehen kann.

Die Pandemie hat diese Dynamik verschärft. Für viele wurde der Bildschirm nicht nur Freizeit, sondern Schule, Arbeit, Kontakt, Information, Angstquelle, Ablenkung und Ersatzwelt zugleich. Was vorher schon dominant war, wurde unvermeidlich. Und für manche blieb diese Verschiebung auch nach der akuten Phase bestehen. Der Bildschirm war längst nicht mehr ein Gerät. Er war Umgebung.

Mia spürt das, wenn sie versucht, sich zu konzentrieren. Ihr Kopf springt schneller. Nicht immer, nicht dramatisch, aber spürbar. Ein paar Minuten Aufgabe, dann der Impuls, etwas zu prüfen. Eine Nachricht. Ein Tab. Eine Kleinigkeit. Der Körper sucht Neuheit, obwohl der Kopf Ruhe bräuchte. Vielleicht ist das keine Krankheit. Aber es ist ein trainiertes Muster. Aufmerksamkeit wird fragmentierter, und fragmentierte Aufmerksamkeit kostet Energie, weil sie ständig neu ansetzen muss.

In Teil II wird Brain Fog als ernstes Symptom von Long Covid und ME/CFS beschrieben werden. Das ist etwas anderes als digitale Zerstreuung. Aber auch hier gilt: Wir sollten nicht erst bei Krankheit verstehen, dass Konzentration eine körperliche Ressource ist. Ein Gehirn, das ständig zwischen Reizen wechselt, verbraucht Kraft. Ein Nervensystem, das nie wirklich Pause bekommt, bleibt aktiviert. Ein Mensch, der seinen Tag mit fremden Leben beginnt und beendet, verliert leichter das Gefühl für die eigene innere Lage.

Mia legt an diesem Sonntag das Handy erst nach dem Kaffee wieder in die Hand. Die Welt ist noch da. Niemand ist verschwunden, keine wichtige Nachricht ging verloren, kein Leben hat sich entschieden, nur weil sie zwanzig Minuten nicht erreichbar war. Das klingt lächerlich klein. Aber für Mia ist es spürbar. Nicht als Befreiung. Eher als winziger Abstand zwischen sich und dem Sog. Vielleicht beginnt Präsenz genau dort: in einem Abstand, der klein genug ist, um möglich zu sein, und groß genug, um etwas zu verändern. Das Kapitel könnte hier enden, wenn es nur um den Bildschirm ginge. Aber der Bildschirm ist nicht der Ursprung. Er ist ein Verstärker. Er verstärkt jene Fragen, die Mia ohnehin hat. Er verstärkt Jonas' Leistungslogik. Er verstärkt Lenas Unfähigkeit, wirklich zur Ruhe zu kommen. Er verstärkt Saras und Timos Bedürfnis nach kurzer Betäubung. Social Media erfindet moderne Erschöpfung nicht. Es macht sie dichter, sichtbarer, schneller und schwerer verarbeitbar.

Die eigentliche Frage bleibt: Warum trifft uns der digitale Vergleich so tief? Warum reicht ein kurzer Blick, um das eigene Leben fraglich zu machen? Warum kann ein beruflicher Post von jemand anderem Jonas' Abend verändern? Warum fühlt sich Mia nach einem schönen Bild aus Portugal nicht inspiriert, sondern kleiner? Die Antwort liegt nicht nur im Algorithmus. Sie liegt auch in einer Kultur, die Menschen gelehrt hat, ihren Wert an Entwicklung, Sichtbarkeit und Leistung zu binden.

Damit führt der Weg zwangsläufig zur Arbeit. Zu jenem Ort, an dem viele nicht nur Geld verdienen, sondern beweisen, dass sie dazugehören. Wo Erschöpfung oft zuerst als Engagement erscheint.

Wo Grenzen mit mangelndem Ehrgeiz verwechselt werden. Wo der Körper lange schweigt, weil der Lebenslauf lauter ist. Und wo Menschen wie Jonas und Sara auf ganz unterschiedliche Weise lernen, dass Arbeit nicht nur Energie verbraucht, sondern Identität formen kann — bis der Preis zu hoch wird.

Kapitel 4 - Arbeit als Identität — und ihr Preis

Jonas beantwortet die Frage, was er macht, fast immer mit seinem Beruf. Nicht mit dem, was ihn interessiert, nicht mit dem, was er früher gern getan hat, nicht mit der alten Leidenschaft für Geschichte, nicht mit der Freude am Kochen, die irgendwann zwischen Projekten, Reisen, Terminen und erschöpften Sonntagen verschwunden ist. Er sagt: „Ich bin Unternehmensberater." Dann wartet er auf die Reaktion, auch wenn er so tut, als warte er nicht.

Die Reaktion kommt fast immer. Ein kurzes Nicken, ein interessiertes „Ah", manchmal eine Nachfrage zu Kunden, Arbeitszeiten oder Projekten, manchmal auch ein halb bewundernder, halb mitleidiger Satz darüber, wie anspruchsvoll das sicher sei. Jonas kennt diese Reaktionen. Sie geben ihm etwas, das er ungern zugeben würde: Bestätigung. Nicht nur für seine Arbeit, sondern für ihn. Für die vielen Stunden, die Wochenenden, die nicht wirklich frei waren, die Freundschaften, die leiser geworden sind, weil immer gerade etwas Dringendes war. In solchen Momenten fühlt sich sein Lebensstil nicht leer an. Er fühlt sich begründet an. Das ist der erste gefährliche Punkt: Wenn Arbeit nicht nur bezahlt, sondern bestätigt. Wenn sie nicht nur den Lebensunterhalt sichert, sondern den eigenen Wert. Wenn ein Beruf nicht mehr beschreibt, was jemand tut, sondern wer jemand ist. Diese Verschiebung geschieht selten bewusst. Niemand beschließt eines Tages, seine Persönlichkeit an eine Berufsbezeichnung zu binden. Es passiert langsamer. Über Lob, Anerkennung, Erwartungen, kleine Erfolge, steigende Verantwortung und die Erfahrung, dass Leistung ein verlässlicher Weg ist, gesehen zu werden.

Für Jonas war Arbeit lange eine Lösung. Sie gab Struktur, Richtung und ein Gefühl von Kontrolle. In der Schule waren es Noten gewesen, später Praktika, dann der Studienabschluss, dann der Einstieg in eine Branche, die nach Tempo, Anspruch und Bedeutung roch. Er mochte das. Zumindest am Anfang. Er mochte klare Ziele, schnelle Menschen, anspruchsvolle Projekte und das Gefühl, in Räumen zu sitzen, in die nicht jeder hineinkam. Wenn er müde war, konnte er sich sagen, dass Müdigkeit der Preis für etwas Größeres sei. Wenn er keine Zeit hatte, sagte er sich, dass Zeit später kommen würde. Später ist ein gefährliches Wort. Es macht ein überzogenes

Leben erträglich. Später werde ich wieder mehr Sport machen. Später sehe ich meine Freunde häufiger. Später koche ich wieder. Später lese ich. Später schlafe ich aus, ohne schlechtes Gewissen. Später frage ich mich, ob ich das alles eigentlich will. Solange es dieses spätere Leben gibt, kann die Gegenwart überzogen werden wie ein Konto, dessen Schulden noch nicht fällig sind. An einem Donnerstagabend sitzt Jonas im Büro, obwohl er längst gehen könnte. Die meisten anderen sind weg, das Licht über den Schreibtischen wirkt härter, wenn der Raum leer ist, und auf seinem Bildschirm liegt eine Präsentation, die gut genug wäre, vielleicht sogar sehr gut. Aber Jonas findet noch Stellen, die man schärfen könnte, Formulierungen, die eleganter wären, Zahlen, die besser eingebettet werden könnten. Nichts davon ist entscheidend. Trotzdem bleibt er. Nicht nur wegen der Präsentation. Er bleibt, weil Gehen sich anfühlt, als würde er eine Version von sich selbst enttäuschen, die immer noch ein bisschen mehr erwartet.

Diese Version ist streng, aber sie schreit nicht. Sie sagt nicht: Du musst perfekt sein. Das wäre zu leicht zu erkennen. Sie sagt: Nur noch kurz. Nur noch sauber machen. Nur noch zeigen, dass du zuverlässig bist. Nur noch beweisen, dass du das Vertrauen verdienst. So klingt Erschöpfung am Anfang selten wie Zwang. Sie klingt wie Anspruch. Und Anspruch ist gesellschaftlich hoch angesehen.

Jonas ist nicht einfach arbeitssüchtig. Dieses Wort wäre zu grob. Er ist in eine Arbeitswelt geraten, die seinen inneren Mechanismus perfekt bedient. Sie belohnt Tempo, Sichtbarkeit, Belastbarkeit und Verfügbarkeit. Sie nennt Überstunden Engagement, kurze Reaktionszeiten Professionalität und ständige geistige Präsenz Verantwortung. Sie spricht von Eigenverantwortung, meint aber oft, dass Menschen die Widersprüche des Systems selbst ausgleichen sollen. Wer müde wird, soll besser priorisieren. Wer überlastet ist, soll Grenzen setzen. Wer Grenzen setzt, soll dabei bitte nicht die Abläufe stören. Das ist die zweite gefährliche Stelle: Die Arbeitswelt übergibt die Verantwortung für Erschöpfung häufig an den Einzelnen zurück. Jonas soll lernen, Pausen zu machen, klarer zu kommunizieren, sich nicht zu sehr mit der Arbeit zu identifizieren. Das stimmt alles irgendwie. Aber gleichzeitig bleibt das System, das ihn belohnt, wenn er genau das Gegenteil tut. Es ist schwer, Grenzen zu setzen, wenn Sichtbarkeit, Karriere und Anerkennung an ihre Überschreitung gebunden sind.

Bei Sara sieht die Sache auf den ersten Blick völlig anders aus. Sie ist einunddreißig und arbeitet in der Pflege. Wenn sie sagt, was sie macht, bekommt sie keine Reaktion wie Jonas. Niemand verbindet ihren Beruf mit Status, schnellen Karriereschritten oder eleganten Konferenzräumen. Häufig sieht sie ein ernstes Gesicht, manchmal echte Bewunderung, manchmal einen Satz, den sie inzwischen kaum noch hören kann: „Das könnte ich nicht." Früher hat Sara dieser Satz berührt. Inzwischen macht er sie müde. Denn in ihm steckt nicht nur Anerkennung. In ihm steckt auch Abstand. Das könnte ich nicht heißt meistens auch: Gut, dass du es machst. Gut, dass jemand diese Arbeit trägt. Gut, dass ich nach diesem Gespräch in mein eigenes Leben zurückgehen kann, während du morgen wieder dort bist. Sara weiß, dass die Menschen es freundlich meinen. Sie weiß auch, dass ihre Arbeit wichtig ist. Vielleicht ist genau das das Problem. Ihre Arbeit ist so wichtig, dass es sich falsch anfühlt, Grenzen zu haben.

Nach einer Frühschicht sitzt Sara manchmal im Auto und fährt nicht sofort los. Der Motor ist aus, die Hände liegen auf dem Lenkrad, aber der Dienst ist in ihrem Körper noch nicht vorbei. Da sind Stimmen, Namen, Tabletten, Körper, Gerüche, ein Angehörigengespräch, das länger dauerte, als Zeit dafür vorgesehen war, eine Kollegin, die wieder eingesprungen ist, und diese ständige Lücke zwischen dem, was Menschen bräuchten, und dem, was der Dienstplan hergibt. Auf dem Handy steht eine Nachricht der Stationsleitung, ob sie am Wochenende übernehmen könne. Sara liest sie und spürt Schuld, noch bevor sie überhaupt antwortet. Sara erschöpft sich nicht daran, jemand werden zu wollen. Sie erschöpft sich daran, für andere da sein zu müssen. Das ist eine andere Form von Arbeitsidentität als bei Jonas, aber sie kann genauso tief greifen. In Pflege, Kita, Therapie, Medizin, Sozialarbeit und Bildung ist Arbeit nicht nur Aufgabe. Sie ist Beziehung, Verantwortung, moralische Anwesenheit. Wer Nein sagt, sagt scheinbar nicht nur Nein zu einer Schicht, einem Termin oder einer Stunde. Er sagt Nein zu Menschen, die etwas brauchen.

Natürlich stimmt das so nicht vollständig. Ein Dienstplan ist ein Dienstplan. Eine Grenze ist eine Grenze. Ein Körper ist ein Körper.

Aber unter Druck hört das Nervensystem solche Differenzierungen schlecht. Sara weiß, dass sie erschöpft ist. Sie weiß, dass sie nicht ständig einspringen kann. Sie weiß, dass Personalmangel nicht ihre private Schuld ist. Doch sobald sie die Nachricht liest, denkt sie nicht zuerst an Strukturen. Sie sieht Gesichter. Kolleginnen. Bewohner. Angehörige. Und das Nein wird schwer.

Hier berühren sich Jonas und Sara, obwohl ihre Welten verschieden sind. Jonas fragt sich, wer er ist, wenn er nicht vorankommt. Sara fragt sich, wer sie ist, wenn sie nicht hilft. Jonas bindet seinen Wert an Leistung. Sara bindet ihn an Verfügbarkeit. Jonas erschöpft sich am Anspruch, jemand zu werden. Sara erschöpft sich am Anspruch, für andere da zu sein. Beide verlieren ihre Grenze nicht, weil sie unvernünftig wären. Sie verlieren sie, weil ihre Umgebung genau das belohnt, was sie erschöpft.

Von außen sieht das lange gut aus. Jonas gilt als ehrgeizig. Sara als engagiert. Jonas wird für Ergebnisse gelobt, Sara für Menschlichkeit. Jonas bekommt vielleicht eine Beförderung, Sara Dankbarkeit von Angehörigen. Beide hören Sätze, die sie in ihrem Muster bestätigen. Auf dich kann man sich verlassen. Ohne dich wäre das schwierig geworden. Du hast wieder einmal geliefert. Gut, dass es Menschen wie dich gibt. Solche Sätze können wärmen. Sie können aber auch fesseln.

Denn wer für seine Belastbarkeit geliebt, gelobt oder gebraucht wird, lernt schwerer, unbelastbar zu sein. Wer Anerkennung dafür bekommt, die eigene Grenze zu übergehen, erlebt die Grenze irgendwann als Bedrohung dieser Anerkennung. Dann wird ein Nein nicht einfach zu einer organisatorischen Entscheidung, sondern zu einer kleinen Identitätskrise. Jonas fühlt sich mittelmäßig, wenn er rechtzeitig aufhört. Sara fühlt sich schuldig, wenn sie nicht einspringt. Beide verwechseln ein gesundes Limit mit einem persönlichen Makel. Die moderne Arbeitswelt spricht gern von Selbstfürsorge. Gleichzeitig ist sie in vielen Bereichen so organisiert, dass Selbstfürsorge zur privaten Reparatur eines strukturellen Problems wird. Unternehmen empfehlen Achtsamkeit und belohnen ständige Erreichbarkeit. Einrichtungen sprechen über Belastung und planen doch mit Personaldecken, die nur funktionieren, wenn Menschen immer wieder mehr geben. Teams nennen sich Familie, obwohl Familienmetaphern im Arbeitskontext gefährlich sind. Einer Familie sagt man nicht einfach, dass man heute pünktlich geht. Einer Familie hilft man. Einer Familie bleibt man treu. Einer Familie gibt man mehr, als im Vertrag steht.

Jonas kennt diese Kultur aus Workshops über Purpose, Ownership und High Performance. Sara kennt sie aus Dienstplänen, in denen Lücken nicht Lücken bleiben dürfen. In beiden Fällen entsteht Loyalität, aber nicht immer Gegenseitigkeit. Menschen geben dem System mehr, weil sie sich verbunden fühlen. Das System nimmt es, weil es funktioniert. Und die Grenze zwischen Engagement und Ausbeutung verläuft selten dort, wo man sie in der Stellenbeschreibung findet. Sie verläuft im Körper. Der Körper ist der Ort, an dem Arbeitsmoral irgendwann ehrlich wird. Jonas merkt es zuerst in Kleinigkeiten. Er schläft schlechter, obwohl er erschöpft ist. Er liest eine Mail dreimal und versteht sie trotzdem nicht sofort. Er sagt Treffen ab, nicht weil ihm die Menschen unwichtig sind, sondern weil er abends keine soziale Energie mehr hat. Wenn er doch unter Freunden sitzt, schweift sein Blick zum Handy, als müsse er sich vergewissern, dass keine berufliche Wirklichkeit ohne ihn weiterläuft. Er lacht, aber er ist nicht ganz da. Seine Arbeit nimmt nicht nur Zeit. Sie nimmt Gegenwart.

Sara merkt es anders. Ihr Rücken schmerzt. Sie wird schneller gereizt. Nach der Arbeit ist sie so leer, dass private Nähe sich nicht nach Erholung anfühlt, sondern nach weiterer Anforderung. Eine Freundin erzählt ihr von einem Problem, und Sara hört zu, aber innerlich spürt sie Widerstand. Nicht, weil ihr die Freundin egal ist. Sondern weil ihr System nach einem Tag voller Bedürfnisse keine weiteren Bedürfnisse mehr aufnehmen kann. Sie schämt sich dafür. Gerade weil Fürsorge zu ihrem Selbstbild gehört, erlebt sie die eigene innere Erschöpfung als Verrat an sich selbst.

Das ist einer der grausamsten Effekte übermäßiger Arbeit: Sie beschädigt oft genau die Eigenschaften, die Menschen ursprünglich gut in dieser Arbeit gemacht haben. Jonas verliert Neugier, Weite und echte Ambition, weil alles strategisch verwertbar wird. Sara verliert Wärme im privaten Raum, weil ihr beruflicher Raum zu viel davon verbraucht. Wer zu lange gibt, ohne ausreichend zurückzubekommen, wird nicht automatisch stärker. Er wird leerer.

Leer ist ein schwieriges Wort, weil es schnell psychologisch klingt. Aber diese Leere ist auch körperlich. Ein Mensch hat begrenzte Aufmerksamkeit, begrenzte emotionale Aufnahmefähigkeit, begrenzte Zeit, begrenzte Konzentration, begrenzte Schlafreserven, begrenzte Reizverarbeitung. Diese Grenzen sind nicht Ausdruck mangelnder Hingabe. Sie sind Teil des Menschseins. Eine Arbeitswelt, die sie dauerhaft ignoriert, erzeugt keinen Sinn, sondern Verschleiß.

Genau hier führt dieses Kapitel auf den späteren Kern des Buches zu. Bei Long Covid, ME/CFS und PEM wird die Grenze brutal sichtbar, weil der Körper auf Belastung nicht mehr zuverlässig mit Anpassung reagiert, sondern mit Verschlechterung reagieren kann. Jonas und Sara leben nicht in dieser medizinischen Wirklichkeit. Sie haben keine PEM, nur weil sie erschöpft sind. Diese Unterscheidung ist wichtig. Aber ihre Arbeitswelten zeigen eine kulturelle Vorstufe derselben Blindheit: Belastung wird zu lange positiv gedeutet, Grenze zu lange verdächtigt, Erschöpfung zu lange individualisiert.

Jonas würde wahrscheinlich sagen, dass er freiwillig arbeitet. Sara würde sagen, dass sie gebraucht wird. Beide Sätze stimmen teilweise. Aber Freiwilligkeit wird kompliziert, wenn das eigene Selbstwertgefühl von Leistung abhängt. Und Gebrauchtwerden wird kompliziert, wenn ein System darauf baut, dass Menschen ihre Erschöpfung moralisch übergehen. Nicht jede Überlastung ist Zwang. Manche ist innerlich so gut begründet, dass sie sich wie Entscheidung anfühlt. An einem freien Samstag wacht Jonas früh auf. Kein Termin, kein Kunde, keine dringende Verpflichtung. Er könnte liegen bleiben. Stattdessen spürt er Unruhe. Ein freier Tag ohne Struktur fühlt sich nicht nach Freiheit an, sondern nach etwas, das gefüllt werden muss. Beim Frühstück öffnet er kurz seine Mails, nur um sicherzugehen. Eine Nachricht braucht keine Antwort, aber er formuliert innerlich trotzdem eine. Eine Stunde später sitzt er am Laptop. Er würde sagen, dass er nur kurz etwas vorbereitet. Tatsächlich beruhigt ihn Arbeit mehr als Ruhe. Das ist der Punkt, an dem Arbeit nicht mehr nur Aufgabe ist. Sie ist Regulation.

Sara erlebt an freien Tagen etwas Ähnliches, nur ohne Laptop. Sie plant, nichts zu machen, und merkt, dass ihr Körper nicht weiß, wie das geht. Sie räumt auf, kauft ein, beantwortet Nachrichten, hilft ihrer Mutter, erledigt Dinge, weil Stillstand sich nicht sofort wie Erholung anfühlt, sondern wie Pflichtverletzung. Wenn sie wirklich nichts tut, tauchen die Bilder aus der Arbeit auf. Gesichter, Stimmen, Situationen, die sie tagsüber weggeschoben hat. Also bleibt sie in Bewegung. Nicht aus Energie, sondern gegen die Erschöpfung.

Viele Menschen müssen Ruhe erst wieder lernen. Nicht als Methode, sondern als Zustand, in dem keine unmittelbare Rechtfertigung erforderlich ist. Das klingt fast lächerlich, weil Ruhe etwas Natürliches sein sollte. Aber wer lange über Funktionieren gelebt hat, erlebt Ruhe nicht automatisch als sicher. Der Körper liegt vielleicht still, aber innerlich läuft die Bewertung weiter. Habe ich genug getan? Habe ich jemanden enttäuscht? Nutze ich die Zeit richtig? Sollte ich nicht wenigstens etwas erledigen? So wird selbst Erholung zum Arbeitsfeld.

Jonas geht joggen, nicht weil er Freude an Bewegung hat, sondern weil er weiß, dass Sport gegen Stress helfen soll. Er optimiert seinen Schlaf, weil er leistungsfähiger sein möchte. Er hört Podcasts über Fokus, weil er noch besser arbeiten will. Sogar der Versuch, gesund zu bleiben, dient am Ende der Arbeit. Sara nimmt sich vor, besser auf sich zu achten, aber oft nur, damit sie weiter durchhält. Ein Bad, ein Spaziergang, ein freier Nachmittag — alles wird auf seine Funktion geprüft: Hilft es mir, wieder zu können?

Das ist die subtile Falle einer leistungsgetränkten Kultur. Sie entdeckt Selbstfürsorge und verwandelt sie sofort in Produktivitätsvorsorge. Der Mensch soll sich erholen, aber nicht, weil er ein Recht auf Leben jenseits der Arbeit hat. Er soll sich erholen, damit er weiter funktioniert. Diese Haltung wirkt modern und achtsam, aber im Kern bleibt sie alt: Der Mensch wird nach seiner Verwendbarkeit organisiert. Eine andere Arbeitskultur müsste Arbeit begrenzen können, ohne sie abzuwerten. Arbeit kann wichtig sein. Sie kann Würde geben, Kompetenz, Zugehörigkeit, Sinn, Einkommen, Wirksamkeit. Für viele Menschen ist sie ein zentraler Ort des Lebens. Dieses Buch richtet sich nicht gegen Arbeit. Es richtet sich gegen ihre Überhöhung. Gegen die stille Gleichung, dass ein Mensch dort am meisten zählt, wo er nützlich ist.

Diese Gleichung wird erst wirklich sichtbar, wenn jemand nicht mehr nützlich sein kann. In Teil II wird Max diese Frage in ihrer härtesten Form stellen. Was ist ein junger promovierender Mensch wert, wenn er nicht mehr forschen, schreiben, arbeiten, sprechen, sichtbar sein kann? Die richtige Antwort lautet: genauso viel wie vorher. Aber eine Gesellschaft, die ihre Anerkennung so stark an Leistung bindet, muss sich fragen lassen, ob sie diesen Satz wirklich lebt.

Jonas steht noch weit vor dieser Grenze. Sara auch. Aber beide spüren, wie Arbeit an ihrem Selbst frisst. Nicht in einem spektakulären Zusammenbruch, sondern in kleinen Verschiebungen. Weniger Freunde. Weniger Freude. Weniger Körpergefühl. Weniger Stille. Weniger Fähigkeit, außerhalb der eigenen Funktion einfach da zu sein. Irgendwann wird die Frage nicht mehr sein, ob sie gute Arbeit leisten. Die Frage wird sein, ob neben der Arbeit noch genug Leben bleibt, um diese Arbeit nicht zum einzigen Beweis ihrer Existenz zu machen. Für Jonas kommt ein erster Riss an einem Dienstagabend. Er sitzt wieder vor dem Laptop, die Präsentation ist offen, die Wohnung still. Im dunklen Bildschirmrand sieht er kurz sein Gesicht. Nicht dramatisch, nicht filmisch. Nur müde. Blass im Licht des Monitors. Für einen Moment denkt er nicht an den Kunden, nicht an die nächste Stufe, nicht an LinkedIn, nicht an die Kollegen. Er denkt: Ich weiß nicht, wann ich zuletzt etwas getan habe, ohne dass es nützlich war. Der Gedanke erschreckt ihn, weil er keine einfache Konsequenz hat. Er kündigt nicht. Er klappt den Laptop nicht sofort zu und ändert sein Leben. Aber der Satz bleibt. Er stört. Und manchmal beginnt Veränderung nicht mit Entscheidung, sondern mit einem Satz, der nicht mehr verschwindet.

Sara hat ihren Moment einige Tage später. Die Nachricht wegen einer Zusatzschicht kommt wieder. Sonntag. Eigentlich frei. Sie liest sie im Flur, die Jacke noch an, der Schlüssel in der Hand. Der erste Impuls ist wie immer: zusagen. Dann spürt sie ihren Rücken, die Müdigkeit in den Beinen, dieses kurze Brennen hinter den Augen. Sie denkt an die Kolleginnen, an die Bewohner, an das schlechte Gewissen. Und zum ersten Mal denkt sie gleichzeitig: Wenn ich immer einspringe, fällt das System nie auf.

Sie antwortet nicht sofort. Das ist noch kein Nein. Aber es ist auch kein automatisches Ja. Für Sara ist das mehr, als es von außen aussieht. Es ist eine kleine Lücke zwischen Reiz und Reaktion. Zwischen gebraucht werden und sich selbst verlieren. Zwischen Pflichtgefühl und Körper.

Vielleicht beginnt eine gesündere Arbeitsidentität genau in solchen Lücken. Nicht mit großen Ausstiegen. Nicht mit perfekten Grenzen. Nicht mit der romantischen Idee, dass man nur seinem Herzen folgen müsse. Sondern mit der Frage, die lange gefehlt hat: Was kann ich tragen, ohne mich selbst aus dem Leben zu arbeiten?

Diese Frage wird in den nächsten Kapiteln schwerer werden. Denn Arbeit war nicht der einzige Bereich, in dem Grenzen verschwammen. Die Pandemie hat aus vielen privaten Räumen Arbeitsräume gemacht, aus Bildschirmen Klassenzimmer, aus Wohnungen Büros, aus Familien Betreuungszentren und aus Unsicherheit einen Dauerzustand. Sie hat nicht erfunden, was Jonas und Sara erleben. Aber sie hat es verstärkt. Für manche blieb sie eine biografische Narbe. Für andere wurde sie körperlich. Denn für einige endete Covid nicht mit der Infektion. Es blieb im Körper.

Kapitel 5 - Die Pandemie als unsichtbarer Bruch

Mia war einundzwanzig, als die Welt kleiner wurde. Zuerst fühlte es sich nicht wie ein Bruch an, eher wie eine seltsame Unterbrechung, die niemand richtig einordnen konnte. Die Universität schickte E-Mails, Professoren sprachen von Übergangslösungen, Freundinnen schrieben in Gruppenchats, dass es bestimmt nur ein paar Wochen dauern würde. Mia saß in ihrem Zimmer, der Laptop auf dem Schreibtisch, eine Tasse Kaffee daneben, und hörte zum ersten Mal eine Vorlesung über Kopfhörer, während draußen die Straße stiller war als sonst. Es war irritierend, aber nicht sofort schlimm. Fast bequem sogar. Kein Weg zur Uni, keine Suche nach einem Platz im Hörsaal, keine nassen Schuhe, keine müden Gesichter am Morgen. Nach drei Wochen nannte Mia es praktisch. Nach drei Monaten nannte sie es normal. Nach einem Jahr wusste sie nicht mehr genau, wann sie aufgehört hatte, sich jung zu fühlen.

Die Pandemie war nicht für alle dasselbe. Für manche war sie vor allem Angst um Angehörige, für andere Einsamkeit, für wieder andere Überlastung, Kontrollverlust, wirtschaftliche Unsicherheit, Trauer, Wut oder Erschöpfung. Manche erlebten Entschleunigung, andere das Gegenteil. Manche hatten Häuser, Gärten und sichere Jobs. Andere saßen allein in kleinen Wohnungen, verloren Nebenjobs, verschoben Abschlüsse, betreuten Kinder, arbeiteten in Kliniken, Pflegeheimen, Kitas oder Supermärkten und hörten abends Menschen von der neu entdeckten Ruhe erzählen. Es gab nicht die eine Pandemieerfahrung. Aber es gab einen gemeinsamen Bruch: Die Welt wurde unsicherer, enger und gleichzeitig digitaler.

Für Mia bedeutete dieser Bruch vor allem den Verlust von Übergängen. Eine Vorlesung fand formal weiter statt, aber der Weg dorthin fehlte. Das kurze Gespräch vor der Tür fehlte. Das Warten auf den Bus, das Lachen im Flur, der Kaffee nach dem Seminar, der zufällige Blickkontakt mit Menschen, die denselben Raum teilten. All das sind Kleinigkeiten, solange sie da sind. Erst wenn sie verschwinden, merkt man, dass ein Lebensabschnitt nicht nur aus Inhalten besteht, sondern aus Zwischenräumen. Aus jenen unspektakulären Momenten, in denen Zugehörigkeit entsteht, ohne dass man sie planen muss. Mias Studium wurde nicht vollständig unterbrochen. Das war fast das Problem. Es lief weiter, aber dünner.

Die Folien wurden hochgeladen, Prüfungen organisiert, Seminare in kleine Bildschirmfenster übersetzt. Der Inhalt blieb, das Leben darum herum verschwand. Ihr Zimmer wurde Hörsaal, Bibliothek, Pausenraum, Rückzugsort und Schlafplatz zugleich. Morgens saß sie dort für die Universität, nachmittags für eine Gruppenarbeit, abends für Serien, Chats, Nachrichten und manchmal Dating. Der Ort wechselte nicht mehr. Nur die Fenster auf dem Bildschirm wechselten.

Wo Orte sich nicht mehr trennen, beginnen auch Zustände ineinanderzulaufen. Lernen fühlt sich nicht mehr eindeutig wie Lernen an. Freizeit nicht mehr eindeutig wie Freizeit. Ruhe nicht mehr eindeutig wie Ruhe. Mia konnte nach einer Online-Vorlesung den Laptop zuklappen und trotzdem im selben Raum, im selben Licht, auf demselben Stuhl sitzen. Früher hätte der Weg nach draußen etwas beendet. Jetzt musste sie selbst beenden, was früher durch Räume beendet wurde. Dafür hatte sie keine Übung. Viele Menschen hatten keine Übung darin.

Timo erlebte die Pandemie nicht als Entschleunigung, sondern als Verdichtung. Er war achtunddreißig, Vater von zwei Kindern, angestellt in einem mittelständischen Unternehmen und lebte mit seiner Partnerin in einer Wohnung, die vor der Pandemie groß genug gewirkt hatte. Nicht großzügig, aber machbar. Ein Arbeitszimmer wäre schön gewesen, ein zweites Kinderzimmer auch, aber man arrangierte sich. Dann kamen Homeoffice, Schulschließungen, Betreuungsnot, Videokonferenzen, Aufgabenblätter, Druckerprobleme, Essenszeiten, Kinderstreit, Kundentermine und die ständige Frage, wer gerade welchen Raum benutzen durfte. Aus machbar wurde ein tägliches Verhandeln um Ruhe, Zeit und Nerven. Morgens stand Timo früher auf, weil er vor dem ersten Videotermin noch E-Mails beantworten wollte. Dann suchte ein Kind Kopfhörer, das andere verstand eine Aufgabe nicht, seine Partnerin hatte ebenfalls einen Call, und irgendwo zwischen Matheblatt, Kaffeemaschine und Bildschirm versuchte Timo, professionell zu wirken. In Besprechungen nickte er konzentriert, während er hinter der geschlossenen Tür hörte, wie in der Küche ein Glas zerbrach. Er arbeitete nicht weniger. Er arbeitete zerstückelter. Und Zerstückelung kann genauso erschöpfen wie Überstunden, manchmal mehr, weil der Körper nie richtig in einen Zustand findet.

Abends, wenn die Kinder schliefen, holte Timo nach, was tagsüber liegen geblieben war. Nicht aus Ehrgeiz wie Jonas. Nicht aus moralischer Fürsorge wie Sara. Sondern aus Verantwortung. Irgendjemand musste dafür sorgen, dass nichts auseinanderfiel. Sein Satz war nicht: Ich will mehr erreichen. Sein Satz war: Ich darf nicht ausfallen. Dieser Satz klingt erwachsen, stabil und verlässlich. Aber wenn er zu lange allein steht, wird er hart. Er erlaubt keine Schwäche, weil Schwäche sofort Folgen hätte.

Die Pandemie legte solche Sätze frei. Sie zeigte, auf welchen Annahmen Leben gebaut waren. Dass Betreuung verfügbar ist. Dass Schule funktioniert. Dass Arbeit einen Ort hat. Dass Angehörige besucht werden können. Dass Körper gesund bleiben. Dass Nähe nicht gefährlich ist. Dass Planung zumindest für ein paar Monate trägt. Dass man Menschen sehen kann, wenn man sie braucht. Als diese Annahmen wackelten, mussten einzelne Haushalte plötzlich Systeme ersetzen, die sonst unsichtbar mittragen: Schule, Kita, Büro, soziale Kontakte, Freizeit, emotionale Entlastung, öffentliche Räume, medizinische Sicherheit. Das war mehr als Organisation. Es war Energieverbrauch.

Denn jeder wegfallende Übergang musste innerlich hergestellt werden. Jeder fehlende Raum musste durch Selbststeuerung ersetzt werden. Jede Unsicherheit verlangte Aufmerksamkeit. Jede neue Regel, jede Inzidenz, jede Nachricht, jede Entscheidung über Besuch, Test, Maske, Impfung, Risiko und Verantwortung kostete Kraft. Viele Menschen sprachen damals von Müdigkeit, obwohl sie körperlich wenig unterwegs waren. Das irritierte sie selbst. Wie konnte man so müde sein, wenn man doch kaum das Haus verließ? Weil Erschöpfung nicht nur durch Bewegung entsteht. Sie entsteht auch durch dauernde Wachsamkeit.

Sara hatte keine Möglichkeit, die Welt ins Homeoffice zu verschieben. Ihre Arbeit blieb körperlich, direkt, nah an Menschen, nur gefährlicher und angespannter. Während andere über Videomüdigkeit sprachen, zog sie Schutzkleidung an, beruhigte Bewohner, erklärte Angehörigen Regeln, die sich ständig änderten, fing Kolleginnen auf, die ebenfalls am Limit waren, und ging nach Schichten nach Hause mit dem Gefühl, etwas Unsichtbares mitzubringen. Nicht nur ein Virusrisiko, sondern auch Bilder,

Stimmen, Gerüche und eine Anspannung, die im Körper blieb. Am Anfang berührte sie der öffentliche Applaus vielleicht noch. Später klang er hohl. Heldinnen dürfen nicht müde sein. Heldinnen haben keine normalen Grenzen. Heldinnen retten, während andere zuschauen. Sara wollte keine Heldin sein. Sie wollte ihre Arbeit gut machen, ohne sich dabei aufzubrauchen. Sie wollte genügend Kolleginnen, genügend Schutz, genügend Zeit, genügend Ehrlichkeit. Aber eine Gesellschaft dankt oft schneller, als sie Strukturen verändert.

Auch Jonas erlebte eine Verschiebung, allerdings in anderer Form. Für ihn wurde die Pandemie zunächst effizient. Keine Reisen, keine Wege, keine Wartezeiten, mehr Termine in kürzerer Abfolge. Was früher ein Kundentermin mit Anfahrt, Gespräch, Rückweg und gedanklichem Nachklang gewesen wäre, wurde zu einem Block im Kalender. Danach der nächste Block. Dann der nächste. Zwischen den Terminen lagen fünf Minuten, manchmal gar keine. Jonas hielt das anfangs für Produktivität. Erst später merkte er, dass die verschwundenen Wege keine verlorene Zeit gewesen waren. Sie waren Übergänge. Der Körper brauchte sie, auch wenn der Kalender sie nicht kannte.

Das war eine der großen Lehren dieser Zeit: Effizienz ist nicht dasselbe wie Entlastung. Wenn Wege wegfallen, bleibt nicht automatisch mehr Erholung. Oft wird der freie Raum sofort mit dem nächsten Termin gefüllt. Wenn Arbeit zu Hause stattfindet, endet sie nicht automatisch früher. Oft beginnt sie früher und sickert weiter in den Abend. Wenn alles digital möglich ist, wird auch mehr erwartet. Die Technik ersparte Wege, aber sie löste nicht die Frage, wie ein Mensch zwischen Rollen wechselt, wenn alle Rollen im selben Raum stattfinden.

Lena merkte das am Küchentisch. Am Anfang empfand sie Homeoffice als Erleichterung. Kein Arbeitsweg, weniger Bürogeräusche, keine zufälligen Unterbrechungen. Sie konnte konzentrierter arbeiten, dachte sie. Und tatsächlich erledigte sie vieles effizienter. Doch nach einigen Monaten merkte sie, dass sie weniger Pausen machte, weil es keinen Anlass mehr dafür gab. Sie aß nebenbei, antwortete schneller, öffnete den Laptop früher, weil er ja schon da war, und schrieb abends noch eine kurze Nachricht, weil die Grenze zwischen Arbeitszeit und Privatzeit nicht mehr im Raum lag, sondern in ihr selbst. Und in ihr war diese Grenze nie besonders gut geschützt gewesen.

Die Pandemie traf also nicht nur äußere Strukturen. Sie traf innere Muster. Wer ohnehin schlecht Nein sagen konnte, hatte plötzlich weniger sichtbare Grenzen. Wer ohnehin zur Überarbeitung neigte, konnte immer weiterarbeiten. Wer ohnehin einsam war, verlor die beiläufigen Kontakte, die ihn noch gehalten hatten. Wer ohnehin Verantwortung trug, trug sie unter schlechteren Bedingungen. Wer ohnehin ängstlich war, bekam täglich neue Gründe zur Wachsamkeit. Die Pandemie erfand diese Muster nicht. Sie machte sie schwerer und sichtbarer.

Gleichzeitig entstand eine seltsame Konkurrenz der Berechtigung. Mia dachte, sie dürfe sich nicht beschweren, weil Menschen wie Sara viel mehr trugen. Timo dachte, er dürfe sich nicht beschweren, weil er seinen Job behalten hatte. Lena dachte, Homeoffice sei doch ein Privileg. Sara dachte, sie dürfe nicht klagen, weil ihre Arbeit wichtig war und andere Angehörige verloren. Viele Menschen fanden sofort Gründe, warum ihre eigene Belastung weniger zählte. So wurde aus gemeinsamem Leid nicht automatisch Gemeinschaft, sondern oft eine stille Hierarchie: Wer hat das Recht, erschöpft zu sein?

Der Körper interessiert sich nicht für solche Hierarchien. Er reagiert auf Schlafmangel, Unsicherheit, Isolation, Reizüberflutung, Angst, Verantwortung, fehlende Erholung, soziale Enge und dauerhafte Anpassung. Er fragt nicht, ob andere schlimmer betroffen sind. Zwei Menschen können unter sehr unterschiedlichen Bedingungen erschöpfen, ohne dass der eine dem anderen seine Erschöpfung abspricht. Diese Einsicht wäre während der Pandemie hilfreich gewesen. Viele hatten sie nicht. Sie hielten durch, weil alle durchhalten mussten.

Mia hielt ebenfalls durch. Ihre Tage wurden gleichförmiger. Vorlesungen, Chats, Nachrichten, kleine Spaziergänge, Serien, Prüfungen, Warten. Sie begann weniger zu erzählen, weil alles gleich klang. Was sollte sie sagen? Dass sie wieder schlecht geschlafen hatte? Dass die Tage verschwammen? Dass sie Menschen vermisste und gleichzeitig keine Energie mehr hatte, ihnen zu antworten? Dass sie in einer Lebensphase, die eigentlich Begegnung, Versuch, Fehler, Nähe und Bewegung hätte bringen sollen, in einem Zimmer saß und versuchte, nicht den Anschluss an sich selbst zu verlieren?

Für viele junge Erwachsene war die Pandemie nicht nur eine Unterbrechung. Sie war ein Verlust von Entwicklung. Ein Studienbeginn, erste Beziehungen, erste Arbeitstage, Umzüge, Freundschaften, zufällige Begegnungen, Nebenjobs, Feiern, Trennungen, das Lernen von Eigenständigkeit — all das lebt von Wiederholung, Reibung und Körpern im Raum. Digitale Formate konnten manches ersetzen. Aber sie ersetzten nicht die ganze soziale Textur eines Lebensabschnitts. Wer mit einundzwanzig oder vierundzwanzig in diese Zeit ging, kam nicht einfach zwei Jahre später an derselben Stelle heraus. Lebensphasen lassen sich nicht beliebig pausieren.

Mia spürte das, als wieder mehr möglich wurde. Statt reiner Freude kam Druck. Jetzt sollte man wieder leben. Nachholen. Treffen. Reisen. Feiern. Daten. Netzwerken. Endlich raus. Aber Mia war nicht sicher, ob sie nachholen wollte oder erst zurückfinden musste. Ein Teil von ihr sehnte sich nach Welt. Ein anderer war von der Rückkehr der Welt überfordert. Sie fühlte sich gleichzeitig zu jung und zu alt. Zu jung für die Sicherheit, die von ihr erwartet wurde, und zu alt für die Orientierungslosigkeit, die sie noch spürte.

Timo kam ebenfalls nicht einfach zurück. Als Schulen, Büros und Alltag wieder normaler wurden, erwartete er von sich, dass seine Belastbarkeit mit zurückkehrte. Aber sie kam langsamer. Er war schneller gereizt, Geräusche störten ihn mehr, abends konnte er schlechter abschalten. In Gesprächen mit seiner Partnerin ging es oft um Organisation, selten um Nähe. Beide waren nicht liebloser geworden. Sie waren müde. Und Müdigkeit, die lange genug dauert, sieht von außen manchmal aus wie Kälte.

Sara wurde innerlich härter. Sie funktionierte weiter, aber sie war weniger durchlässig. Früher hatten sie bestimmte Schicksale sofort berührt. Jetzt merkte sie manchmal, wie wenig sie fühlte, und erschrak darüber. Doch diese Gefühllosigkeit war nicht Kälte. Vielleicht war sie Schutz. Ein Nervensystem, das zu lange zu viel Leid, Druck und Verantwortung aufgenommen hat, drosselt irgendwann die Empfindung. Nicht, weil der Mensch falsch ist. Sondern weil Offenheit zu teuer geworden ist.

Lena ging wieder öfter ins Büro und stellte fest, dass Normalität nicht automatisch Erholung bedeutet. Menschen sehen, Wege haben, Räume wechseln — manches tat gut. Das kurze Gespräch an der Kaffeemaschine, ein Lachen im Flur, das Verlassen des Arbeitsplatzes am Abend. Gleichzeitig war sie schneller erschöpft als früher. Ein Tag mit vielen Menschen, Geräuschen und kleinen sozialen Anpassungen kostete mehr, als sie erwartet hatte. Sie fragte sich, ob sie empfindlicher geworden war. Vielleicht war sie das nicht. Vielleicht war ihr System nur länger entwöhnt von Intensität, als sie dachte.

Diese Nachwirkungen waren schwer zu besprechen, weil die öffentliche Aufmerksamkeit weiterzog. Irgendwann wurden die Kalender voller, Restaurants belebter, Büros offener, Flughäfen wieder lauter. Nach außen sah vieles nach Rückkehr aus. Doch Rückkehr ist nicht dasselbe wie Wiederherstellung. Ein Körper, ein Nervensystem, eine Beziehung, eine Familie, eine Studienbiografie, ein Arbeitsplatz — all das kehrt nicht automatisch in den alten Zustand zurück, nur weil die äußeren Regeln sich ändern. Und dann gab es jene, für die Covid nicht einmal als äußere Krise endete. Für manche blieb die Pandemie im Körper. Nicht als Erinnerung, nicht als politische Debatte, nicht als biografische Delle, sondern als anhaltende Erkrankung. Die akute Infektion war vorbei, aber der Körper fand nicht zurück. Energie blieb weg. Der Kopf blieb neblig. Der Puls reagierte seltsam. Schlaf erholte nicht. Belastung verschlechterte. Ein Spaziergang, ein Gespräch, ein Arbeitstag, ein Einkauf — Dinge, die früher selbstverständlich waren, wurden unberechenbar.

Das ist der Punkt, an dem die Geschichte dieses Buches ihre Richtung ändert.

Bis hierher ging es um eine Generation, die wenig Reserve hatte. Um Arbeit, Vergleich, digitale Reize, Verantwortung, Pandemieerfahrung und den Verlust von Übergängen. Das ist wichtig. Aber es ist nicht das Ganze. Denn Long Covid zeigt, dass Erschöpfung nicht nur ein Zustand moderner Überforderung sein kann. Sie kann körperlich werden. Multisystemisch. Neurologisch. Immunologisch. Sie kann den Alltag nicht nur schwerer machen, sondern verkleinern.

Meine Frau erlebte genau diesen Übergang. Nach Covid war die Infektion nicht einfach vorbei. Der Alltag wurde zu einer Energiefrage. Anfangs vielleicht dreißig Prozent. Aktivitäten über dreißig Minuten waren kaum möglich. Das ist eine andere Dimension als Lenas Homeoffice-Müdigkeit oder Mias verlorene Studienjahre. Diese Unterschiede müssen klar bleiben. Aber gerade deshalb ist die Verbindung so wichtig: Eine Gesellschaft, die schon normale Erschöpfung schlecht versteht, ist erst recht schlecht vorbereitet auf körperliche Erschöpfung, die nicht durch Schlaf, Motivation oder bessere Organisation verschwindet.

Max zeigt die radikalste Form dieser Wahrheit. Bei ihm wurde die Grenze so eng, dass ein dunkles Zimmer notwendig wurde. Ob Infektion, Impfung, immunologische Reaktion oder ein anderes Zusammenspiel den Ausschlag gab, weiß niemand sicher. Aber das Ergebnis ist brutal: Ein junger Mensch, am Ende seiner Promotion, verliert die Möglichkeit normaler Teilhabe. Licht, Geräusche und Gespräche werden zu viel. Die Welt bleibt da, aber der Körper kann sie nicht mehr betreten.

Die Pandemie hat also zwei Geschichten hinterlassen. Die eine ist gesellschaftlich und psychologisch: verlorene Übergänge, Dauerstress, digitale Entgrenzung, Einsamkeit, familiäre Überlastung, erschöpfte Arbeitssysteme. Die andere ist körperlich: Long Covid, postinfektiöse Fatigue, ME/CFS, PEM, Dysautonomie, Brain Fog, Schlaf ohne Erholung. Beide Geschichten dürfen nicht vermischt werden. Aber sie gehören in dasselbe Buch, weil sie dieselbe Grundfrage stellen: Was passiert, wenn Energie nicht mehr selbstverständlich ist?

Teil I endet an dieser Schwelle.

Mia sitzt Jahre später wieder in einem Seminarraum, aber sie fühlt sich nicht einfach zurückversetzt in die Zeit davor. Timo sitzt wieder im Büro, doch der Satz „Ich darf nicht ausfallen“ ist tiefer in ihm eingegraben. Sara arbeitet weiter und trägt eine Härte in sich, die sie nicht gewählt hat. Lena hat gelernt, effizient zu funktionieren, aber nicht wirklich zu ruhen. Jonas hat erlebt, dass digitale Arbeit ohne Übergänge schneller sein kann und trotzdem mehr kostet. Alle haben auf unterschiedliche Weise erfahren, dass Normalität dünner ist, als sie dachten.

Für manche blieb es dabei. Für andere nicht.

Für manche war Covid eine Krise, die Spuren hinterließ. Für andere wurde Covid zum Beginn eines Körpers, der nicht zurückkehrte. Dort beginnt Teil II. Nicht mit einem weiteren Kapitel über Stress. Nicht mit Burnout als Sammelbegriff für alles. Sondern mit der notwendigen Unterscheidung: Es gibt Müdigkeit, die nach Schlaf verlangt. Es gibt Erschöpfung, die nach Ruhe verlangt. Und es gibt Zustände, in denen Ruhe nicht mehr genügt, weil der Körper selbst die Fähigkeit verloren hat, Energie verlässlich bereitzustellen.

TEIL II Wenn Energie verschwindet

Kapitel 6 - Nicht jede Erschöpfung ist Burnout

Es gibt Müdigkeit, die nach Schlaf verlangt. Es gibt Erschöpfung, die nach Ruhe verlangt. Und es gibt Zustände, in denen Ruhe nicht mehr genügt, weil der Körper selbst die Fähigkeit verloren hat, Energie verlässlich bereitzustellen. Wer diese drei Dinge verwechselt, versteht am Ende weder Burnout noch Long Covid noch ME/CFS. Er versteht auch nicht, warum manche Menschen nach einem Wochenende wieder funktionieren, während andere nach einem kurzen Gespräch, einem Einkauf oder einem Arzttermin tagelang nicht mehr aus dem Bett kommen.

Diese Unterscheidung ist der Beginn von Teil II.

Teil I dieses Buches hat beschrieben, warum eine Generation erschöpft wurde: durch zu große Versprechen, zu viele Vergleiche, zu viel Arbeit an sich selbst, zu wenig Sicherheit, zu viel digitale Dauerpräsenz und eine Pandemie, die bestehende Risse vertieft hat. Das alles bleibt wichtig. Aber es reicht nicht. Denn irgendwann wird Erschöpfung mehr als ein Lebensgefühl. Sie wird körperlich. Sie wird neurologisch. Sie wird immunologisch. Sie wird zu einer Grenze, die sich nicht durch Einsicht, Disziplin oder eine bessere Morgenroutine verschieben lässt.

Genau an dieser Stelle beginnt eine andere Geschichte.

Sie beginnt nicht mit einer Theorie. Sie beginnt mit einem Menschen, der plötzlich nur noch einen Bruchteil seiner früheren Energie hat. Mit einem Alltag, der auf dreißig Prozent schrumpft. Mit Aktivitäten, die nicht länger nach Lust, Zeit oder Motivation geplant werden, sondern nach der Frage, ob der Körper sie überhaupt erlaubt. Dreißig Minuten können dann zu viel sein. Ein kurzer Ausflug kann den nächsten Tag kosten. Ein Gespräch kann Kraft verbrauchen, die für etwas anderes fehlt. Das Wort müde reicht dafür nicht. Es ist zu klein. Es klingt nach einem Zustand, den Schlaf behebt. Aber genau das ist hier nicht gemeint.

Vielleicht ist das einer der größten Fehler im Umgang mit schwerer Erschöpfung: Wir benutzen dieselben Wörter für sehr unterschiedliche Wirklichkeiten. Jemand sagt, er sei müde, weil er schlecht geschlafen hat. Jemand sagt, er sei erschöpft, weil er seit Monaten zu viel arbeitet. Jemand sagt, er habe Fatigue, weil sein Körper nach einer Infektion nicht mehr in seine alte Energie zurückfindet. Jemand mit ME/CFS sagt vielleicht gar nichts mehr, weil selbst Sprechen zu viel sein kann. Von außen klingt vieles ähnlich. Von innen sind es verschiedene Welten.

Burnout ist eine dieser Welten, aber nicht die einzige. In der öffentlichen Sprache ist Burnout zu einem Sammelbegriff geworden für vieles, was mit Überforderung, Stress, Arbeit und innerem Zusammenbruch zu tun hat. Das ist verständlich, weil Burnout ein Wort anbietet, das weniger stigmatisiert wirkt als Depression und weniger körperlich klingt als Krankheit. Es sagt: Ich habe zu lange zu viel gegeben. Es sagt: Es liegt nicht daran, dass ich schwach bin. Es sagt: Da war ein Verhältnis zwischen Anforderungen und Ressourcen, das nicht mehr gestimmt hat.

Das ist wertvoll. Aber wenn Burnout alles erklären soll, erklärt es irgendwann zu wenig.

Ein Mensch, der nach Jahren beruflicher Überlastung innerlich leer wird, distanziert, zynisch, erschöpft und nicht mehr wirksam, braucht eine andere Einordnung als ein Mensch, dessen Körper nach einer Virusinfektion schon nach minimaler Belastung zusammenbricht. Ein Mensch mit Depression braucht eine andere Behandlung als jemand mit Long Covid und Belastungsintoleranz. Ein Mensch mit ME/CFS braucht eine andere Vorsicht als jemand, der nach einer stressigen Phase langsam wieder aufgebaut werden kann. Wer alles unter demselben Begriff zusammenfasst, riskiert falsche Antworten. Und falsche Antworten sind bei schwerer Fatigue nicht harmlos.

Das klingt zunächst wie eine fachliche Spitzfindigkeit. Ist es aber nicht. Begriffe entscheiden darüber, was Menschen sich selbst zumuten. Sie entscheiden darüber, welche Hilfe sie suchen, welche

Ratschläge sie bekommen, ob sie sich schämen, ob sie kämpfen, ob sie pausieren, ob sie trainieren, ob sie glauben, nur ihre Angst überwinden zu müssen, oder ob sie verstehen, dass ihr Körper tatsächlich eine Grenze gesetzt hat. Bei normaler Müdigkeit ist Überwindung manchmal sinnvoll. Man schläft schlecht, ist träge, geht trotzdem spazieren, trifft Freunde, erledigt etwas und fühlt sich danach vielleicht besser. Bei chronischem Stress kann Reduktion, Schlaf, Abstand, Bewegung und eine Veränderung der Belastung helfen, auch wenn der Weg nicht einfach ist. Bei Burnout braucht es oft längere Entlastung, psychologische Unterstützung, neue Grenzen und eine ernsthafte Veränderung der Bedingungen, die zur Erschöpfung geführt haben. Aber bei post-exertioneller Malaise, bei PEM, kann die alte Logik der Überwindung gefährlich werden. Dann ist Aktivität nicht einfach ein Weg zurück ins Leben. Dann kann sie Symptome verschlechtern.

Dieser Unterschied ist entscheidend.

Post-exertionelle Malaise bedeutet, dass sich Symptome nach körperlicher, geistiger, emotionaler oder sensorischer Belastung deutlich verschlechtern können, häufig verzögert nach 12 bis 48 Stunden und manchmal über Tage oder Wochen. Die CDC beschreibt PEM als häufig mit Long Covid verbunden; sie kann schon nach geringer körperlicher oder mentaler Anstrengung auftreten und lange anhalten. Die Deutsche Gesellschaft für ME/CFS beschreibt PEM als belastungsinduzierte Symptomverschlechterung und als zentrales Merkmal von ME/CFS.

Das ist etwas anderes als „nach Anstrengung müde sein". Jeder Mensch ist nach Belastung irgendwann müde. PEM bedeutet, dass das System nach Belastung abstürzt. Der Körper bezahlt nicht nur den Preis der Aktivität, er bezahlt Zinsen. Und diese Zinsen können höher sein als die Aktivität selbst. Ein Besuch, ein Telefonat, ein Spaziergang, ein Arzttermin, ein paar Minuten am Bildschirm — Dinge, die für gesunde Menschen kaum als Belastung gelten — können für Betroffene einen Crash auslösen. Das ist für Außenstehende schwer zu verstehen, weil die Ursache oft unsichtbar bleibt. Der Mensch sieht vielleicht nicht krank aus. Die Aktivität sah vielleicht nicht groß aus. Die Verschlechterung kommt vielleicht erst am nächsten Tag. Genau deshalb wird sie so leicht missverstanden.

Max ist neunundzwanzig, als sein Leben fast vollständig verschwindet. Bis dahin war sein Leben von Denken geprägt. Promotion, Forschung, Texte, Gespräche, Konzentration, Zukunft. Ein Leben, das anstrengend war, aber in einer Form, die gesellschaftlich anerkannt ist. Wer promoviert, darf müde sein. Wer kurz vor dem Abschluss steht, darf überarbeitet wirken. Man versteht das. Man nennt es Endphase. Man sagt, bald sei es geschafft.

Bei Max wurde nichts geschafft. Irgendwann wurde aus Erschöpfung etwas anderes. Niemand kann sicher sagen, ob eine Infektion, eine Impfung, eine immunologische Reaktion oder eine Kombination mehrerer Faktoren der Auslöser war. Genau diese Unklarheit gehört zur Geschichte. Sie macht sie nicht schwächer, sondern härter. Denn sie zeigt, wie wenig Trost eine eindeutige Ursache manchmal bietet — und wie schwer es ist, mit einem zerstörten Leben zu leben, wenn selbst der Ursprung unscharf bleibt. Heute muss Max in einem dunklen Zimmer leben. Geräusche sind zu viel. Licht ist zu viel. Normale Teilhabe ist zu viel. Das ist kein Rückzug im psychologischen Sinn. Es ist kein Wunsch nach Isolation. Es ist auch keine Überempfindlichkeit, wie man sie im Alltag leichtfertig nennt. Es ist ein Körper, dessen Reizverarbeitung so eingeschränkt ist, dass die Welt selbst zur Belastung wird. Max lebt nicht im Dunkeln, weil er die Welt nicht mehr sehen will. Er lebt dort, weil die Welt für seinen Körper zu laut geworden ist.

Wer diesen Satz wirklich versteht, versteht, warum Teil II dieses Buches anders sein muss als ein übliches Kapitel über Burnout. Hier geht es nicht mehr nur darum, dass moderne Arbeit Menschen erschöpft. Es geht darum, dass Energie die Voraussetzung für Leben ist. Für Denken. Für Sprechen. Für Nähe. Für Arbeit. Für Liebe. Für Selbstbestimmung. Für Würde. Wenn Energie verschwindet, verschwindet nicht nur Leistungsfähigkeit. Es verschwindet Welt.

Long Covid hat diese Wahrheit in eine breite Öffentlichkeit gezwungen. Die Weltgesundheitsorganisation beschreibt Post-Covid-Condition als Zustand, der meist innerhalb von drei Monaten nach einer SARS-CoV-2-Infektion beginnt, mindestens zwei Monate anhält und Alltag, Arbeit oder soziale Teilhabe einschränken kann. Die CDC definiert Long Covid als chronischen Zustand nach SARS-CoV-2-Infektion, der mindestens drei Monate besteht und sich verbessern, verschlechtern oder fortbestehen kann. Zu den häufig genannten Symptomen gehören Fatigue, Atemnot und kognitive Störungen; die WHO Europe verweist darauf, dass mehr als 200 unterschiedliche Symptome berichtet wurden.

Das ist wichtig, weil Long Covid sich einfachen Erzählungen entzieht. Es ist nicht nur Müdigkeit. Nicht nur Atemnot. Nicht nur Brain Fog. Nicht nur Herzrasen. Nicht nur Schlafstörung. Nicht nur Angst. Nicht nur Postinfekt. Für manche ist es ein vorübergehender Zustand, der sich langsam bessert. Für andere wird es ein langwieriger Verlust von Belastbarkeit, Planbarkeit und Teilhabe. Manche können wieder arbeiten, aber nur reduziert. Manche wirken von außen gesund und zahlen für jede Aktivität im Verborgenen. Manche rutschen in ein Krankheitsbild, das ME/CFS ähnelt oder dessen Kriterien erfüllt. Die CDC weist darauf hin, dass manche Menschen mit Long Covid Symptome erleben, die denen von ME/CFS ähneln, einer chronischen Erkrankung, die auch nach anderen Infektionen auftreten kann.

Diese Vielfalt macht Long Covid medizinisch schwierig und gesellschaftlich unbequem. Wir mögen Krankheiten, die klare Grenzen haben. Anfang, Ursache, Test, Behandlung, Ende. Long Covid bietet das oft nicht. Es gibt Menschen mit auffälligen Befunden und Menschen ohne eindeutige Standardmarker. Es gibt messbare Einschränkungen und zugleich viele offene Fragen. Es gibt Betroffene, die auf Verständnis treffen, und andere, denen gesagt wird, sie seien gestresst, ängstlich, dekonditioniert oder müssten sich nur langsam wieder belasten.

Natürlich können Stress, Angst und Dekonditionierung eine Rolle spielen. Kein seriöses Buch sollte so tun, als seien Körper und Psyche getrennte Welten. Aber ebenso unseriös wäre es, schwere postinfektiöse Erschöpfung vorschnell psychologisch zu erklären, nur weil die Medizin noch nicht alles messen kann. Ein Messproblem ist kein Einbildungsbeweis. Es ist ein Auftrag an Forschung und Versorgung, genauer hinzusehen.

Genau hier liegt eine lange Geschichte medizinischer Unsichtbarkeit. Krankheiten, die nicht leicht in Standarddiagnostik passen, werden häufig unterschätzt. Besonders dann, wenn sie überwiegend über

Energie, Schmerz, Reizverarbeitung, kognitive Einschränkungen oder wechselnde Symptome sprechen. Was nicht auf einem Röntgenbild, in einem einfachen Blutwert oder in einer klaren organischen Läsion erscheint, gerät schnell in Verdacht. Nicht immer offen. Manchmal nur in einem Blick, in einem Satz, in der Empfehlung, mehr an die frische Luft zu gehen oder sich nicht so auf Symptome zu konzentrieren.

Für Menschen wie Max ist diese Form der Verkennung brutal. Denn sie fügt der Krankheit eine zweite Verletzung hinzu: die Infragestellung des Erlebten. Wer im Dunkeln leben muss, braucht nicht zusätzlich den Verdacht, er wolle nicht ins Licht. Wer nach einem Arzttermin tagelang schlechter ist, braucht nicht die Botschaft, er solle seine Belastungsangst überwinden. Wer nur dreißig Prozent Energie hat, braucht nicht den moralischen Appell, positiv zu bleiben. Er braucht zunächst etwas viel Einfacheres und viel Selteneres: dass jemand glaubt, dass diese Grenze real ist.

Auch für Angehörige verändert sich dadurch alles. Wenn ein Mensch plötzlich nur noch einen Bruchteil seiner Energie hat, muss das ganze Umfeld lernen, Energie neu zu denken. Nicht als Stimmung. Nicht als Motivation. Nicht als Willenskraft. Sondern als biologische Grenze. Das ist schwer, weil gesunde Menschen Energie meist elastisch erleben. Man ist müde und kann trotzdem noch einkaufen. Man hat keine Lust und schafft es trotzdem. Man ist erschöpft und hält einen Geburtstag dennoch durch. Diese Erfahrung prägt die Erwartung an andere: Irgendwie geht immer noch etwas.

Bei Long Covid, ME/CFS und schwerer Fatigue stimmt dieser Satz nicht mehr zuverlässig. Manchmal geht nicht noch etwas. Manchmal kostet das „noch etwas“ den nächsten Tag, die nächste Woche oder den nächsten Monat. Manchmal ist ein scheinbar kleiner Schritt über die Grenze kein Zeichen von Fortschritt, sondern der Beginn einer Verschlechterung. Das widerspricht fast allem, was eine Leistungsgesellschaft über Gesundheit, Training und Genesung erzählt. Dort lautet die alte Logik: langsam steigern, dranbleiben, überwinden, zurückkämpfen. Bei PEM kann genau diese Logik scheitern.

Die NICE-Leitlinie zu ME/CFS legt deshalb besonderen Wert darauf, Schweregrade zu berücksichtigen und Menschen mit schwerer oder sehr schwerer ME/CFS besonders vorsichtig zu versorgen; sie war ein wichtiger Einschnitt in der Debatte um frühere Aktivierungslogiken. Für Betroffene ist das nicht nur eine medizinische Detailfrage. Es ist eine Frage der Würde. Denn wer nach Belastung crasht, braucht keine Ermutigung zur Härte, sondern Schutz vor falscher Zumutung.

Das heißt nicht, dass jeder Mensch mit Erschöpfung sich schonen sollte, als hätte er ME/CFS. Genau deshalb braucht es Differenzierung. Bei manchen Formen von Stress und Burnout kann Bewegung helfen, wenn sie angemessen dosiert ist. Bei Depression kann Aktivierung ein Teil therapeutischer Strategien sein. Bei Dekonditionierung kann langsamer Aufbau sinnvoll sein. Aber bei PEM muss Belastung anders gedacht werden. Nicht als Trainingsreiz, der den Körper stärker macht, sondern als möglicher Auslöser einer Verschlechterung. Wer diese Unterschiede nicht kennt, kann mit guten Absichten Schaden anrichten.

Deshalb beginnt Teil II mit einer scheinbar einfachen, aber entscheidenden Aussage: Nicht jede Erschöpfung ist Burnout.

Burnout beschreibt ein bestimmtes Verhältnis von Arbeit, Überlastung, Erschöpfung, innerer Distanz und reduzierter Wirksamkeit. Depression beschreibt einen anderen Zustand, in dem Antrieb, Stimmung, Interesse, Schlaf, Denken, Selbstwert und Lebensgefühl tiefgreifend verändert sein können. Fatigue beschreibt eine krankhafte, oft überwältigende Erschöpfung, die bei vielen Erkrankungen auftreten kann. Long Covid beschreibt einen postinfektiösen Zustand nach SARS-CoV-2 mit sehr unterschiedlichen Symptomen und Verläufen. ME/CFS beschreibt eine schwere, komplexe Erkrankung, bei der PEM, nicht erholsamer Schlaf, kognitive Einschränkungen, Schmerz, Schwindel und andere Symptome eine zentrale Rolle spielen können; die CDC bezeichnet ME/CFS ausdrücklich als biologische Erkrankung, die viele Körperbereiche betrifft und nicht durch Ruhe behoben wird.

Diese Sätze sind nüchtern. Aber sie haben Konsequenzen.

Wenn ein Mensch mit Long Covid oder ME/CFS fälschlich so behandelt wird, als habe er nur Angst vor Belastung, wird sein Körper möglicherweise überfordert. Wenn ein Mensch mit Depression nur gesagt bekommt, er müsse weniger arbeiten, wird seine Erkrankung möglicherweise nicht ausreichend behandelt. Wenn ein Mensch mit Burnout ausschließlich Medikamente erhält, ohne dass die Arbeitsbedingungen und Lebensmuster verändert werden, bleibt die Ursache bestehen. Wenn ein Mensch mit normaler Müdigkeit sich selbst für krank hält, obwohl Schlaf, Entlastung und Zeit helfen würden, kann auch das verunsichern. Präzision ist keine akademische Übung. Sie schützt Menschen vor falschen Geschichten. Vielleicht brauchen wir deshalb eine neue Sprache der Erschöpfung. Eine Sprache, die nicht alles psychologisiert, aber auch nicht so tut, als sei der Mensch eine Maschine. Eine Sprache, die Körper und Psyche zusammendenkt, ohne das eine vorschnell auf das andere zu reduzieren. Eine Sprache, die anerkennt, dass Arbeit, soziale Bedingungen, Pandemie, Infektionen, Immunsystem, Nervensystem, Schlaf, Angst, Verlust und Hoffnung ineinandergreifen können. Eine Sprache, die Unsicherheit aushält, ohne Betroffene in dieser Unsicherheit allein zu lassen.

Diese Sprache beginnt mit Zuhören. Nicht mit dem schnellen Rat, nicht mit der Diagnose aus der Ferne, nicht mit dem Reflex, das Gehörte in eine bekannte Kategorie zu pressen. Wenn jemand sagt, dass er nach dreißig Minuten Aktivität nicht mehr kann, muss die erste Reaktion nicht sein, ihn zu motivieren. Wenn jemand sagt, dass Licht und Geräusche zu viel sind, muss die erste Reaktion nicht sein, ihn an Normalität zu gewöhnen. Wenn jemand sagt, dass er nur noch dreißig Prozent seiner früheren Energie hat, muss man nicht sofort fragen, was er schon alles versucht hat. Man kann zuerst verstehen wollen, was dreißig Prozent bedeuten.

Dreißig Prozent bedeuten nicht einfach weniger Freizeit. Sie bedeuten Auswahl unter Verlusten. Duschen oder Besuch. Arzttermin oder Essen kochen. Gespräch oder Bildschirm. Ein kurzer Spaziergang oder die Kraft, später noch mit jemandem zu sprechen. Für gesunde Menschen ist Energie oft Hintergrund. Sie ist einfach da, bis sie abends nachlässt. Für schwer Erschöpfte wird Energie zum engen Budget, das ständig kalkuliert werden muss. Jeder Tag wird zu einer Rechnung, bei der niemand sicher weiß, welche Kosten eine Aktivität wirklich hat.

Wenn sich dieses Energieniveau auf siebzig Prozent verbessert, ist das viel. Es kann bedeuten, dass wieder mehr Leben möglich ist, mehr Bewegung, mehr Begegnung, mehr Planbarkeit, mehr Hoffnung. Aber auch siebzig Prozent sind nicht einfach das alte Leben. Sie sind ein anderes Leben mit mehr Spielraum. Wer von außen nur die Verbesserung sieht, unterschätzt manchmal die Trauer um das, was nicht zurückgekehrt ist. Genesung, wenn sie unvollständig ist, hat eine eigene Ambivalenz. Man ist dankbar und traurig zugleich. Erleichtert und vorsichtig. Hoffend und misstrauisch gegenüber dem nächsten Crash.

Diese Ambivalenz gehört in dieses Buch, weil sie ehrlicher ist als jede einfache Heilungserzählung. Es gibt Menschen, die sich deutlich bessern. Es gibt Menschen, die jahrelang schwer eingeschränkt bleiben. Es gibt Menschen, die schwanken. Es gibt Menschen, die Fortschritte machen und wieder zurückgeworfen werden. Es gibt Menschen, die nicht wissen, ob das, was ihnen geholfen hat, auch anderen hilft. In dieser Landschaft sind einfache Versprechen gefährlich. Das Buch wird deshalb keine Therapieanleitung geben. Es wird nicht sagen, wie man Long Covid heilt oder ME/CFS behandelt. Es wird zeigen, warum diese Zustände ernst genommen werden müssen und was sie über unsere Vorstellungen von Energie, Leistung und Krankheit verraten.

Denn Long Covid und ME/CFS stellen eine Kultur infrage, die Gesundheit oft mit Funktionieren verwechselt. Solange jemand arbeitet, gilt er als gesund genug. Solange jemand lächelt, scheint es zu gehen. Solange jemand nicht im Krankenhaus liegt, wirkt die Erkrankung nicht dramatisch. Aber viele schwere Einschränkungen finden zu Hause statt, in abgedunkelten Zimmern, in abgesagten Treffen, in unbeantworteten Nachrichten, in Körpern, die nach außen wenig zeigen und innen um jedes bisschen Stabilität ringen.

Max verschwindet auf diese Weise aus der sichtbaren Welt. Nicht vollständig, aber weit genug, dass viele ihn nicht mehr mitdenken. Das Leben der anderen geht weiter. Promotionen werden abgeschlossen, Stellen angetreten, Wohnungen bezogen,

Beziehungen gefeiert, Urlaube geplant. Max' Leben findet in einem Raum statt, der vor zu viel Welt schützen muss. Diese Gleichzeitigkeit ist schwer auszuhalten. Sie ist auch der Grund, warum Teil II dieses Buches nicht nur medizinisch, sondern gesellschaftlich ist. Eine Gesellschaft zeigt sich nicht nur daran, wie sie Erfolg begleitet. Sie zeigt sich daran, ob sie Menschen noch sieht, wenn sie nicht mehr teilnehmen können. Das gilt auch für mildere und mittlere Verläufe. Wer Long Covid hat und nicht mehr voll arbeiten kann, verliert oft mehr als Einkommen. Er verliert Selbstbild, Rhythmus, Zugehörigkeit, Zukunftspläne. Wer nur noch eingeschränkt sozial sein kann, verliert nicht nur Termine, sondern Resonanz. Wer ständig erklären muss, warum er heute kann und morgen nicht, verliert Vertrauen in die Selbstverständlichkeit von Beziehungen. Krankheit ist nicht nur ein Zustand des Körpers. Sie ist ein Umbau des Lebens.

Dieser Umbau trifft auf eine Welt, die wenig Geduld mit unklaren Verläufen hat. Akute Krankheit ist verständlich. Man wird krank, man wird behandelt, man wird gesund oder bleibt sichtbar krank. Chronische, schwankende, unsichtbare Erkrankungen passen schlechter in diese Ordnung. Sie verlangen von Angehörigen, Arbeitgebern, Ärzten und Betroffenen eine andere Form von Denken. Nicht linear. Nicht heroisch. Nicht nach dem Muster: kämpfen, Fortschritte machen, zurückkehren. Manchmal lautet der Fortschritt, einen Crash zu vermeiden. Manchmal ist Stabilität ein Erfolg. Manchmal ist weniger tun nicht Aufgabe, sondern kluge Anpassung an eine biologische Realität.

Das ist schwer zu akzeptieren, weil es gegen ein tiefes kulturelles Ideal verstößt. Wir bewundern Menschen, die sich zurückkämpfen. Wir lieben Geschichten von Überwindung. Wir wollen glauben, dass Wille, Disziplin und positive Haltung entscheidend sind. Diese Geschichten sind nicht immer falsch. Es gibt Situationen, in denen sie tragen. Aber sie werden grausam, wenn sie auf Körper angewendet werden, die auf Überwindung mit Verschlechterung reagieren. Dann wird aus Motivation Druck. Aus Hoffnung Pflicht. Aus Mut Selbstgefährdung.

Die wissenschaftliche Auseinandersetzung mit Long Covid, ME/CFS, Dysautonomie, Immunprozessen, Energiestoffwechsel und

Brain Fog ist deshalb nicht nur medizinisch relevant. Sie ist auch eine Korrektur am Menschenbild. Sie sagt: Der Körper ist nicht beliebig formbar. Energie ist nicht einfach eine Frage der Haltung. Belastbarkeit ist nicht nur Training. Erschöpfung ist nicht automatisch Schwäche. Und nicht jede Grenze wartet darauf, überschritten zu werden.

In den nächsten Kapiteln wird es genau darum gehen. Kapitel 7 wird Long Covid als Zustand beschreiben, in dem der Körper nicht selbstverständlich zurückkehrt — mit all den Unsicherheiten, Symptomen und sozialen Folgen, die daraus entstehen. Kapitel 8 wird ME/CFS und PEM in den Mittelpunkt stellen, weil dort die unsichtbare Grenze am deutlichsten wird. Kapitel 9 wird das autonome Nervensystem betrachten, Dysautonomie, POTS, Kreislauf, Reizverarbeitung und jene automatische Steuerung des Körpers, die viele erst bemerken, wenn sie nicht mehr zuverlässig funktioniert. Kapitel 10 wird zeigen, was Brain Fog, Schlafstörungen und verlorene Teilhabe bedeuten. Kapitel 11 wird fragen, warum die Medizin unsichtbaren Erkrankungen so lange nicht zuhört.

Kapitel 6 hat dafür nur die Tür geöffnet. Es hat gesagt: Wir müssen genauer werden. Nicht um Menschen in Schubladen zu sortieren, sondern um sie aus den falschen Schubladen zu befreien. Wer Burnout hat, verdient, dass seine Überlastung ernst genommen wird. Wer Long Covid hat, verdient, dass seine körperliche Erkrankung nicht als bloße Stressreaktion abgetan wird. Wer ME/CFS hat, verdient Schutz vor falscher Aktivierung. Wer Depression hat, verdient Behandlung. Wer Angehöriger ist, verdient eine Sprache für die Hilflosigkeit. Und wer gesund ist, verdient ein besseres Verständnis dafür, wie viel seines Lebens auf einer Ressource beruht, die er vielleicht für selbstverständlich hält: Energie.

Vielleicht beginnt die eigentliche Ehrlichkeit dieses Buches genau hier. Nicht bei der Frage, wie wir leistungsfähiger werden. Sondern bei der Frage, was Leistung überhaupt voraussetzt. Nicht bei der Frage, wie wir unsere Energie besser managen. Sondern bei der Erkenntnis, dass Energie selbst verletzlich ist. Dass sie verloren gehen kann. Dass sie nicht immer durch Schlaf zurückkommt. Dass sie nicht immer durch Willen verfügbar wird. Dass sie die stille Grundlage von Freiheit ist.

Solange sie da ist, bemerken wir sie kaum. Wenn sie verschwindet, verschwindet mehr als Kraft. Dann verschwindet Welt.

Kapitel 7 - Long Covid — wenn der Körper nicht zurückkehrt

Es gibt Krankheiten, nach denen man wieder gesund wird. Nicht sofort, nicht immer schnell, aber doch in einer Richtung, die verständlich bleibt. Man wird krank, man ruht sich aus, man hat Fieber, Husten, Schmerzen, Schwäche, dann wird es langsam besser. Der Körper findet zurück. Vielleicht braucht er länger als erwartet, vielleicht bleibt noch ein paar Wochen eine Müdigkeit, aber irgendwann ist der alte Zusammenhang wieder da: Belastung kostet Kraft, Ruhe bringt Kraft zurück. Das Leben wird unterbrochen, aber nicht grundsätzlich neu verhandelt.

Long Covid stellt genau diesen Zusammenhang infrage. Das ist schwer zu verstehen, solange man Energie für selbstverständlich hält. Die meisten Menschen denken über Energie erst nach, wenn sie fehlt. Und selbst dann denken sie oft in vertrauten Kategorien: zu wenig Schlaf, zu viel Stress, zu viel Arbeit, zu wenig Bewegung, zu wenig Erholung. Diese Kategorien sind nicht falsch. Aber sie reichen nicht aus, wenn ein Körper nach einer Infektion nicht mehr in seine frühere Regulation zurückfindet. Dann geht es nicht mehr nur darum, dass man müde ist. Es geht darum, dass die alte Verlässlichkeit des Körpers verloren geht.

Bei meiner Frau begann diese Erfahrung nicht als große dramatische Szene. Das ist vielleicht das Irritierende daran. Viele einschneidende Veränderungen im Leben beginnen nicht mit einem Moment, der sofort als Wendepunkt erkennbar ist. Sie beginnen mit Sätzen wie: „Heute geht es noch nicht.“ Oder: „Ich brauche kurz Pause.“ Oder: „Das war vielleicht doch zu viel.“ Erst später begreift man, dass diese Sätze nicht mehr vorübergehend waren, sondern der Beginn einer neuen Wirklichkeit.

Ihr Energielevel lag am Anfang bei vielleicht dreißig Prozent. Dreißig Prozent klingt wie eine Zahl, aber in Wahrheit ist es ein anderes Leben. Es bedeutet nicht, dass man einfach siebzig Prozent weniger unternimmt. Es bedeutet, dass jede Handlung Gewicht bekommt. Duschen, Essen, ein kurzes Gespräch, ein kleiner Gang nach draußen, eine Autofahrt, ein Besuch, ein Telefonat, eine halbe Stunde Aktivität. Dinge, die vorher selbstverständlich waren, mussten plötzlich geprüft werden. Nicht nach Lust, nicht nach Zeit, nicht nach Motivation, sondern nach der Frage, ob der Körper sie tragen würde.

Längere Aktivitäten von mehr als dreißig Minuten waren am Anfang kaum möglich. Das klingt für einen gesunden Menschen fast unvorstellbar, weil dreißig Minuten im normalen Leben keine große Einheit sind. Dreißig Minuten kann ein Einkauf sein, ein Spaziergang, ein Gespräch, eine kurze Besorgung, ein Weg, eine Mahlzeit mit anderen. Für jemanden mit schwerer Fatigue können dreißig Minuten aber eine Grenze sein, hinter der nicht einfach Müdigkeit wartet, sondern ein Absturz. Man plant dann nicht mehr den Tag. Man plant die Schonung vor dem Tag.

Das Wort Fatigue ist in solchen Situationen präziser als Müdigkeit, aber auch dieses Wort bleibt für viele abstrakt. Fatigue ist keine normale Erschöpfung, die proportional zur Belastung entsteht und durch Schlaf wieder verschwindet. Sie kann tief, lähmend, körperlich und kognitiv sein. Sie kann den Körper schwer machen, den Kopf langsam, die Welt zu groß. Sie kann sich anfühlen, als sei der Akku nicht leer, sondern beschädigt. Nicht als wäre zu wenig geladen worden, sondern als könne das System Ladung nicht mehr zuverlässig halten.

Long Covid ist der Begriff, unter dem viele solcher Erfahrungen seit der Pandemie öffentlich sichtbar geworden sind. Die Weltgesundheitsorganisation beschreibt die Post-Covid-Erkrankung als Zustand, der gewöhnlich innerhalb von drei Monaten nach einer SARS-CoV-2-Infektion beginnt, mindestens zwei Monate anhält und Alltag, Arbeit oder soziale Teilhabe einschränken kann. Die häufig genannten Symptome reichen von Fatigue über Atemnot bis zu kognitiven Störungen; die WHO Europa verweist darauf, dass mehr als 200 Symptome berichtet wurden. Diese Spannweite ist einer der Gründe, warum Long Covid so schwer zu fassen ist. Es ist kein einzelnes Symptom. Es ist ein Zustand, in dem mehrere Systeme des Körpers aus dem Takt geraten können. Für Betroffene ist diese Unschärfe doppelt belastend. Einerseits beschreibt sie die Realität besser als eine einfache Diagnose. Andererseits macht sie es schwerer, verstanden zu werden. Wer einen gebrochenen Arm hat, muss weniger erklären. Wer Long Covid hat, muss oft erst einmal beschreiben, was der andere nicht sieht: die Erschöpfung nach kleinen Belastungen, das Herzrasen, das Schwindelgefühl, die Konzentrationsprobleme, die Schlafstörung, das Gefühl, dass der Körper auf etwas reagiert, das nicht mehr sichtbar vorhanden ist. Es ist, als sei die akute Infektion vorbei, aber der Körper habe die Nachricht nicht vollständig erhalten.

Die Forschung beschreibt Long Covid zunehmend als multisystemische Erkrankung. Eine vielzitierte Übersicht in Nature Reviews Microbiology spricht von einer Erkrankung, die mehrere Organsysteme betreffen kann, unter anderem mit Bezügen zu ME/CFS, Dysautonomie, vaskulären und gerinnungsbezogenen Veränderungen sowie weiteren möglichen Mechanismen. Wichtig ist dabei die Vorsicht: Vieles wird intensiv erforscht, nicht alles ist abschließend geklärt, und Long Covid ist wahrscheinlich kein einheitlicher Mechanismus bei allen Betroffenen. Aber gerade diese Vielfalt macht die alte Deutung so unzureichend, es handle sich im Kern nur um Stress, Angst oder mangelnde Fitness.

Natürlich kann Angst entstehen, wenn der Körper unberechenbar wird. Natürlich kann Stress die Symptome verschlimmern. Natürlich verliert ein Mensch Kondition, wenn er über Wochen oder Monate weniger aktiv sein kann. Aber diese Folgen sind nicht automatisch die Ursache. Wer das verwechselt, macht aus einer körperlichen Erkrankung eine Charakterfrage. Und genau das ist für viele Betroffene eine zweite Belastung: Sie müssen nicht nur mit der Krankheit leben, sondern auch mit dem Verdacht, sie hätten ihr Verhältnis zur Belastung falsch im Griff. Bei meiner Frau wurde Energie zu einer Art enger Währung. Jeder Tag stellte die Frage, wofür sie reichen würde. Ein normaler Tagesablauf, wie man ihn vorher nicht einmal als Leistung wahrgenommen hatte, zerfiel in Kostenstellen. Aufstehen kostete. Körperpflege kostete. Essen kostete. Ein Gespräch kostete. Ein Arzttermin kostete besonders viel, auch dann, wenn er medizinisch helfen sollte. Wer gesund ist, unterschätzt leicht, wie viel Energie allein Organisation verbraucht: Termine vereinbaren, Unterlagen suchen, Symptome erklären, hoffen, warten, wieder erklären, enttäuscht werden, sich neu sortieren.

In dieser Phase verändert sich auch die Rolle der Angehörigen. Man schaut einem Menschen zu, den man kennt, und erkennt zugleich, dass sich seine Möglichkeiten verschoben haben. Nicht sein Wesen, nicht seine Würde, nicht seine Persönlichkeit — aber sein verfügbarer Lebensraum. Das ist schwer, weil Liebe am liebsten helfen würde, indem sie etwas tut. Doch bei Long Covid besteht Hilfe oft nicht im Antreiben, nicht im Mutmachen, nicht in der Aufforderung, noch einmal etwas zu versuchen. Hilfe besteht manchmal darin, die Grenze nicht zu verhandeln.

Das klingt einfacher, als es ist. Angehörige wollen Hoffnung. Betroffene wollen sie auch. Man sucht nach Zeichen, nach Fortschritten, nach guten Tagen, nach Mustern. War gestern mehr möglich? Lag es am Wetter? Am Essen? Am Schlaf? War der Besuch zu lang? War die Pause davor zu kurz? Hätte man früher abbrechen müssen? Der Alltag wird zu einer fortlaufenden Auswertung, weil Planbarkeit verloren gegangen ist. Und wo Planbarkeit fehlt, versucht der Verstand, sie wenigstens nachträglich herzustellen.

Long Covid greift deshalb nicht nur den Körper an, sondern auch das Vertrauen in die Verlässlichkeit des eigenen Lebens. Vorher konnte man sich vielleicht auf Müdigkeit verlassen: Wenn ich schlafe, wird es besser. Wenn ich mich ausruhe, erhole ich mich. Wenn ich langsam wieder einsteige, komme ich zurück. Nach Long Covid gilt das nicht mehr für alle. Manche erleben Besserung, langsam, in Wellen, mit Rückschlägen. Andere bleiben über lange Zeit eingeschränkt. Wieder andere bewegen sich zwischen Hoffnung und Absturz, zwischen Tagen, an denen etwas möglich scheint, und Tagen, die diese Hoffnung wieder relativieren. Heute liegt das Energielevel meiner Frau eher bei siebzig Prozent. Das ist viel, wenn man die dreißig Prozent von früher kennt. Es bedeutet mehr Alltag, mehr Spielraum, mehr Normalität, mehr Teilnahme. Aber siebzig Prozent sind nicht einfach die Rückkehr in das alte Leben. Sie sind ein neues Verhältnis zum Leben. Man kann wieder mehr, aber man weiß, dass Energie nicht selbstverständlich ist. Man freut sich über Fortschritt und bleibt vorsichtig. Man ist dankbar und trauert zugleich um das, was nicht vollständig zurückgekehrt ist. Diese Ambivalenz ist schwer zu erklären, weil sie nicht in die üblichen Geschichten passt. Entweder krank oder gesund. Entweder Krise oder Heilung. Long Covid bewegt sich oft dazwischen.

Dieses Dazwischen ist auch sozial schwierig. Die Umwelt kann mit akuter Krankheit oft besser umgehen als mit schwankender Einschränkung. Wenn jemand im Krankenhaus liegt, ist die Situation klar. Wenn jemand nach außen wieder relativ normal wirkt, aber innerlich haushalten muss, wird es komplizierter. Dann kommen Fragen, meist freundlich gemeint: Geht es jetzt wieder? Kannst du nicht langsam mehr machen? Ist es nicht gut, sich wieder zu belasten? Wie lange soll das noch dauern? Hinter solchen Fragen steht oft kein böser Wille. Aber sie zeigen, wie stark unser Denken an lineare Genesung gewöhnt ist.

Long Covid verläuft häufig nicht linear. Die CDC beschreibt Long Covid als Zustand, der sich verbessern, verschlechtern oder fortbestehen kann. Dieses Schwanken ist für Betroffene zermürbend, weil es jede Planung unsicher macht. Ein guter Tag kann Hoffnung geben, aber auch verführen. Man macht mehr, weil es endlich wieder geht. Man will leben, nicht nur kalkulieren. Danach kommt vielleicht die Rechnung. Nicht immer, aber oft genug, dass Vertrauen schwer wird. So entsteht eine neue Form von Vorsicht: nicht aus Angst vor dem Leben, sondern aus Erfahrung mit den Folgen. Besonders wichtig ist dabei die Post-Exertional Malaise, kurz PEM. Die CDC beschreibt PEM bei Long Covid als Verschlechterung von Symptomen nach selbst geringer körperlicher oder geistiger Anstrengung, häufig mit verzögerter Verschlechterung nach 12 bis 48 Stunden und einer Dauer von Tagen oder Wochen. Dieser Mechanismus ist für viele Außenstehende schwer nachzuvollziehen, weil Ursache und Wirkung zeitlich auseinanderfallen können. Ein Besuch am Montag wirkt möglich. Der Einbruch am Mittwoch erscheint dann unerklärlich, übertrieben oder zufällig. Für Betroffene ist dieser Zusammenhang oft erschreckend real.

PEM verändert den Begriff von Aktivität. In einem gesunden Körper ist Aktivität oft ein Weg zur Stärkung. Nach einer Grippe geht man langsam wieder spazieren, steigert sich, kommt zurück. Nach einer Verletzung trainiert man vorsichtig. Nach Stress hilft Bewegung vielen, Spannung abzubauen. Diese Erfahrungen prägen das allgemeine Denken: Belastung dosieren, aber nicht vermeiden. Doch bei PEM kann selbst dosierte Belastung falsch sein, wenn sie die individuelle Grenze überschreitet. Dann ist nicht die Frage, ob man sich genug anstrengt. Die Frage ist, ob man die unsichtbare Grenze rechtzeitig erkennt.

Das ist der Punkt, an dem Long Covid das Denken einer Leistungsgesellschaft frontal herausfordert. Wir glauben gern, dass Grenzen verschiebbar sind. Dass man sich steigern kann. Dass Fortschritt aus Wiederholung entsteht. Dass Durchhalten belohnt wird. Bei vielen Dingen stimmt das. Bei PEM kann es falsch sein. Dann wird Durchhalten nicht zum Weg zurück, sondern zum Risiko. Dann besteht Klugheit nicht darin, mehr zu schaffen, sondern rechtzeitig aufzuhören. Für Menschen, die vorher leistungsfähig waren, ist das besonders bitter. Wer sein Leben lang gelernt hat, Schwierigkeiten mit Einsatz zu beantworten, steht plötzlich vor einer Grenze, an der Einsatz schaden kann. Das ist nicht nur körperlich schwer, sondern identitär. Man verliert nicht nur Aktivität. Man verliert eine vertraute Strategie des Selbst. Die innere Stimme, die früher sagte „Reiß dich zusammen, dann geht es", wird unbrauchbar. Man muss lernen, einem Körper zu glauben, der eine neue Sprache spricht.

Diese Sprache ist oft leise, zumindest am Anfang. Ein Druck im Kopf. Ein Ziehen in den Gliedern. Ein Herz, das zu schnell schlägt. Ein Schwindel beim Aufstehen. Ein inneres Flimmern nach zu vielen Eindrücken. Eine Müdigkeit, die anders ist als früher. Viele Betroffene lernen mit der Zeit, solche Signale zu lesen. Nicht perfekt, nicht immer rechtzeitig, aber besser. Das ist keine Selbstoptimierung. Es ist Überleben im engen Energiefenster.

Der Begriff Energiefenster kann helfen, ohne eine medizinische Diagnose zu ersetzen. Er beschreibt den Bereich, in dem Aktivität möglich ist, ohne das System zu überfordern. Gesunde Menschen haben meist ein großes, elastisches Energiefenster. Sie können es überziehen und sich danach erholen. Bei Long Covid kann dieses Fenster schmaler, schwankender und unberechenbarer werden. Was gestern möglich war, kann heute zu viel sein. Was morgens geht, kann abends unmöglich sein. Was körperlich leicht wirkt, kann kognitiv oder sensorisch teuer sein. Sensorische Belastung wird dabei oft unterschätzt. Viele denken bei Energieverlust zuerst an körperliche Bewegung. Gehen, Treppen, Sport, Arbeit. Aber Long Covid kann auch Denken, Licht, Geräusche, Gespräche, Bildschirmzeit oder emotionale Aufregung teuer machen. Ein

Familienbesuch ist dann nicht nur Sitzen. Er ist Stimmen, Gerüche, Fragen, Reaktionen, Aufmerksamkeit, Körperhaltung, Konzentration, soziale Anpassung. Für einen gesunden Menschen ist das Alltag. Für ein eingeschränktes Nervensystem kann es ein Marathon sein.

Das erklärt, warum Betroffene manchmal Dinge absagen, die ihnen wichtig sind. Nicht weil sie nicht wollen. Sondern weil Wollen nicht genügt. Dieser Unterschied ist für Beziehungen zentral. Viele Missverständnisse entstehen, weil Außenstehende Aktivität mit Interesse verwechseln. Wenn jemand nicht kommt, war es ihm offenbar nicht wichtig genug. Wenn jemand nicht antwortet, will er vielleicht keinen Kontakt. Wenn jemand nach zwanzig Minuten gehen muss, ist er unhöflich oder überempfindlich. Long Covid zwingt dazu, solche Deutungen zu korrigieren. Manchmal ist Liebe da, aber Energie nicht. Auch Arbeit wird dadurch neu verhandelt. In einer Gesellschaft, in der Arbeit so stark mit Identität und sozialem Wert verbunden ist, trifft der Verlust von Arbeitsfähigkeit tief. Nicht oder nur eingeschränkt arbeiten zu können bedeutet nicht nur weniger Einkommen. Es bedeutet, aus Rhythmen herauszufallen, nicht mehr selbstverständlich gebraucht zu werden, berufliche Zukunft zu verlieren, Kolleginnen aus der Ferne weiterziehen zu sehen. Für viele ist das eine zweite Krise neben den Symptomen. Sie müssen nicht nur gesund werden oder stabil bleiben. Sie müssen auch ertragen, dass die Welt weiterläuft, während ihr eigenes Leben verlangsamt wurde.

Das gilt auch bei teilweiser Rückkehr. Siebzig Prozent Energie können mehr Teilhabe ermöglichen, aber oft nur unter Bedingungen. Vielleicht geht Arbeit, aber nicht Vollzeit. Vielleicht geht ein Treffen, aber nicht zwei am Wochenende. Vielleicht geht ein Spaziergang, aber kein langer Ausflug. Vielleicht geht Konzentration am Vormittag, aber nicht am Nachmittag. Nach außen sieht das nach Besserung aus, und es ist Besserung. Aber es bleibt ein Leben mit Kalkulation. Der Unterschied zur akuten schweren Phase ist groß. Der Unterschied zur alten Selbstverständlichkeit bleibt ebenfalls groß.

Long Covid verändert damit auch das Verhältnis zur Zeit. Gesunde Menschen planen häufig aus Möglichkeiten heraus. Betroffene planen aus Begrenzungen heraus. Sie fragen nicht nur: Was möchte ich tun? Sondern: Was kostet es? Wann brauche ich danach Ruhe? Was ist, wenn ich morgen schlechter bin? Muss ich vorher absagen, obwohl es vielleicht gegangen wäre? Oder riskiere ich es und zahle später? Diese Art des Denkens ermüdet zusätzlich. Der Tag wird nicht nur erlebt, sondern ständig vorausberechnet. Hinzu kommt die Unsicherheit der medizinischen Landschaft. Long Covid ist inzwischen anerkannt, aber Anerkennung bedeutet nicht automatisch Versorgung. Viele Betroffene erleben lange Wege, unterschiedliche Einschätzungen, Wartezeiten, unklare Zuständigkeiten und Behandlungsversuche, die mal helfen, mal nicht. Die Forschung ist intensiv, aber die Versorgung hinkt oft hinterher. Das liegt nicht nur an mangelndem Willen. Es liegt auch daran, dass Long Covid verschieden verlaufen kann und viele Mechanismen noch nicht abschließend verstanden sind. Für Betroffene macht das den Alltag jedoch nicht leichter. Sie leben nicht in Studienhypothesen. Sie leben in Tagen, die funktionieren müssen.

Die wissenschaftliche Diskussion um Mechanismen ist dennoch wichtig. Sie hilft, Long Covid aus dem Schatten der bloßen Befindlichkeit zu holen. Untersucht werden unter anderem anhaltende Immunaktivierung, Autoimmunprozesse, Virusreste oder Reaktivierungen, Veränderungen an Gefäßen und Gerinnung, Störungen des autonomen Nervensystems, Entzündungsprozesse und Veränderungen im Energiestoffwechsel. Nichts davon sollte vorschnell als einfache Erklärung verkauft werden. Aber die Vielfalt der Forschung zeigt, dass Long Covid nicht ernst genommen wird, weil es leicht erklärbar wäre, sondern weil so viele Betroffene ähnliche Muster berichten und weil immer mehr Forschung versucht, diese Muster biologisch zu verstehen.

Das ist für die gesellschaftliche Debatte entscheidend. Solange Erschöpfung als psychologisches Randphänomen gilt, bleibt sie leicht individualisierbar. Dann heißt es: Stress reduzieren, positiver denken, langsam aufbauen, nicht so sehr auf Symptome achten. Manchmal sind solche Hinweise in bestimmten Situationen sinnvoll. Aber bei Long Covid können sie zu kurz greifen oder sogar schaden, wenn sie die körperliche Belastungsgrenze ignorieren. Ein modernes Verständnis von Erschöpfung muss deshalb beides können: psychische Belastung ernst nehmen und körperliche Erkrankung nicht psychologisieren.

Für Angehörige ist diese Unterscheidung ebenfalls wichtig. Wer einen Long-Covid-Betroffenen begleitet, muss oft gegen die eigene Intuition lernen. Man möchte motivieren, und muss manchmal schützen. Man möchte Normalität ermöglichen, und muss akzeptieren, dass zu viel Normalität überfordern kann. Man möchte Fortschritte sehen, und muss verstehen, dass Stabilität bereits ein Fortschritt sein kann. Man möchte Hoffnung geben, und muss aufpassen, Hoffnung nicht in Erwartung zu verwandeln. Das ist schwer. Es fordert Geduld, und Geduld ist nicht dasselbe wie Passivität. Geduld bedeutet hier nicht, nichts zu tun. Sie bedeutet, den Körper nicht in eine Geschwindigkeit zu zwingen, die er nicht halten kann. Sie bedeutet, kleine Fortschritte nicht kleinzureden und Rückschläge nicht moralisch zu deuten. Sie bedeutet, einen Menschen nicht nur an seiner früheren Leistungsfähigkeit zu messen. Und sie bedeutet, das eigene Gefühl von Hilflosigkeit auszuhalten, ohne es durch Druck auf den Betroffenen zu entladen.

Bei meiner Frau wurde diese Geduld zu einem Teil des Alltags. Nicht immer schön, nicht immer ruhig, nicht immer ohne Frustration. Krankheit macht Menschen nicht automatisch weise. Sie macht sie müde, traurig, wütend, ängstlich, manchmal hoffnungsvoll, manchmal enttäuscht. Angehörige sind nicht immer souverän. Sie sorgen sich, hoffen, suchen, lesen, organisieren, zweifeln. Manchmal wollen sie zu schnell zu viel. Manchmal verstehen sie erst nachträglich, dass auch ein gut gemeinter Plan eine Überforderung war. Auch das gehört zur Wahrheit.

Ein Buch über Long Covid darf deshalb nicht so tun, als bestehe die richtige Haltung aus perfektem Verständnis. Verständnis wächst oft langsam, durch Fehler, Gespräche, Beobachtung und die Bereitschaft, alte Vorstellungen von Stärke zu korrigieren. Man lernt, dass ein guter Tag kein Beweis für vollständige Genesung ist. Man lernt, dass ein Rückschlag nicht automatisch bedeutet, dass alles verloren ist. Man lernt, dass Energie nicht linear zurückkommt. Man lernt, dass ein Mensch mehr ist als seine Belastbarkeit, aber dass seine Belastbarkeit den Raum bestimmt, in dem dieses Mehr gelebt werden kann. Das ist vielleicht die schmerzhafteste Erkenntnis: Energie ist nicht nur eine körperliche Ressource. Sie ist eine soziale

Ressource. Wer Energie hat, kann teilnehmen. Wer wenig Energie hat, muss wählen. Wer fast keine Energie hat, verschwindet. Nicht, weil er nicht geliebt wird. Nicht, weil er nichts zu sagen hätte. Sondern weil Teilhabe Energie kostet. Gespräche kosten Energie. Entscheidungen kosten Energie. Selbst Freude kostet Energie.

In diesem Sinn ist Long Covid auch ein Spiegel. Es zeigt einer Gesellschaft, wie sehr sie Energie voraussetzt, ohne darüber zu sprechen. Wir bauen Arbeitsmodelle, Familienabläufe, soziale Erwartungen und Selbstbilder auf der Annahme, dass Menschen grundsätzlich belastbar sind. Vielleicht nicht immer gleich, aber doch ausreichend. Long Covid unterbricht diese Annahme. Es sagt: Was, wenn ein Körper nicht mehr mitmacht? Was, wenn Wollen nicht reicht? Was, wenn Gesundheit nicht bedeutet, gut auszusehen, sondern über ein Energiefenster zu verfügen, das groß genug ist, um Leben zu ermöglichen?

Diese Fragen reichen über Long Covid hinaus. Sie betreffen auch Burnout, ME/CFS, Depression, Autoimmunerkrankungen, chronische Schmerzen und viele andere Zustände, in denen Menschen weniger können, als sie wollen. Long Covid hat diese Fragen sichtbarer gemacht, weil so viele betroffen waren und weil die Pandemie ein gemeinsamer historischer Bezugspunkt ist. Aber die tiefere Lektion ist allgemeiner: Eine Gesellschaft, die Energie moralisch deutet, versteht Krankheit schlecht. Sie hält Leistungsfähigkeit zu schnell für Tugend und Erschöpfung zu schnell für persönliches Problem.

Für Betroffene kann es entlastend sein, diese moralische Deutung zu durchbrechen. Wenn der Körper nur dreißig Prozent zulässt, ist es keine Schwäche, nicht hundert Prozent zu liefern. Wenn siebzig Prozent möglich sind, ist das kein Grund, so zu tun, als wären hundert Prozent zurück. Wenn ein Gespräch zu viel ist, ist das keine Lieblosigkeit. Wenn ein Termin abgesagt wird, ist das nicht automatisch Unzuverlässigkeit. Wenn Ruhe nötig ist, ist sie nicht Faulheit. Solche Sätze klingen einfach. Für viele sind sie schwer zu glauben. Der Grund liegt tief. Viele Menschen haben ihr ganzes Leben erfahren, dass sie durch Einsatz Einfluss nehmen können. Lernen führt zu besseren Noten. Training zu stärkerem Körper. Arbeit zu Ergebnissen. Planung zu Kontrolle. Long Covid bricht diese Logik auf. Plötzlich kann Einsatz zu Verschlechterung führen, Training zu Crash, Planung zu Enttäuschung, Kontrolle zu Erschöpfung. Das ist nicht nur medizinisch schwer. Es ist existenziell. Man verliert eine alte Art, sich in der Welt sicher zu fühlen.

Genau deshalb muss Long Covid in diesem Buch vorkommen. Nicht als Spezialthema am Rand, sondern als Schlüssel. Es zeigt, was passiert, wenn Energie nicht mehr selbstverständlich ist. Es zeigt, wie schnell Teilhabe brüchig wird. Es zeigt, wie unzureichend eine Kultur ist, die Menschen vor allem über Funktionieren versteht. Und es zeigt, warum der Satz „Ich bin erschöpft“ sehr unterschiedliche Wirklichkeiten meinen kann.

Am Ende dieses Kapitels steht keine Lösung. Das wäre falsch. Es steht eine Unterscheidung. Long Covid ist nicht einfach die Fortsetzung moderner Müdigkeit mit anderen Mitteln. Es ist auch nicht nur ein Symbol für eine erschöpfte Gesellschaft. Es ist eine reale, oft einschränkende Erkrankung, die Körper, Denken, Beziehungen, Arbeit und Zukunft verändern kann. Wer sie nur metaphorisch liest, wird Betroffenen nicht gerecht. Wer sie aber nur medizinisch isoliert betrachtet, übersieht, was sie über unsere Gesellschaft offenlegt. Meine Frau lebt heute mit mehr Energie als am Anfang. Das ist ein großes Glück. Aber dieses Glück löscht die Erfahrung nicht aus, dass Energie verschwinden kann. Es verändert den Blick auf alles, was vorher selbstverständlich war: einen Spaziergang, ein Gespräch, einen Tag mit mehreren Terminen, ein Abendessen mit Freunden, eine Reise, einen normalen Arbeitstag, das einfache Gefühl, morgens aufzuwachen und nicht sofort rechnen zu müssen.

Vielleicht ist genau das die bleibende Erkenntnis: Gesundheit ist nicht nur die Abwesenheit von Krankheit. Gesundheit ist die Möglichkeit, nicht ständig über Energie nachdenken zu müssen. Long Covid nimmt vielen Menschen diese Möglichkeit. Manche bekommen sie teilweise zurück. Manche warten lange. Manche nicht.

Und dann gibt es Menschen wie Max. Menschen, bei denen die Grenze noch enger wird, bei denen nicht nur körperliche Aktivität, sondern auch Licht, Geräusche, Gespräche und Denken zu Belastungen werden. Menschen, deren Leben nicht auf siebzig Prozent zurückkehrt, sondern in einen Raum schrumpft, den andere kaum betreten können. Um sie zu verstehen, reicht Long Covid als allgemeiner Begriff nicht mehr aus. Dann muss man über ME/CFS sprechen. Über PEM. Über Crashs. Über eine unsichtbare Grenze, die so real ist, dass ein falscher Schritt, ein falscher Reiz, ein falsches Zuviel Tage oder Wochen kosten kann.

Dorthin führt das nächste Kapitel.

Kapitel 8 - ME/CFS und PEM — die unsichtbare Grenze

Max lebt in einem dunklen Zimmer.

Das ist ein Satz, der sich leicht schreiben lässt und schwer zu begreifen ist. Dunkelheit klingt zunächst nach Rückzug, nach Schutz, vielleicht nach einer Phase. Aber bei Max ist die Dunkelheit kein Symbol. Sie ist eine medizinische Notwendigkeit. Licht ist zu viel. Geräusche sind zu viel. Gespräche sind zu viel. Manchmal ist selbst Anwesenheit zu viel, wenn sie Aufmerksamkeit verlangt. Sein Zimmer ist nicht der Ort, an dem er sich vom Leben erholt. Es ist der Ort, an dem der Körper versucht, nicht noch weiter abzustürzen.

Max war neunundzwanzig, am Ende seiner Promotion. Ein Leben, das aus Denken bestand, aus Konzentration, Fragen, Texten, Gesprächen, Zukunft. Promotionen sind anstrengend, manchmal einsam, oft zäh. Aber sie gehören zu jener Art von Anstrengung, die unsere Gesellschaft versteht. Man arbeitet viel, schläft schlecht, zweifelt, überarbeitet, hält durch, und irgendwann kommt der Abschluss. Bei Max kam kein Abschluss im üblichen Sinn. Irgendwann wurde aus Erschöpfung eine Grenze, die nicht mehr verhandelbar war. Niemand kann sicher sagen, ob eine Infektion, eine Impfung, eine immunologische Reaktion oder ein anderes Zusammenspiel der Auslöser war. Diese Unklarheit ist Teil der Tragik. Sie zeigt, wie brutal ein Leben kippen kann, ohne dass die Medizin sofort eine eindeutige Geschichte dafür anbieten kann. Was Max erlebt, ist nicht einfach Long Covid im allgemeinen Sinn, nicht einfach Burnout, nicht einfach eine schwere Erschöpfung nach Überlastung. Sein Zustand führt in ein Krankheitsfeld, das lange verkannt, unterschätzt und missverstanden wurde: ME/CFS, Myalgische Enzephalomyelitis beziehungsweise Chronic Fatigue Syndrome. Der Name selbst ist schwierig, weil er für viele nach Müdigkeit klingt. Chronic Fatigue Syndrome — chronisches Müdigkeitssyndrom — ist eine Bezeichnung, die das Ausmaß der Erkrankung fast verharmlost. Müdigkeit kennt jeder. ME/CFS kennen nur diejenigen wirklich, die verstanden haben, dass hier nicht Müdigkeit das Zentrum ist, sondern ein Zusammenbruch der Belastbarkeit.

Die CDC beschreibt ME/CFS als biologische Erkrankung, die viele

Körperbereiche betreffen kann und sich nach körperlicher oder geistiger Aktivität verschlechtern kann; dieses Leitsymptom heißt Post-Exertional Malaise, kurz PEM. Etwa ein Viertel der Betroffenen ist laut CDC im Verlauf der Erkrankung zeitweise ans Haus oder Bett gebunden. Die Deutsche Gesellschaft für ME/CFS beschreibt PEM als das charakteristische Leitsymptom von ME/CFS und als Voraussetzung etablierter klinischer Diagnosekriterien. Das ist der Kern: Nicht die Erschöpfung allein macht ME/CFS so zerstörerisch, sondern die Tatsache, dass Belastung selbst eine Verschlechterung auslösen kann.

PEM bedeutet nicht, nach Aktivität erschöpft zu sein. Das wäre normal. PEM bedeutet, dass sich die Symptome nach geringer körperlicher, geistiger, emotionaler oder sensorischer Belastung verschlechtern können, oft verzögert nach Stunden oder ein bis zwei Tagen, und dass diese Verschlechterung Tage, Wochen oder länger anhalten kann. Die CDC beschreibt, dass PEM nach körperlicher, mentaler oder emotionaler Anstrengung auftreten kann, die vor der Erkrankung kein Problem gewesen wäre; für manche können sogar Licht und Geräusche eine solche Verschlechterung auslösen. Die deutsche ME/CFS-Gesellschaft beschreibt ebenfalls, dass PEM unmittelbar oder mit einer Latenz von etwa 12 bis 48 Stunden auftreten und mehrere Tage oder Wochen anhalten kann.

Diese zeitliche Verzögerung macht die Krankheit so schwer verstehbar. Ein gesunder Mensch erwartet, dass Ursache und Wirkung nahe beieinanderliegen. Ich gehe zu weit, also tun mir danach die Beine weh. Ich schlafe schlecht, also bin ich am nächsten Morgen müde. Ich arbeite zu viel, also brauche ich am Abend Ruhe. Bei PEM ist diese Logik gebrochen. Ein Gespräch am Montag kann am Mittwoch zu einer Verschlechterung führen. Ein kurzer Besuch kann Tage später bezahlt werden. Ein Arzttermin, der helfen soll, kann den Zustand verschlechtern, weil Anfahrt, Licht, Sitzen, Sprechen, Warten und Reizverarbeitung zusammen mehr waren, als der Körper tragen konnte.

Für Außenstehende wirkt das unplausibel, weil die Aktivität selbst zu klein aussieht. Was soll an einem Gespräch so belastend sein? Was soll an zehn Minuten Licht so schlimm sein? Warum kann jemand gestern kurz aufstehen und heute nicht? Genau hier liegt die unsichtbare Grenze. Sie verläuft nicht dort, wo gesunde Menschen sie erwarten. Sie verläuft nicht nur zwischen Sport und Ruhe, nicht nur zwischen Arbeit und Schlaf, nicht nur zwischen Anstrengung und Erholung. Sie kann zwischen einem leisen Gespräch und Stille verlaufen, zwischen gedimmtem Licht und Dunkelheit, zwischen einem kurzen Besuch und völliger Abschirmung. Max lebt an dieser Grenze. Sein Zimmer muss dunkel sein, weil Licht nicht einfach Information ist, sondern Belastung. Geräusche sind nicht nur Geräusche, sondern Reize, die verarbeitet werden müssen. Ein normales Leben besteht aus unzähligen Reizen, die gesunde Menschen nicht zählen: Schritte im Flur, eine Tür, ein Telefon, Stimmen, Wasserkocher, Straßenverkehr, Bildschirmlicht, Gerüche, Temperaturwechsel, Fragen, Entscheidungen. Für Max kann diese Welt nicht mehr nebenbei existieren. Sie dringt ein. Sie fordert Antwort von einem System, das kaum noch Reserven hat.

Das ist für Angehörige kaum auszuhalten. Denn Nähe, die normalerweise tröstet, kann zur Belastung werden. Man möchte ins Zimmer gehen, sprechen, halten, fragen, helfen. Aber Hilfe kann bedeuten, nicht zu sprechen. Hilfe kann bedeuten, die Tür leise zu schließen. Hilfe kann bedeuten, die eigene Sehnsucht nach Kontakt zurückzunehmen, weil der Körper des anderen selbst Liebe nur in kleinsten Dosen verarbeiten kann. Das widerspricht fast allem, was wir über Fürsorge gelernt haben. Wir glauben, da sein bedeute Anwesenheit. Bei sehr schwerer ME/CFS kann Da-Sein manchmal bedeuten, die Anwesenheit so reizarm wie möglich zu machen. Die britische NICE-Leitlinie unterscheidet Schweregrade von ME/CFS und enthält besondere Empfehlungen für Menschen mit schwerer und sehr schwerer ME/CFS. Sie beschreibt, dass schwer Betroffene oft nur minimale Alltagsaktivitäten durchführen können und sehr schwer Betroffene auf Hilfe bei persönlichen Grundbedürfnissen angewiesen sein können; die Leitlinie betont außerdem die besondere Vorsicht im Umgang mit Energie, Symptomen und Belastung. Das Bundesgesundheitsministerium verweist in einem Abschlussbericht darauf, dass ME/CFS eine komplexe und chronische Erkrankung ist, die in sehr schweren Fällen zu dauerhafter Pflegebedürftigkeit führen kann.

Pflegebedürftigkeit mit neunundzwanzig. Dieser Satz steht quer zu allem, was Teil I beschrieben hat. Quarterlife Crisis, Karrierefragen,

Social Media, Arbeit als Identität — all das bleibt real, aber bei Max wird etwas Grundsätzlicheres sichtbar. Eine Gesellschaft kann junge Menschen dazu erziehen, alles aus sich machen zu wollen. Aber was passiert, wenn ein junger Mensch nicht mehr aus sich machen kann, was er will, weil schon Licht, Geräusch und Denken zu viel sind? Was bleibt von all den Erzählungen über Potenzial, wenn Potenzial nicht am Willen scheitert, sondern am Körper?

Hier wird ME/CFS zu einer Zumutung für unser Menschenbild. Denn diese Krankheit widerspricht der vertrauten Idee, dass Fortschritt aus Anstrengung entsteht. In vielen Lebensbereichen stimmt diese Idee. Wer übt, wird besser. Wer trainiert, wird stärker. Wer nach einer Pause langsam wieder einsteigt, gewinnt Kondition zurück. Doch PEM macht aus dieser Logik ein Risiko. Ein Körper mit PEM reagiert nicht verlässlich nach dem Prinzip Trainingsreiz und Anpassung. Er kann auf Belastung mit Absturz reagieren. Dann ist mehr nicht besser. Dann ist Durchhalten nicht heldenhaft. Dann ist die richtige Bewegung manchmal nicht nach vorn, sondern zurück unter die Grenze.

Diese Erkenntnis ist für viele Betroffene schwerer als die Erschöpfung selbst. Denn sie verlangt, alte Überlebensstrategien aufzugeben. Max war jemand, der denken konnte, arbeiten konnte, sich konzentrieren konnte. Eine Promotion beendet man nicht mit Bequemlichkeit. Sie verlangt Ausdauer, Selbstdisziplin, Frustrationstoleranz. Genau diese Eigenschaften können bei ME/CFS gefährlich werden, wenn sie dazu führen, die Grenze zu übergehen. Der Charakter, der früher half, kann plötzlich schaden. Das ist grausam. Nicht weil Disziplin falsch wäre, sondern weil sie in einem veränderten Körper eine neue Übersetzung braucht. Viele Menschen mit ME/CFS berichten von einem Muster aus Push und Crash. Man fühlt sich an einem besseren Tag etwas stabiler, macht mehr, vielleicht aus Hoffnung, vielleicht aus Pflicht, vielleicht aus Verzweiflung, und stürzt danach ab. Die CDC beschreibt diesen Kreislauf von „pushing“ und anschließendem „crashing“ ausdrücklich; die Erholung von einem Crash kann Tage, Wochen oder länger dauern. Wer diesen Mechanismus nicht versteht, interpretiert Schwankungen falsch. Ein besserer Tag wird dann zum Beweis, dass mehr möglich sein müsste. Ein schlechter Tag wird zum Rückfall aus unerklärlichen Gründen. Tatsächlich kann der bessere Tag selbst die Falle sein, wenn er zu Aktivität verführt, die das System nicht tragen kann.

Das macht Pacing so wichtig. Pacing bedeutet nicht Faulheit, nicht Angstvermeidung, nicht Sich-Hängenlassen. Es bedeutet, Aktivität an der verfügbaren Energie auszurichten, bevor der Körper zur Notbremse gezwungen wird. Im Kern geht es darum, innerhalb eines Energiefensters zu bleiben, das bei ME/CFS oft eng, schwankend und schwer einschätzbar ist. Für Außenstehende sieht Pacing manchmal nach Verzicht aus. Für Betroffene kann es der Unterschied zwischen Stabilität und Crash sein. Doch Pacing ist kein einfacher Tipp, den man ans Ende eines Kapitels schreiben kann. Es ist eine Zumutung, weil es das Leben verkleinert, bevor der Körper es mit Gewalt tut. Es verlangt, aufzuhören, wenn vielleicht noch ein wenig ginge. Es verlangt, Einladungen abzusagen, bevor man völlig erschöpft ist. Es verlangt, Freude zu begrenzen, Gespräche zu verkürzen, Licht zu meiden, Termine zu planen, Pausen einzuzeichnen, Erklärungen zu geben, ohne immer verstanden zu werden. Pacing ist nicht die Lösung der Krankheit. Es ist oft der Versuch, den Schaden durch Überlastung zu begrenzen.

Bei schwerer oder sehr schwerer ME/CFS wird selbst dieser Versuch kompliziert. Wenn schon Grundfunktionen belasten, wenn Essen, Waschen, Drehen im Bett, kurze Ansprache, Pflegehandlungen oder medizinische Untersuchungen zu viel sein können, wird der Alltag extrem eng. Dann geht es nicht mehr um Work-Life-Balance, nicht um Grenzen im Beruf, nicht um weniger Social Media. Dann geht es um Reizschutz, Pflege, Schmerz, Kreislauf, Ernährung, Würde. Es geht darum, einen Menschen nicht zusätzlich zu überfordern, während man versucht, ihn zu versorgen.

Die Schweregrade von ME/CFS werden in der Fachinformation unter anderem danach beschrieben, wie stark Aktivität, Hausgebundenheit oder Bettlägerigkeit ausgeprägt sind; die Deutsche Gesellschaft für ME/CFS weist darauf hin, dass die Übergänge fließend sind und Betroffene unterschiedliche Kombinationen schwerer Symptome erleben können. Das ist wichtig, weil ME/CFS kein einheitliches Bild nach außen hat. Manche Betroffene können noch in Teilzeit arbeiten und brechen danach privat zusammen. Andere sind hausgebunden. Andere bettlägerig.

Andere, wie Max, müssen zusätzlich vor Licht und Geräuschen geschützt werden. Wer nur die mildere Form kennt, unterschätzt die schwere. Wer nur die schwere Form sieht, erkennt die mildere vielleicht nicht.

Diese Spannweite erzeugt auch gesellschaftliche Unsichtbarkeit. Menschen mit milder oder moderater ME/CFS sind oft unsichtbar, weil sie ihre wenige Energie für notwendige Termine verwenden und danach verschwinden. Menschen mit schwerer ME/CFS sind unsichtbar, weil sie das Haus nicht verlassen können. Menschen mit sehr schwerer ME/CFS sind fast vollständig aus der Öffentlichkeit verschwunden. Sie demonstrieren nicht. Sie schreiben keine langen Texte. Sie sitzen nicht in Talkshows. Sie sind zu krank, um für die Anerkennung ihrer Krankheit sichtbar zu kämpfen. Dadurch entsteht ein bitteres Paradox: Je schwerer die Erkrankung, desto weniger kann sie sich selbst zeigen. Max ist deshalb nicht nur ein Einzelfall. Er steht für eine Gruppe von Menschen, die aus dem sichtbaren sozialen Raum herausfallen. Für Angehörige, Freundinnen, Eltern, Partner ist das eine zweite Wirklichkeit neben der offiziellen. Draußen läuft das normale Leben weiter, mit Terminen, Nachrichten, Arbeit, Wetter, Gesprächen, politischen Debatten und kleinen Ärgernissen. Drinnen liegt ein Mensch im Dunkeln, und alles, was draußen selbstverständlich erscheint, ist für ihn unerreichbar oder gefährlich teuer. Diese Gleichzeitigkeit ist kaum auszuhalten. Sie macht wütend, traurig, hilflos. Und sie zeigt, wie dünn die Verbindung einer Gesellschaft zu denen werden kann, die nicht mehr teilnehmen können.

ME/CFS stellt auch die Medizin vor ein Problem, das nicht nur wissenschaftlich, sondern kulturell ist. Viele Ärztinnen und Ärzte wurden lange nicht ausreichend zu ME/CFS geschult. Viele Betroffene berichten von Fehldeutungen, Bagatellisierung oder ungeeigneten Empfehlungen. In Deutschland wird ME/CFS inzwischen stärker diskutiert, unter anderem auch durch Long Covid, aber Versorgung, Wissen und Anerkennung sind weiterhin ungleich verteilt. Das Bundesgesundheitsministerium beschreibt in seinem Bericht den aktuellen Kenntnisstand und verweist auf die Komplexität von Definition, Diagnose und Versorgung.

Das Problem beginnt oft bei der Messbarkeit. Viele Systeme der

Medizin sind stark darin, sichtbare Läsionen, auffällige Laborwerte, Tumore, Brüche, Infektionen oder akute Notfälle zu erkennen. Sie sind schwächer, wenn eine Krankheit sich über Belastungsintoleranz, Reizempfindlichkeit, kognitive Einbrüche, Kreislaufdysregulation und eine Symptomverschlechterung nach Aktivität zeigt. Was nicht leicht messbar ist, wird schneller erklärungsbedürftig. Und was erklärungsbedürftig bleibt, wird leichter psychologisiert. Psychologische Unterstützung kann für Menschen mit schweren chronischen Erkrankungen wichtig sein. Nicht, weil sie sich die Krankheit einbilden, sondern weil Leben mit schwerer Krankheit seelisch belastet. Aber Psychotherapie heilt ME/CFS nicht kausal. Die Deutsche Gesellschaft für ME/CFS weist in einem Informationsblatt darauf hin, dass ME/CFS eine schwere somatische Erkrankung mit Leitsymptom PEM ist und Psychotherapie keine kausale oder kurative Behandlungsform darstellt. Diese Unterscheidung ist entscheidend. Seelische Begleitung kann helfen, eine Realität auszuhalten. Sie darf nicht zur Erklärung dieser Realität gemacht werden.

Für Max wäre eine solche Verwechslung besonders fatal. Wenn ein Mensch Licht und Geräusche kaum toleriert, wenn selbst minimale Reize eine Verschlechterung auslösen können, dann ist die Frage nicht zuerst, welche Einstellung er dazu hat. Die Frage ist, wie man ihn schützt. Wie man Pflege so reizarm wie möglich gestaltet. Wie man medizinische Versorgung ermöglicht, ohne den Zustand zu verschlechtern. Wie man Kommunikation organisiert, wenn Sprechen zu viel ist. Wie man Würde bewahrt, wenn Selbstständigkeit verlorengeht.

Würde ist in diesem Zusammenhang ein hartes Wort, weil sie im Alltag leicht verletzt werden kann. Nicht durch böse Absicht, sondern durch Unwissen. Durch zu lautes Sprechen. Durch zu helles Licht. Durch zu lange Gespräche. Durch die Erwartung, dass ein kurzer Besuch doch guttun müsste. Durch die Frage, ob es nicht langsam besser werde. Durch die Aufforderung, positiv zu bleiben. Durch medizinische Termine, die für den gesunden Betrieb einer Praxis normal sind und für einen schwer Betroffenen eine Zumutung. Würde bedeutet hier, die Grenze eines Körpers ernst zu nehmen, auch wenn man sie selbst nicht spürt. Das ist schwer, weil es Angehörigen viel abverlangt. Wer jemanden wie Max begleitet, lebt oft in einer dauerhaften Spannung aus Hoffnung und Ohnmacht. Man sucht nach Informationen, nach Ärzten, nach Studien, nach Behandlungsmöglichkeiten, nach Menschen, die Ähnliches kennen. Man will nichts übersehen. Gleichzeitig muss man jeden Schritt prüfen, weil selbst ein Versuch kosten kann. Hoffnung bekommt dadurch eine andere Form. Sie darf nicht in Aktionismus kippen. Sie muss vorsichtig werden, ohne aufzugeben.

Diese vorsichtige Hoffnung passt schlecht in eine Kultur, die schnelle Lösungen liebt. ME/CFS zwingt zur Demut. Forschung läuft, Wissen wächst, Long Covid hat Aufmerksamkeit erzeugt, aber für viele Betroffene gibt es weiterhin keine einfache, gesicherte Therapie, die zuverlässig heilt. Das ist schwer auszuhalten. Ein Buch kann und darf hier keine falsche Sicherheit erzeugen. Es kann nur benennen, was bekannt ist, was unsicher bleibt und warum die Anerkennung der Krankheit selbst bereits ein wichtiger Schritt ist. Anerkennung ist nicht wenig. Für Menschen mit ME/CFS kann sie bedeuten, dass sie nicht mehr ständig beweisen müssen, krank zu sein. Dass Angehörige die Grenze respektieren. Dass Ärztinnen und Ärzte vorsichtig mit Belastung umgehen. Dass Arbeitgeber verstehen, warum „ein bisschen mehr versuchen“ nicht immer Hilfe ist. Dass Krankenkassen, Gutachter, Schulen, Universitäten und Behörden nicht automatisch vom sichtbaren Eindruck auf die tatsächliche Belastbarkeit schließen. Anerkennung heilt nicht. Aber fehlende Anerkennung kann krank machen, weil sie Betroffene in Rechtfertigung zwingt, die selbst Energie kostet.

Max hat für Rechtfertigung kaum Energie. Das allein sollte uns beschämen. Eine Gesellschaft, die von schwer Kranken verlangt, ihre Krankheit immer wieder zu erklären, verschiebt Arbeit an die Falschen. Menschen, die im Dunkeln liegen, sollten nicht die Aufgabe haben, das Licht der Öffentlichkeit auf ihre Erkrankung zu richten. Diese Aufgabe liegt bei Forschung, Medizin, Politik, Medien und bei denen, die genug Energie haben, hinzusehen.

Dieses Hinsehen verändert auch den Blick auf die Erschöpfung der weniger schwer Betroffenen. Nicht, weil man alle Zustände gleichsetzen sollte. Ein Mensch mit beruflicher Überlastung erlebt etwas anderes als Max. Mia in ihrer Quarterlife Crisis erlebt etwas anderes als jemand mit schwerer ME/CFS. Jonas'

Arbeitserschöpfung ist nicht dasselbe wie PEM. Gerade diese Unterschiede sind wichtig. Aber Max' Zustand zeigt in extremer Form, was in abgeschwächter Form oft übersehen wird: Energie ist keine moralische Eigenschaft. Sie ist eine biologische Voraussetzung. Wer sie verliert, verliert nicht nur Leistungsfähigkeit, sondern Zugang zur Welt.

Das macht ME/CFS zu einem Gegenbild zur Leistungsgesellschaft. Nicht, weil Betroffene bewusst widersprechen würden. Viele würden alles dafür geben, einfach wieder teilnehmen zu können. Aber ihre Krankheit zeigt, wie brutal eine Kultur ist, die Menschen vor allem danach bemisst, ob sie funktionieren. Was ist ein promovierender junger Mann wert, wenn er nicht mehr schreiben, lehren, forschen, arbeiten, sichtbar sein kann? Die richtige Antwort lautet: genauso viel wie vorher. Die ehrliche gesellschaftliche Antwort ist oft weniger klar. Denn unser Verhalten, unsere Institutionen und unsere Sprache verraten, dass wir Wert und Leistungsfähigkeit viel enger verbinden, als wir zugeben.

ME/CFS zwingt deshalb zu einer ethischen Frage. Wie denken wir über Menschen, deren Leben sich nicht in Produktivität ausdrückt? Wie sprechen wir über sie? Wie versorgen wir sie? Wie halten wir Verbindung zu ihnen, wenn sie nicht antworten können? Wie verhindern wir, dass sie aus dem Bewusstsein verschwinden, weil ihr Zustand zu leise, zu dunkel, zu schwer für öffentliche Aufmerksamkeit ist? Und wie schützen wir sie vor einer Medizin, die aus Unsicherheit manchmal Aktivierung empfiehlt, wo Schutz nötig wäre? Die NICE-Leitlinie war in diesem Punkt ein Einschnitt, weil sie frühere Aktivierungsansätze kritisch neu bewertete und Graded Exercise Therapy nicht mehr als kurative Behandlung empfiehlt. Das ist nicht nur ein Fachdetail. Es ist eine Korrektur an einer alten Erzählung: dass Erschöpfung vor allem durch schrittweise Überwindung zu lösen sei. Für ME/CFS mit PEM ist diese Erzählung zu einfach und potenziell schädlich. Sie verkennt die Logik des Körpers.

Die Logik des Körpers bei ME/CFS ist noch nicht vollständig verstanden. Genau deshalb muss man vorsichtig sein. Es gibt Hypothesen zu Immunprozessen, Energiestoffwechsel, autonomem Nervensystem, Durchblutung, Entzündung, Autoimmunität und weiteren Mechanismen. Es gibt Hinweise, offene Fragen, intensive Forschung. Aber für das Leben von Max ist nicht entscheidend, ob die Wissenschaft heute schon jedes Detail erklären kann. Entscheidend ist, dass seine Grenze real ist. Medizinische Unsicherheit darf nicht in existenzielle Unglaubwürdigkeit übersetzt werden.

Das ist vielleicht der wichtigste Satz dieses Kapitels: Nichtwissen ist kein Gegenbeweis.

Nur weil eine Ursache nicht sicher benannt werden kann, ist das Leiden nicht weniger real. Nur weil Standardwerte unauffällig sein können, ist der Körper nicht gesund. Nur weil ein Symptom schwankt, ist es nicht erfunden. Nur weil Belastung früher möglich war, ist sie es heute nicht automatisch. Nur weil ein Mensch jung ist, ist er nicht geschützt. Nur weil ein Raum dunkel ist, heißt das nicht, dass dort kein Leben mehr ist. Max lebt dort. Nicht so, wie er leben wollte. Nicht so, wie andere ihn vielleicht in Erinnerung haben. Nicht als Projektionsfläche für Tragik, sondern als Mensch. Das muss im Mittelpunkt bleiben. Schwere Erkrankungen werden oft entweder romantisiert oder vollständig medizinisiert. Beides kann entmenschlichen. Max ist nicht nur ein Fall. Nicht nur ein Beispiel. Nicht nur ein Beleg dafür, dass ME/CFS ernst ist. Er ist ein Mensch, dessen Leben radikal begrenzt wurde und der trotzdem nicht auf seine Begrenzung reduziert werden darf.

Vielleicht ist genau das die Schwierigkeit im Schreiben über solche Zustände. Man muss die Härte zeigen, ohne den Menschen in der Härte verschwinden zu lassen. Man muss erklären, ohne zu behaupten, alles verstanden zu haben. Man muss berühren, ohne auszubeuten. Man muss wütend sein dürfen, ohne einfache Schuldige zu erfinden. Man muss die Unsicherheit aushalten, ohne sie gegen die Betroffenen zu wenden.

Für dieses Buch verändert Max alles. Nach ihm kann Erschöpfung nicht mehr nur als Lebensgefühl behandelt werden. Nach ihm reicht die Sprache von Stress, Überlastung und Selbstoptimierung nicht mehr aus. Nach ihm wird klar, dass Energie nicht bloß eine Ressource für Produktivität ist, sondern die Bedingung von Teilhabe. Wer keine Energie hat, kann nicht einfach weniger leisten. Er kann weniger Welt berühren.

Und doch führt auch dieses Kapitel nicht zu einem einfachen Gegensatz zwischen den schwer Kranken und den „nur“ Erschöpften. Es führt zu einer präziseren Wahrnehmung. Es sagt: Unterscheidet. Nehmt Burnout ernst, aber nennt nicht alles Burnout. Nehmt Long Covid ernst, aber reduziert es nicht auf Müdigkeit. Nehmt ME/CFS ernst, besonders PEM. Nehmt Reize ernst, nicht nur Schritte. Nehmt Angehörige ernst, weil sie oft die Übersetzer einer Krankheit werden, die andere nicht sehen. Nehmt Unsicherheit ernst, aber lasst sie nicht zur Ausrede werden, nichts zu tun. Max’ Zimmer bleibt dunkel. Vielleicht ist das das Bild, das dieses Kapitel hinterlässt. Ein junger Mensch, der am Ende einer Promotion stand, liegt in einem Raum, der vor Licht und Geräuschen schützen muss. Draußen geht das Leben weiter, schnell, hell, laut, anspruchsvoll. Drinnen wird sichtbar, was geschieht, wenn ein Körper diese Welt nicht mehr verarbeiten kann.

Aber Dunkelheit darf nicht Unsichtbarkeit bedeuten.

Wenn ein Mensch die Welt nicht mehr betreten kann, muss die Welt wenigstens lernen, ihn nicht zu vergessen. Das beginnt mit Wissen. Mit Sprache. Mit der Bereitschaft, eine Grenze zu respektieren, die man selbst nicht spürt. Und mit der Einsicht, dass ein falscher Begriff, ein falscher Rat, ein falsches „Du musst nur langsam wieder mehr machen“ bei ME/CFS nicht nur ungenau ist, sondern gefährlich sein kann.

Das nächste Kapitel führt tiefer in den Körper hinein, zu jenem System, das Herzschlag, Kreislauf, Atmung, Verdauung, Temperatur, Wachheit, Reizverarbeitung und Stressreaktion steuert, bevor wir bewusst darüber nachdenken. Denn bei vielen Menschen mit Long Covid, ME/CFS oder schwerer Fatigue geht es nicht nur um fehlende Kraft. Es geht um ein autonomes Nervensystem, das aus dem Takt geraten ist — und um einen Körper, der selbst im Liegen noch arbeiten muss, um Stabilität herzustellen.

Kapitel 9 - Das Nervensystem im Ausnahmezustand

Das autonome Nervensystem ist der Teil des Körpers, der arbeitet, bevor wir überhaupt merken, dass etwas nicht stimmt. Es steuert Herzschlag, Blutdruck, Atmung, Verdauung, Temperatur, Schwitzen, Pupillen, Wachheit, Stressreaktion und viele kleine Anpassungen, die das Leben erst möglich machen. Niemand entscheidet bewusst, den Blutdruck beim Aufstehen zu regulieren. Niemand denkt daran, den Puls an eine Treppe anzupassen oder die Verdauung herunterzufahren, wenn der Körper Gefahr wittert. Es geschieht. Ständig. Im Hintergrund.

Solange dieses System funktioniert, bleibt es unsichtbar. Man steht auf, geht durch einen Raum, spricht, isst, arbeitet, denkt, friert, schwitzt, schläft, wacht wieder auf. Der Körper reguliert sich mit einer Selbstverständlichkeit, die erst auffällt, wenn sie verloren geht. Dann wird Aufstehen zu einem Ereignis. Licht zu einer Belastung. Geräusch zu einem Angriff. Essen zu einer Herausforderung. Ein Gespräch zu Arbeit. Ein normaler Tag zu einer Abfolge körperlicher Prüfungen. Bei vielen Menschen mit Long Covid, ME/CFS oder schwerer Fatigue ist genau dieses Hintergrundsystem nicht mehr verlässlich. Es geht dann nicht nur um fehlende Energie im einfachen Sinn. Es geht um Regulation. Um die Frage, ob der Körper seine inneren Zustände noch so steuern kann, dass ein Mensch sich im Alltag stabil bewegen, denken, stehen, sitzen, sprechen und reagieren kann. Wenn diese Steuerung aus dem Takt gerät, fühlt sich der Körper nicht nur müde an. Er fühlt sich unberechenbar an.

Timo hätte vor der Pandemie nie über sein autonomes Nervensystem nachgedacht. Warum auch? Er stand morgens auf, machte Kaffee, brachte die Kinder in Bewegung, fuhr zur Arbeit, ging Treppen, führte Gespräche, aß schnell, funktionierte. Der Körper war die Voraussetzung, nicht das Thema. Erst als er über Monate im Homeoffice, zwischen Arbeit, Kindern, Angst, Schlafmangel und Daueranspannung lebte, begann er zu merken, dass der Körper nicht unbegrenzt im Hintergrund arbeitet. Herzklopfen am Abend. Schwitzen ohne Grund. Schlaf, der nicht in die Tiefe fiel. Ein Magen, der ständig gereizt war. Eine innere Wachheit, obwohl er erschöpft war. Bei Timo war das noch nicht Long Covid, nicht ME/CFS, nicht unbedingt eine eigenständige Dysautonomie. Aber sein Körper zeigte, was chronische Aktivierung bedeutet. Das autonome Nervensystem war zu lange im Alarmmodus gewesen. Es hatte gelernt, dass jederzeit etwas kommen kann: ein Kind, ein Call, eine Nachricht, eine neue Regel, ein Problem, eine Rechnung, eine schlechte Nachricht. Irgendwann konnte Timo nicht mehr einfach abschalten, weil sein Körper Abschalten nicht mehr als sicher erkannte.

Bei Long Covid und ME/CFS kann diese Dysregulation eine noch deutlichere, körperlich messbare Form annehmen. Fachlich spricht man häufig von autonomer Dysfunktion oder Dysautonomie, wenn die automatische Steuerung des Körpers gestört ist. Dazu können Schwindel, Herzrasen, Blutdruckprobleme, Temperaturregulationsstörungen, Verdauungsbeschwerden, Schwitzen, Übelkeit, Zittern, Benommenheit, Brain Fog und eine Verschlechterung beim Stehen oder Sitzen gehören. Die NICE-Leitlinie zu ME/CFS nennt ausdrücklich orthostatische Intoleranz und autonome Dysfunktion, unter anderem mit Schwindel, Herzklopfen, Ohnmacht und Übelkeit beim Stehen oder aufrechten Sitzen.

Orthostatische Intoleranz ist ein sperriger Begriff für eine Erfahrung, die Betroffene oft sehr konkret beschreiben können: Aufrechtsein wird zum Problem. Nicht Sport. Nicht Anstrengung im üblichen Sinn. Schon Stehen. Man steht in der Küche und merkt, dass der Körper nicht stabil bleibt. Man wartet in einer Schlange und bekommt Herzrasen. Man sitzt aufrecht und spürt, wie der Kopf neblig wird. Man legt sich hin, und manches wird besser, nicht unbedingt gut, aber besser. Die CDC beschreibt bei ME/CFS, dass einige Betroffene eine Verschlechterung der Symptome bei ruhiger aufrechter Haltung erleben und dass sich die Symptome beim Liegen oder Zurücklehnen bessern können.

Für gesunde Menschen klingt das fast absurd. Aufrechtsein ist kein Ereignis. Es ist die Normalform des Tages. Aber für ein autonomes Nervensystem, das Blutdruck, Herzfrequenz und Gefäßspannung nicht mehr zuverlässig anpasst, wird Aufrechtsein zur Belastung. Der Körper muss Blut gegen die Schwerkraft verteilen. Er muss das Gehirn versorgen. Er muss Herzfrequenz, Gefäße und Kreislauf koordinieren. Wenn diese Koordination gestört ist, kann der Mensch aussehen, als würde er nur stehen, während der Körper im Inneren kämpft. Eine bekannte Form dieser Störung ist POTS, das posturale orthostatische Tachykardiesyndrom. Dabei steigt die Herzfrequenz beim Aufstehen oder Stehen ungewöhnlich stark an, häufig begleitet von Beschwerden wie Benommenheit, Herzklopfen, Schwäche, Brain Fog, Übelkeit oder Erschöpfung. Johns Hopkins beschreibt POTS als eine Erkrankung mit Symptomen wie Benommenheit, gelegentlicher Ohnmacht, Konzentrationsproblemen, Fatigue, Belastungsintoleranz, Kopfschmerzen, verschwommenem Sehen, Herzklopfen, Zittern und Übelkeit.

POTS ist nicht einfach „ein schneller Puls". Der schnelle Puls ist ein sichtbares Zeichen einer tieferen Regulationsstörung. Der Körper versucht, beim Aufrichten Stabilität herzustellen, aber er tut es mit einem übermäßigen Herzfrequenzanstieg. Für Betroffene kann das bedeuten, dass Duschen schwierig wird, weil Wärme, Stehen und Kreislauf zusammenkommen. Dass Einkaufen unmöglich wird, weil Stehen in Gängen, Licht, Geräusche und Entscheidungen gleichzeitig auftreten. Dass Arbeiten am Schreibtisch nicht nur kognitive Konzentration verlangt, sondern auch Kreislaufstabilität. Dass der Körper selbst in Situationen kämpft, die für andere nicht einmal als Belastung gelten.

Bei Long Covid wird diese Art von autonomer Dysfunktion zunehmend diskutiert. Nicht jeder Mensch mit Long Covid hat POTS, und nicht jedes POTS entsteht durch Covid. Aber die Überschneidungen sind wichtig, weil sie erklären, warum manche Betroffene nicht einfach „müde" sind, sondern bei aufrechter Haltung, Belastung oder Reizdichte körperlich instabil werden. Long Covid wird von der CDC als chronischer Zustand nach SARS-CoV-2-Infektion beschrieben, der viele Symptome und Organsysteme betreffen kann und sich verbessern, verschlechtern oder fortbestehen kann. Diese Schwankung passt zu dem, was viele Betroffene erleben: Der Körper hat keine stabile Linie mehr. Man könnte sagen: Das autonome Nervensystem ist die Infrastruktur des Lebens. Es ist wie Strom, Wasser, Heizung und Verkehrssteuerung in einer Stadt. Solange alles funktioniert, denkt niemand darüber nach. Wenn die Steuerung ausfällt, merkt man plötzlich, dass jede scheinbar einfache Handlung von tausend unsichtbaren Voraussetzungen abhängt. Stehen. Denken. Essen. Sprechen. Schlafen. Verdauen. Temperatur halten. Sich konzentrieren. Unter Menschen sein. Alles wird teurer, wenn die Infrastruktur nicht zuverlässig arbeitet.

Max lebt an der äußersten Grenze dieser gestörten Infrastruktur. Bei ihm geht es nicht nur darum, dass Stehen schwer ist oder der Puls entgleist. Bei ihm ist die Reizverarbeitung selbst so eingeschränkt, dass Licht, Geräusch und soziale Anwesenheit eine Überforderung darstellen können. Wenn man das autonome Nervensystem nur als Kreislaufsystem versteht, greift man zu kurz. Es ist auch eng verbunden mit Wachheit, Bedrohungswahrnehmung, Verdauung, Atmung, Schlaf und der Frage, ob ein Körper sich sicher genug fühlt, um nicht ständig Ressourcen zu mobilisieren.

Das ist der Punkt, an dem sich körperliche und psychologische Sprache gefährlich vermischen können. Wenn man sagt, das Nervensystem sei im Alarmzustand, klingt das für manche nach Stress, Angst oder Trauma. Und ja, Stress und Angst können das autonome Nervensystem stark beeinflussen. Aber bei Long Covid, ME/CFS, POTS oder schwerer Dysautonomie wäre es falsch, daraus zu schließen, es handle sich deshalb nur um psychische Zustände. Das autonome Nervensystem ist körperlich. Es ist Biologie. Es reagiert auf Immunprozesse, Entzündung, Kreislauf, Hormone, Infektionen, Schlaf, Schmerz, Reize, Emotionen und Umwelt. Psyche und Körper sind hier nicht sauber trennbar. Aber nicht trennbar bedeutet nicht: eingebildet.

Diese Unterscheidung ist entscheidend. Viele Betroffene hören Sätze wie: „Das ist bestimmt der Stress.“ Oder: „Ihr Nervensystem ist überreizt.“ Manchmal stimmt daran ein Teil. Aber wenn solche Sätze als Abwertung gemeint sind, werden sie gefährlich. Ein überreiztes oder dysreguliertes Nervensystem ist keine Schwäche des Charakters. Es ist ein Körperzustand. Er kann durch Stress beeinflusst werden, aber er ist nicht dadurch erledigt, dass man sich beruhigt. Wer beim Stehen Herzrasen bekommt, kann nicht einfach durch positives Denken stabil stehen. Wer bei Licht und Geräusch crasht, braucht nicht nur Gelassenheit, sondern Schutz. Lena versteht das erst spät. In ihrer Burnout-nahen Erschöpfung hatte sie lange geglaubt, sie müsse nur lernen, besser zu entspannen. Yoga, Meditation, Atemübungen, Digital Detox. Manche Dinge halfen ein wenig, manche gar nicht, manche machten sie sogar unruhiger, weil sie während der Übung nur merkte, wie wenig Ruhe in ihr war. Später begriff sie, dass Entspannung kein Knopf ist, den man drückt. Ein Nervensystem, das über lange Zeit auf Wachsamkeit trainiert wurde, nimmt Ruhe nicht automatisch als Sicherheit wahr. Es muss Sicherheit wieder lernen.

Bei Long Covid und ME/CFS ist die Sache noch komplizierter. Dort reicht das Bild eines gestressten Nervensystems nicht. Der Körper kann auf mehreren Ebenen aus dem Takt geraten sein. Kreislauf, Reizverarbeitung, Schlaf, Immunantwort, Energiestoffwechsel, Schmerz, Verdauung. Das autonome Nervensystem ist dabei nicht unbedingt die einzige Ursache, aber oft ein zentraler Knotenpunkt, an dem sich Symptome bündeln. Es erklärt, warum Beschwerden so vielfältig wirken können und dennoch zusammengehören: Herzrasen, Brain Fog, Schwindel, Übelkeit, Temperaturprobleme, Schwäche, Schlafstörung, Überreizung. Für Angehörige kann diese Vielfalt verwirrend sein. Gestern war es der Kreislauf, heute der Kopf, morgen der Magen, übermorgen Lichtempfindlichkeit. Von außen wirkt das wechselhaft, fast widersprüchlich. Doch ein gestörtes Regulationssystem kann genau solche wechselnden Symptome erzeugen, weil es nicht nur ein Organ betrifft. Es betrifft die Abstimmung. Wenn ein Orchester nicht mehr sauber geführt wird, klingt nicht nur eine Geige falsch. Das Ganze verliert Ordnung.

Diese Metapher ist unvollkommen, aber hilfreich. Ein Körper ist kein mechanisches Gerät mit einem defekten Teil, das man austauscht. Er ist ein Zusammenspiel. Long Covid und ME/CFS zeigen, wie verletzlich dieses Zusammenspiel ist. Ein Virus, eine Immunreaktion, eine Überlastung, ein unbekannter Auslöser, eine Kombination — und plötzlich geraten Systeme ins Rutschen, die vorher selbstverständlich ineinandergriffen. Das macht die Erkrankungen schwer behandelbar, aber nicht weniger real.

Gerade bei POTS und orthostatischer Intoleranz zeigt sich, wie konkret diese Realität sein kann. Ein Mensch kann im Liegen relativ klar wirken und beim Stehen schnell benommen werden. Er kann ein Gespräch führen, solange er liegt, aber beim Sitzen erschöpfen. Er kann einen guten Moment haben und trotzdem nicht belastbar sein. Wer nur Momentaufnahmen bewertet, versteht das Muster nicht. Ein Arzttermin kann deshalb trügerisch sein: Der Patient mobilisiert alle

Energie, erscheint kurz gefasst und bricht danach zusammen. Die Praxis sieht den Moment. Der Alltag sieht die Rechnung.

Das gilt auch für Gutachten, Behörden und Arbeitsbewertungen. Viele Systeme beurteilen Menschen nach sichtbarer Leistungsfähigkeit in kurzen Zeitfenstern. Kann jemand sitzen? Kann jemand sprechen? Kann jemand einen Termin wahrnehmen? Kann jemand eine Frage beantworten? Bei Long Covid, ME/CFS und Dysautonomie ist aber oft nicht nur entscheidend, ob etwas einmal möglich ist. Entscheidend ist, was es kostet und wie lange die Erholung dauert. Diese Zeitdimension fehlt in vielen Bewertungen. Dadurch werden Menschen überschätzt und anschließend für die Folgen ihrer Überlastung verantwortlich gemacht. Max könnte an einem besseren Moment vielleicht einen kurzen Reiz tolerieren. Das bedeutet nicht, dass sein System Alltag toleriert. Meine Frau konnte in Phasen vielleicht eine begrenzte Aktivität schaffen. Das bedeutete nicht, dass ein ganzer Tag planbar war. Mia kann nach der Pandemie wieder unter Menschen gehen und trotzdem schneller überreizt sein. Timo kann arbeiten und trotzdem abends ein Nervensystem haben, das nicht mehr herunterfährt. Die Frage lautet nicht nur: Was geht? Sondern: Was kostet es?

Diese Kostenfrage verändert alles. Sie zwingt dazu, Aktivität nicht moralisch, sondern energetisch zu betrachten. Ein Mensch, der eine Einladung absagt, ist nicht zwingend unzuverlässig. Vielleicht schützt er sein System. Ein Mensch, der nach zehn Minuten Gespräch erschöpft ist, ist nicht desinteressiert. Vielleicht ist Sprache gerade Arbeit. Ein Mensch, der liegen muss, ist nicht passiv. Vielleicht arbeitet sein Körper im Liegen härter, als ein gesunder Körper im Gehen. Das autonome Nervensystem ist dabei ein stiller Arbeiter. Es versucht, Stabilität herzustellen, auch wenn der Mensch nichts tut. Bei Dysautonomie kann schon Lagewechsel Arbeit sein. Aufstehen. Sitzen. Wärme. Essen. Verdauen. Ein voller Raum. Ein Bildschirm. Eine emotionale Nachricht. All das kann Regulation verlangen. Wenn das System eingeschränkt ist, wird Leben selbst zur Belastungskette.

Besonders deutlich wird das beim Essen. Gesunde Menschen denken bei Essen an Hunger, Geschmack, Gewohnheit. Für manche Betroffene kann Essen Symptome beeinflussen: Kreislauf,

Verdauung, Müdigkeit, Herzrasen, Übelkeit. Nicht, weil Essen gefährlich ist, sondern weil Verdauung autonome Regulation verlangt. Blutfluss, Darmbewegung, Hormone, Nervensignale. Ein Körper, der ohnehin um Stabilität ringt, kann selbst auf normale Verdauung spürbar reagieren. Das klingt klein. Im Alltag ist es groß. Denn Essen ist nicht optional. Ähnlich ist es mit Temperatur. Hitze kann Herzrasen, Schwäche oder Schwindel verstärken. Kälte kann den Körper zusätzlich stressen. Die NICE-Leitlinie nennt bei ME/CFS auch Temperaturempfindlichkeit, etwa starkes Schwitzen, Schüttelfrost, Hitzewallungen oder Frieren. Solche Symptome wirken für Außenstehende diffus. Für Betroffene sind sie Teil derselben Erfahrung: Der Körper reguliert nicht mehr selbstverständlich.

Auch Schlaf ist in diesem Zusammenhang komplizierter als bloße Erholung. Viele Menschen mit ME/CFS berichten von nicht erholsamem Schlaf. Man schläft und wacht trotzdem auf, als sei keine Regeneration geschehen. Die CDC nennt nicht erholsamen Schlaf als eines der Kernsymptome von ME/CFS; Betroffene fühlen sich auch nach einer ganzen Nacht möglicherweise nicht besser. Das widerspricht der normalen Alltagserfahrung. Schlaf ist doch das, was Müdigkeit behebt. Wenn Schlaf diese Funktion verliert, verliert der Mensch einen seiner wichtigsten Reparaturmechanismen.

Dadurch entsteht eine besondere Hoffnungslosigkeit. Nicht unbedingt psychologisch im Sinne einer Depression, sondern körperlich. Wenn Aktivität verschlechtert, Ruhe nicht zuverlässig erholt und Schlaf nicht regeneriert, wo soll Energie dann herkommen? Diese Frage ist für Betroffene existenziell. Sie erklärt, warum einfache Ratschläge so verletzend sein können. „Schlaf dich mal aus“ setzt voraus, dass Schlaf die Lösung ist. „Geh mal raus“ setzt voraus, dass Bewegung stärkt. „Lenk dich ab“ setzt voraus, dass Reize helfen. Bei dysregulierten Systemen können diese Sätze an der Realität vorbeigehen.

Das heißt nicht, dass es keine Behandlung, keine Strategien, keine Besserungen geben kann. Es bedeutet nur, dass der Weg nicht über pauschale Normalitätsrezepte führt. Medizinische Abklärung, symptomorientierte Behandlung, sorgfältiges Pacing, Kreislaufmanagement, Reizschutz, Schlafunterstützung, Behandlung von Komorbiditäten, Anpassungen im Alltag und Forschung können wichtig sein. Aber dieses Buch ist kein Behandlungsleitfaden. Es will nicht sagen, was jemand konkret tun soll. Es will erklären, warum die übliche gesellschaftliche Logik so oft falsch liegt. Die übliche Logik lautet: Wenn du schwach bist, musst du dich stärken. Wenn du ängstlich bist, musst du dich stellen. Wenn du erschöpft bist, musst du dich erholen und dann wieder steigern. Bei Dysautonomie, Long Covid, ME/CFS und PEM muss diese Logik differenziert werden. Manchmal braucht der Körper Aktivierung, aber sicher dosiert. Manchmal braucht er Ruhe, aber nicht als Rückzug aus Angst, sondern als physiologischen Schutz. Manchmal braucht er Behandlung einzelner Symptome. Manchmal braucht er vor allem, dass niemand ihn über die Grenze zwingt, nur weil die Grenze von außen unsichtbar ist.

Für Max ist diese Grenze extrem. Für meine Frau war sie am Anfang enger als alles, was ein normales Leben vorsieht. Für viele andere liegt sie irgendwo dazwischen. Aber in allen Fällen fordert sie dieselbe Anerkennung: Der Körper hat eine eigene Wahrheit. Sie ist nicht immer identisch mit dem Wunsch. Nicht mit dem Plan. Nicht mit der Erwartung anderer. Nicht mit dem Lebenslauf. Nicht mit dem Alter. Nicht mit der früheren Leistungsfähigkeit. Das ist schwer, weil Menschen verständlicherweise an ihrer früheren Identität hängen. Wer einmal viel leisten konnte, will nicht auf Dauer als krank gelten. Wer jung ist, will nicht in Schonung denken. Wer Mutter, Partner, Wissenschaftler, Pflegerin, Berater, Freundin oder Sohn ist, will nicht ständig erklären müssen, warum weniger geht. Das autonome Nervensystem interessiert sich nicht für diese Rollen. Es reguliert oder es reguliert nicht. Es gibt Energie frei oder nicht. Es toleriert Reize oder nicht. Diese Nüchternheit des Körpers kann brutal wirken.

Aber sie kann auch entlasten. Wenn Betroffene verstehen, dass Herzrasen beim Stehen, Brain Fog, Schwindel, Übelkeit, Temperaturprobleme oder Reizüberflutung Teil einer körperlichen Dysregulation sein können, müssen sie sich weniger als unzuverlässig, empfindlich oder irrational erleben. Wenn Angehörige verstehen, dass ein scheinbar kleiner Reiz viel kosten kann, müssen sie weniger persönlich nehmen, wenn Nähe begrenzt wird. Wenn Arbeitgeber verstehen, dass Arbeitsfähigkeit nicht nur eine Frage von Motivation ist, können sie realistischer handeln. Wenn Ärztinnen und Ärzte genauer hinschauen, können Fehldeutungen reduziert werden.

Wissen heilt nicht automatisch. Aber es verändert den moralischen Rahmen. Und genau das ist bei unsichtbaren Erkrankungen entscheidend.

Der moralische Rahmen war lange falsch. Menschen, die nicht belastbar waren, galten schnell als schwach. Menschen mit wechselnden Symptomen als schwierig. Menschen ohne eindeutige Standardbefunde als psychosomatisch. Menschen mit Energiegrenzen als vermeidend. Diese Deutungen entstehen nicht nur aus Unwissen, sondern aus einem Menschenbild, das Kontrolle überschätzt. Wir wollen glauben, dass der Körper verfügbar bleibt, wenn man nur richtig lebt. Long Covid, ME/CFS und Dysautonomie widersprechen dieser Hoffnung.

Vielleicht ist das der Grund, warum diese Erkrankungen so verstören. Sie erinnern daran, dass Autonomie körperlich ist. Selbstbestimmung beginnt nicht im Kopf, sondern in der Fähigkeit, aufzustehen, zu denken, Licht zu ertragen, zu sprechen, zu gehen, zu schlafen, zu verdauen, ohne dass der Körper in Krise gerät. Diese Grundlagen sind so selbstverständlich, dass wir sie kaum als Freiheit erkennen. Erst wenn sie fehlen, wird sichtbar, dass Freiheit nicht nur politisch, wirtschaftlich oder psychologisch ist. Sie ist auch autonom-nervös.

Max' dunkles Zimmer ist deshalb nicht nur ein medizinisches Bild. Es ist ein Bild für verlorene Regulation. Die Welt ist da, aber der Körper kann sie nicht betreten. Meine Frau mit dreißig Prozent Energie zeigt eine andere Stufe derselben Wahrheit: Das Leben bleibt da, aber es muss neu berechnet werden. Timo mit seinem Dauerstress zeigt die mildere, gesellschaftlich verbreitete Vorstufe: Ein Nervensystem kann auch ohne schwere Krankheit lernen, in Alarmbereitschaft zu bleiben. Diese Zustände dürfen nicht vermischt werden. Aber sie liegen auf einer Landkarte, auf der Energie, Regulation und Teilhabe zusammengehören.

Das nächste Kapitel führt von dieser Regulation zu dem, was

passiert, wenn nicht nur der Körper, sondern auch das Denken, Erinnern, Sprechen und soziale Teilnehmen beeinträchtigt wird. Brain Fog ist kein modisches Wort für Zerstreutheit. Nicht erholsamer Schlaf ist nicht einfach schlechter Schlaf. Und verlorene Teilhabe bedeutet mehr als Arbeitsunfähigkeit. Es bedeutet, dass ein Mensch die Verbindung zur Welt nicht verliert, weil er sie nicht mehr will, sondern weil jeder Kontakt, jeder Gedanke, jedes Licht und jedes Gespräch Energie verlangt, die nicht selbstverständlich verfügbar ist.

Kapitel 10 - Brain Fog, Schlaf und verlorene Teilhabe

Brain Fog klingt harmlos. Fast freundlich. Als hätte sich nur ein leichter Nebel über den Kopf gelegt, der irgendwann wieder verschwindet, wenn man genug schläft, genug trinkt oder ein paar Tage weniger macht. Das Wort klingt nach Zerstreutheit, nach einem schlechten Konzentrationstag, nach dem Gefühl, einen Namen nicht sofort zu finden oder einen Raum zu betreten und kurz nicht mehr zu wissen, was man dort wollte. Solche Momente kennt jeder. Genau deshalb wird Brain Fog so leicht unterschätzt.

Aber Brain Fog bei Long Covid, ME/CFS oder schweren Fatigue-Zuständen ist nicht einfach ein bisschen Vergesslichkeit. Es kann bedeuten, dass Lesen anstrengend wird. Dass ein Absatz dreimal gelesen werden muss und trotzdem nicht bleibt. Dass Worte fehlen, obwohl man sie kennt. Dass Gespräche zu schnell werden. Dass Entscheidungen, die früher nebenbei getroffen wurden, plötzlich Kraft verlangen. Dass ein Mensch nicht mehr auf sein Denken zugreifen kann wie früher, obwohl er derselbe Mensch ist. Die CDC nennt bei Long Covid unter anderem Brain Fog, Fatigue und PEM als häufig berichtete Symptome; bei ME/CFS gehören kognitive Beeinträchtigung, nicht erholsamer Schlaf und PEM zu den zentralen Diagnosemerkmalen. Für Max ist Denken nicht mehr selbstverständlich. Das ist vielleicht der härteste Bruch in seiner Geschichte. Ein Mensch, dessen Leben aus Denken bestand, aus Forschung, Sprache, Argumenten, Texten und der Fähigkeit, lange bei einer Frage zu bleiben, verliert nicht nur Energie, wenn der Kopf nicht mehr trägt. Er verliert Zugang zu einem Teil seiner Identität. Es ist eine Sache, nicht mehr laufen zu können wie früher. Es ist eine andere, nicht mehr denken zu können wie früher. Nicht, weil der Mensch weniger intelligent geworden wäre, sondern weil der Zugriff auf die eigene geistige Leistungsfähigkeit gestört ist.

Bei Long Covid wird diese kognitive Dimension inzwischen breit beschrieben. Die WHO nennt kognitive Dysfunktion neben Fatigue und Atemnot als häufiges Symptom der Post-Covid-Erkrankung; mehr als 200 Symptome wurden berichtet, und sie können die Alltagsfunktion beeinträchtigen. Das ist wichtig, weil kognitive Symptome oft schwerer zu zeigen sind als körperliche. Wer hinkt, wird eher verstanden. Wer nach zwanzig Minuten Gespräch geistig erschöpft ist, muss erklären. Wer im Supermarkt plötzlich die Reihenfolge der Dinge nicht mehr sortieren kann, sieht von außen vielleicht nur etwas langsam aus. Wer im Beruf Sätze nicht mehr findet, wirkt unsicher, unvorbereitet oder weniger kompetent.

Dabei ist Brain Fog nicht nur ein privates Symptom. Er greift in Teilhabe ein. Ein Mensch kann nicht selbstverständlich arbeiten, wenn Konzentration instabil ist. Er kann nicht selbstverständlich Beziehungen pflegen, wenn Gespräche ihn überfordern. Er kann nicht selbstverständlich Formulare ausfüllen, Arztgespräche führen, Behördenbriefe verstehen oder medizinische Informationen sortieren, wenn genau die kognitive Energie fehlt, die dafür nötig wäre. Krankheit macht dann nicht nur schwach. Sie macht den Umgang mit der Krankheit selbst schwerer.

Das ist eine besondere Grausamkeit chronischer Erschöpfungserkrankungen. Sie verlangen Organisation von Menschen, deren Organisationsfähigkeit eingeschränkt sein kann. Termine, Befunde, Anträge, Widersprüche, Versicherungen, Krankenkassen, Pflegegrad, Reha, Medikamente, Arztberichte, Symptomtagebücher, Kommunikation mit Arbeitgebern. All das braucht Klarheit. Wer Brain Fog hat, hat diese Klarheit nicht zuverlässig. Angehörige werden dadurch oft zu Übersetzern, Verwaltern und Gedächtnisstützen eines Lebens, das früher ohne Verwaltung funktionierte.

Bei meiner Frau zeigte sich der Energieverlust nicht nur im Körper. Natürlich waren Aktivität, Bewegung und Dauer begrenzt. Aber auch Denken kostete. Konzentration war nicht mehr einfach da. Gespräche mussten dosiert werden. Informationen mussten gefiltert werden. Zu viel Input war nicht nur unangenehm, sondern erschöpfend. Wer gesund ist, trennt oft zwischen körperlicher und geistiger Aktivität. Ein Spaziergang ist körperlich, ein Gespräch geistig, ein Film Erholung. Bei Long Covid kann diese Trennung brüchig werden. Ein Gespräch kann so viel kosten wie Bewegung. Ein Film kann zu viele Reize haben. Ein Arztbrief kann mehr Energie verlangen als ein kurzer Gang durch die Wohnung. Das verändert das Leben leise und tief. Denn viele Formen von Zugehörigkeit sind kognitiv. Ein Gespräch mit Freunden, eine Nachricht beantworten, einem Familienessen folgen, einen Witz verstehen, in einer Gruppe den

Faden behalten, gemeinsam planen, Anteil nehmen, reagieren. Wenn der Kopf nicht mitkommt, zieht sich ein Mensch nicht unbedingt zurück, weil er keine Nähe will. Er zieht sich zurück, weil Nähe Verarbeitung verlangt. Das ist schwer zu begreifen, weil Nähe emotional gedacht wird. Aber Nähe ist auch neurologische Arbeit.

Mia kennt eine milde Version davon aus ihrer digitalen Erschöpfung. Nach zu viel Scrollen fühlt ihr Kopf sich voll an, obwohl sie nichts wirklich behalten hat. Nach einem Arbeitstag mit vielen Reizen kann sie Gesprächen schwerer folgen. Das ist nicht dasselbe wie Long Covid oder ME/CFS. Aber es hilft, eine Brücke zu verstehen: Das Gehirn hat Grenzen der Verarbeitung. Bei gesunden Menschen sind diese Grenzen weit und regenerieren meist zuverlässig. Bei Fatigue-Erkrankungen werden sie enger, unberechenbarer und kostbarer.

Brain Fog ist dabei eng mit Schlaf verbunden, aber nicht einfach durch Schlaf lösbar. Viele Betroffene berichten von nicht erholsamem Schlaf: Sie schlafen und wachen dennoch auf, als hätte keine echte Regeneration stattgefunden. Bei ME/CFS ist nicht erholsamer Schlaf ein zentrales Kriterium; die CDC beschreibt, dass Betroffene sich auch nach einer ganzen Nacht Schlaf nicht besser oder weniger müde fühlen können. Das ist ein Angriff auf eine der ältesten Hoffnungen des Körpers: dass Nacht Reparatur bedeutet. Wenn Schlaf nicht repariert, wird der Tag anders. Man steht nicht auf, sondern beginnt aus einem Defizit heraus. Der Morgen ist kein Neustart. Er ist die Fortsetzung einer Erschöpfung, die nie ganz unterbrochen wurde. Für gesunde Menschen ist schlechter Schlaf unangenehm, aber meist erklärbar. Eine kurze Nacht, ein spätes Essen, Sorgen, Lärm. Bei nicht erholsamem Schlaf wird es unheimlicher. Die Nacht war lang genug. Vielleicht sogar ruhig genug. Und trotzdem ist der Körper nicht zurückgekehrt.

Lena kennt diesen Zustand seit Jahren in ihrer Burnout-nahen Erschöpfung. Sie schläft und wacht müde auf. Bei ihr hat das viel mit chronischem Stress, innerer Anspannung, Arbeitsidentität und einem Nervensystem zu tun, das Ruhe nicht mehr selbstverständlich findet. Bei Long Covid und ME/CFS kann nicht erholsamer Schlaf noch eine andere Qualität bekommen: Er ist nicht nur Folge von Grübeln oder Überarbeitung, sondern Teil eines komplexen Krankheitsbildes. Diese Unterscheidung ist wichtig, weil sie verhindert, alles unter denselben psychologischen Begriff zu ziehen. Lena braucht Entlastung, Grenzen und neue Sicherheit. Max braucht Reizschutz, medizinisches Verständnis und eine Versorgung, die seine Belastungsgrenzen respektiert. Beides ist Erschöpfung. Aber nicht dieselbe.

Schlafprobleme zeigen auch, wie unzureichend die Sprache der Selbstoptimierung ist. Wer nicht erholsam schläft, bekommt schnell Ratschläge. Kein Handy am Abend. Dunkles Zimmer. Regelmäßige Zeiten. Weniger Kaffee. Entspannung. Diese Hinweise können sinnvoll sein. Aber sie können auch demütigend wirken, wenn sie so klingen, als habe der Betroffene die naheliegenden Dinge nicht versucht. Bei schweren Erkrankungen ist Schlafhygiene manchmal ein kleiner Baustein, aber nicht die Erklärung. Ein Körper, dessen Regulation gestört ist, wird nicht automatisch gesund, weil der Wecker jeden Tag zur gleichen Zeit klingelt.

Das heißt nicht, dass kleine Maßnahmen wertlos sind. Es heißt nur, dass man ihre Reichweite ehrlich benennen muss. Ein abgedunkeltes Zimmer kann helfen, Reize zu reduzieren. Eine klare Abendroutine kann Stabilität geben. Medizinische Abklärung von Schlafapnoe, Schmerzen, Kreislaufproblemen oder anderen Faktoren kann wichtig sein. Aber wer nicht erholsamen Schlaf als bloße Gewohnheitsfrage behandelt, verkennt die Tiefe des Problems. Der Schlaf ist hier nicht nur Verhalten. Er ist Ausdruck eines Systems, das nicht zuverlässig regeneriert. Für Max ist Schlaf ebenfalls nicht einfach Rettung. Wenn ein Mensch sehr schwer betroffen ist, kann selbst Schlaf von Schmerzen, Reizen, Kreislaufproblemen oder innerer Unruhe begleitet sein. Und selbst wenn er schläft, bedeutet das nicht, dass danach mehr Welt möglich ist. Ein gesunder Mensch kann sich kaum vorstellen, wie es ist, wenn Schlaf keine verlässliche Tür zurück ins Leben öffnet. Genau deshalb brauchen solche Zustände eine Sprache, die über Müdigkeit hinausgeht.

Auch Brain Fog braucht eine bessere Sprache. Der Begriff wird im Alltag inzwischen häufig verwendet, manchmal fast beiläufig. Das kann helfen, weil er etwas benennbar macht. Es kann aber auch verharmlosen. Kognitive Fatigue bedeutet nicht nur, dass der Kopf müde ist. Es bedeutet, dass geistige Aktivität selbst energetisch teuer wird. Denken ist dann nicht mehr der neutrale Raum, in den man sich zurückziehen kann, wenn der Körper schwach ist. Denken wird Teil der Belastung. Das trifft Menschen, deren Identität stark mit geistiger Leistungsfähigkeit verbunden ist, besonders hart. Max ist dafür das extremste Beispiel. Aber auch viele Long-Covid-Betroffene erleben diesen Verlust als tiefen Angriff auf ihr Selbstbild. Eine Ärztin, die Befunde nicht mehr so schnell erfassen kann. Ein Lehrer, der nach einer Unterrichtsstunde geistig abstürzt. Eine Unternehmerin, die Zahlen nicht mehr zuverlässig sortiert. Ein Student, der Texte nicht mehr bewältigt. Ein Vater, der seinem Kind bei Hausaufgaben helfen will und merkt, dass sein Kopf nicht mitgeht. Solche Situationen sind mehr als Funktionsausfälle. Sie sind Identitätsbrüche.

Bei Jonas wäre ein solcher Verlust kaum auszuhalten. Seine Welt beruht darauf, schnell zu denken, zu reagieren, zu strukturieren, überzeugend zu sprechen. Schon seine normale Erschöpfung macht ihm Angst, weil Konzentration nachlässt und Entscheidungen schwerer werden. Bei Brain Fog würde nicht nur seine Arbeitsfähigkeit leiden, sondern seine Vorstellung davon, wer er ist. Hier berührt sich die Leistungsgesellschaft mit der Krankheit: Wer sich über geistige Schärfe definiert, erlebt kognitive Einschränkung nicht nur als Symptom, sondern als Bedrohung des eigenen Wertes.

Das zeigt, wie sehr Krankheit und Kultur ineinandergreifen. Ein Mensch leidet an seinem Symptom. Aber er leidet auch an der Bedeutung, die die Gesellschaft diesem Symptom gibt. Nicht arbeiten zu können ist schwer. Nicht denken zu können wie früher, nicht teilnehmen zu können, nicht mehr verlässlich zu sein, nicht mehr die eigene Rolle ausfüllen zu können — das ist etwas anderes. Es betrifft Würde, Zugehörigkeit und Identität.

Verlorene Teilhabe ist deshalb das eigentliche Thema dieses Kapitels. Nicht Brain Fog allein. Nicht Schlaf allein. Sondern die Frage, was passiert, wenn ein Mensch nicht mehr selbstverständlich an der Welt teilnehmen kann. Teilhabe klingt nach einem sozialpolitischen Begriff, aber im Alltag ist sie konkret. Teilhabe heißt, zum Geburtstag gehen zu können. Eine Sprachnachricht hören und beantworten. Ein Formular verstehen. Eine Stunde mit dem Partner sprechen. Ein Buch lesen. Einen Film anschauen. Mit dem Kind spielen. Eine Entscheidung treffen. Einkaufen. Arbeiten. Planen. Warten, ohne innerlich zusammenzubrechen. All das braucht

Energie, Reizverarbeitung, Schlaf und kognitive Stabilität.

Wenn diese Voraussetzungen fehlen, schrumpft die Welt. Nicht unbedingt räumlich zuerst. Man kann in derselben Wohnung leben, in derselben Stadt, mit denselben Menschen. Aber der erreichbare Teil der Welt wird kleiner. Man sieht Nachrichten, kann aber nicht folgen. Man bekommt Einladungen, kann aber nicht kommen. Man liebt Menschen, kann aber nicht sprechen. Man hat Interessen, kann aber nicht lesen. Man hat Zukunft, aber sie lässt sich nicht planen. Die Welt bleibt da. Der Zugang zu ihr wird eingeschränkt. Das ist schwer zu vermitteln, weil Teilhabe oft von außen beurteilt wird. War jemand kurz draußen? Dann geht es doch besser. Hat jemand telefoniert? Dann kann es so schlimm nicht sein. Hat jemand gelacht? Dann ist er doch nicht so krank. Solche Momentaufnahmen sind gefährlich. Sie sehen die Aktivität, aber nicht die Kosten. Sie sehen den Ausschnitt, aber nicht die Erholung danach. Sie sehen die Teilnahme, aber nicht den Preis, der vielleicht in Dunkelheit, Schmerzen, Brain Fog oder Tagen im Bett bezahlt wird.

Die CDC beschreibt bei ME/CFS den Zyklus aus „pushing“ und anschließendem „crashing“; während eines Crashs können unter anderem Denkprobleme, Schlafprobleme, Schwindel und schwere Müdigkeit auftreten, und die Erholung kann Tage, Wochen oder länger dauern. Diese Zeitdimension ist entscheidend. Teilhabe kann gelingen und trotzdem krank machen, wenn sie die Grenze überschreitet. Für Angehörige, Arbeitgeber, Freunde und Behörden ist das oft schwer zu verstehen, weil sie nur den Moment der Teilhabe sehen. Der Crash findet später statt, meist privat.

Max kann viele solcher Momente gar nicht mehr riskieren. Bei ihm ist die Grenze so eng, dass Teilhabe fast vollständig über Schutz organisiert werden muss. Für ihn kann ein Gespräch, das andere als minimale Verbindung verstehen würden, bereits zu viel sein. Deshalb ist sein Zustand auch sozial so grausam. Er braucht Menschen, aber Menschen sind Reize. Er braucht Fürsorge, aber Fürsorge muss leise werden. Er braucht medizinische Hilfe, aber medizinische Hilfe verlangt oft genau das, was ihm fehlt: Transport, Licht, Geräusche, Fragen, Untersuchung, Wartezeit, Entscheidungen.

In dieser Lage wird die Umwelt Teil der Erkrankungserfahrung. Ein leiser Raum, gedimmtes Licht, kurze Kommunikation, vorhersehbare Abläufe, respektierte Grenzen — all das kann stabilisierend wirken. Das Gegenteil kann verschlechtern. Laute Stimmen, plötzliche Reize, Überforderung durch Fragen, zu lange Termine, Druck zur Erklärung. Bei schweren Fatigue-Erkrankungen ist Rücksicht nicht Höflichkeit, sondern Teil der Schadensvermeidung.

Das verändert auch die Rolle von Sprache. Für viele Betroffene ist Sprechen teuer. Nicht nur emotional, sondern kognitiv und körperlich. Ein Gespräch erfordert Hören, Verstehen, Formulieren, Erinnern, Reagieren, Stimme, Haltung, Aufmerksamkeit. Gesunde Menschen nehmen diese Leistungen kaum wahr. Bei Brain Fog oder schwerer Fatigue werden sie sichtbar. Ein Mensch kann dann vielleicht nicht ausführlich erklären, was mit ihm ist, gerade weil das, was mit ihm ist, die Fähigkeit zur Erklärung einschränkt.

Das ist ein weiteres Paradox unsichtbarer Krankheit: Wer am schwersten betroffen ist, kann sich oft am schlechtesten vertreten. Wer zu erschöpft ist, um zu sprechen, wird leichter überhört. Wer zu krank ist, um Termine wahrzunehmen, verschwindet aus Statistiken, Praxen, Gesprächen. Wer keine Energie hat, um Anträge zu stellen, bekommt vielleicht weniger Hilfe. Dadurch wird die Erkrankung nicht nur medizinisch, sondern administrativ und sozial verschärft. Teilhabe scheitert dann nicht allein am Körper, sondern an Systemen, die Energie voraussetzen, um Unterstützung zu erhalten.

Das gilt besonders für junge Menschen. Wenn ein Mensch mit 29 aus Studium, Promotion, Arbeit oder Freundeskreis herausfällt, fehlt der Gesellschaft oft ein angemessenes Bild dafür. Junge Menschen sollen aufbauen, nicht verschwinden. Sie sollen belastbar sein, flexibel, zukunftsorientiert. Max' Zustand widerspricht dieser Erwartung radikal. Das macht es für andere schwerer, ihn mitzudenken. Nicht aus Böswilligkeit, sondern weil seine Wirklichkeit nicht in die normalen Erzählungen des jungen Erwachsenenlebens passt. Auch meine Frau passte plötzlich nicht mehr in die Selbstverständlichkeit des gemeinsamen Alltags. Dreißig Prozent Energie bedeuten, dass selbst gute Momente nicht einfach normal sind. Man freut sich über das, was geht, und beobachtet zugleich, ob es zu viel war. Man plant vorsichtiger. Man verschiebt. Man lernt, dass ein voller Tag nicht automatisch ein guter Tag ist, wenn er die nächsten Tage kostet. Später, bei siebzig Prozent, wird vieles leichter. Aber die Erfahrung bleibt: Der Körper kann die Welt enger machen, als man sie je gedacht hätte.

Diese Erfahrung verändert den Blick auf alle anderen Formen der Erschöpfung. Sie macht nicht jede Müdigkeit zu Long Covid und nicht jeden Stress zu ME/CFS. Aber sie schärft das Verständnis dafür, dass Energie nicht moralisch bewertet werden darf. Ein Mensch mit Brain Fog ist nicht unkonzentriert im Sinne von nachlässig. Ein Mensch mit nicht erholsamem Schlaf ist nicht einfach schlecht organisiert. Ein Mensch, der Teilhabe begrenzt, ist nicht unsozial. Ein Mensch, der Reize meidet, ist nicht empfindlich im abwertenden Sinn. Er schützt vielleicht den schmalen Bereich, in dem sein Körper noch stabil bleiben kann.

Darin liegt eine ethische Aufgabe für Angehörige und Gesellschaft. Nicht jedes Symptom muss sofort verstanden werden, um respektiert zu werden. Man muss nicht selbst erlebt haben, dass Licht zu viel ist, um das Licht zu dimmen. Man muss nicht wissen, wie Brain Fog sich von innen anfühlt, um langsam zu sprechen, schriftlich zusammenzufassen oder nicht zu viele Fragen auf einmal zu stellen. Man muss nicht jede medizinische Hypothese kennen, um zu akzeptieren, dass ein Mensch heute absagt, obwohl er gestern kurz konnte. Respekt beginnt oft vor vollständigem Verständnis. Gleichzeitig braucht es Forschung, damit Respekt nicht der einzige Schutz bleibt. Long Covid, ME/CFS, Dysautonomie, Brain Fog und schwere Fatigue brauchen bessere Diagnostik, bessere Versorgung, bessere Anerkennung und mehr Wissen in der Breite des Gesundheitssystems. Doch bis diese Strukturen ausreichend tragen, leben Betroffene und Angehörige in einer Zwischenwelt. Sie müssen mit Unsicherheit umgehen, ohne sie als Einbildung missverstehen zu lassen. Sie müssen Hoffnung behalten, ohne falsche Versprechen zu glauben. Sie müssen Alltag organisieren, obwohl Alltag selbst erschöpft.

Brain Fog ist in dieser Zwischenwelt besonders symbolisch. Er nimmt nicht nur Funktion. Er nimmt die Klarheit, mit der ein Mensch sein eigenes Leben ordnet. Wenn der Kopf neblig wird, wird auch die Zukunft nebliger. Nicht, weil der Mensch nicht mehr will, sondern weil Planen kognitive Energie braucht. Man kann nicht gut über Jahre nachdenken, wenn schon der Nachmittag schwer planbar ist. Man kann nicht leicht Entscheidungen treffen, wenn jede Entscheidung Energie kostet. Man kann nicht souverän wirken, wenn das Denken schwankt.

Für Betroffene ist das oft beschämend. Gerade intelligente, reflektierte, leistungsfähige Menschen erleben kognitive Einschränkungen als demütigend. Sie wissen, wie sie früher waren. Sie spüren den Unterschied. Diese innere Vergleichsfolie ist gnadenlos. Außenstehende sehen vielleicht nur einen langsamen Tag. Betroffene erleben den Verlust einer Fähigkeit, die einmal selbstverständlich war. Das kann Trauer auslösen, Wut, Angst, manchmal auch Verzweiflung.

Hier braucht es eine Sprache, die Trauer erlaubt. Viele Krankheitsgeschichten sind zu schnell bei Hoffnung. Hoffnung ist wichtig, aber sie darf Trauer nicht übergehen. Wer Energie, Schlaf, kognitive Klarheit und Teilhabe verliert, verliert reale Teile seines Lebens. Auch wenn Besserung möglich ist. Auch wenn Fortschritte kommen. Auch wenn Dankbarkeit da ist. Trauer und Hoffnung schließen sich nicht aus. Sie leben oft im selben Körper. Bei meiner Frau war das besonders in der Verbesserung sichtbar. Von dreißig auf siebzig Prozent — das ist ein großer Weg. Aber es ist kein Zurückspulen. Es ist nicht einfach: alles wieder gut. Es ist ein neues Leben mit mehr Raum und mit der Erinnerung daran, wie klein der Raum war. Wer das nicht versteht, kann Verbesserung falsch deuten. Er sieht die siebzig Prozent und vergisst, dass dreißig Prozent nicht nur eine Zahl waren, sondern ein Verlust von Welt. Er sieht, was wieder geht, und übersieht, was weiterhin geplant, geschützt oder betrauert werden muss.

Bei Max ist diese Ambivalenz noch härter, weil die Rückkehr in den sichtbaren Lebensraum so weit entfernt erscheint. Sein dunkles Zimmer bleibt als Gegenbild zu all den lauten Vorstellungen von Leben, die unsere Kultur pflegt. Leben als Bewegung, Austausch, Leistung, Reisen, Sichtbarkeit, Entwicklung. Max zeigt, dass Leben auch dort ist, wo all das nicht möglich ist. Diese Erkenntnis ist unbequem, aber notwendig. Würde darf nicht an Teilhabe gebunden sein, sonst verlieren gerade die am schwersten Erkrankten doppelt: erst die Teilhabe, dann die gesellschaftliche Sichtbarkeit.

Nicht arbeiten zu können ist schwer. Nicht mehr teilnehmen zu können, ist etwas anderes. Arbeit ist ein wichtiger Teil von Teilhabe, aber nicht der einzige. Ein Mensch kann ohne Arbeit leben und dennoch verbunden sein, gesehen, eingebunden, wirksam in Beziehungen. Wenn aber Gespräche, Besuche, Licht, Geräusche, Lesen und Denken selbst begrenzt sind, wird Teilhabe grundsätzlicher angegriffen. Dann geht es nicht nur um berufliche Rehabilitation, sondern um die Frage, wie ein Mensch in Beziehung zur Welt bleiben kann, wenn die üblichen Wege dorthin zu teuer sind. Vielleicht beginnt die Antwort nicht mit großen Konzepten, sondern mit kleinen Anpassungen. Kürzere Nachrichten. Weniger Fragen. Vorhersehbare Abläufe. Geduld mit ausbleibenden Antworten. Reizarme Räume. Anerkennung von Ruhe. Keine moralische Bewertung von Absagen. Keine Forderung nach Beweis. Keine Gleichsetzung von Sichtbarkeit und Schwere. Solche Dinge heilen nicht. Aber sie können verhindern, dass Krankheit durch soziale Missverständnisse noch schwerer wird.

Dieses Kapitel endet deshalb nicht mit einem Appell zur Selbstoptimierung, sondern mit einer Verschiebung des Blicks. Brain Fog, nicht erholsamer Schlaf und verlorene Teilhabe zeigen, dass Erschöpfung nicht nur eine innere Befindlichkeit ist. Sie kann Denken, Zeit, Beziehung und Identität verändern. Sie kann die Welt enger machen. Und sie fordert von uns, Menschen nicht erst dann ernst zu nehmen, wenn ihre Einschränkung sichtbar genug ist, um in unsere vertrauten Kategorien zu passen.

Der nächste Schritt führt zur Medizin selbst. Zu der Frage, warum solche Zustände so lange übersehen, falsch eingeordnet oder psychologisiert wurden. Warum Menschen mit realen Einschränkungen immer wieder hören, ihre Werte seien doch unauffällig. Warum ein fehlender Biomarker zu oft wie ein fehlender Beweis behandelt wird. Und warum eine Medizin, die heilen will, manchmal zuerst lernen muss, besser zuzuhören.

Kapitel 11 - Warum die Medizin so lange nicht zuhört

Es gibt Sätze, die kranke Menschen nicht vergessen. Nicht, weil sie besonders laut ausgesprochen wurden, sondern weil sie in einem Moment kamen, in dem man Schutz gebraucht hätte. „Ihre Werte sind unauffällig." „Das ist wahrscheinlich Stress." „Sie müssen langsam wieder mehr machen." „In Ihrem Alter kann das nichts Schlimmes sein." „Vielleicht beobachten Sie sich zu sehr." Solche Sätze können freundlich gemeint sein. Manchmal sind sie Ausdruck echter Ratlosigkeit. Manchmal auch Routine. Aber für Menschen mit Long Covid, ME/CFS oder schwerer Fatigue können sie sich anfühlen wie eine zweite Erkrankung: die Erkrankung, nicht geglaubt zu werden.

Medizin beginnt mit Zuhören. So sollte es jedenfalls sein. In der Wirklichkeit beginnt sie oft mit Zeitdruck, Leitlinien, Laborwerten, Zuständigkeiten, Abrechnungssystemen, Erfahrungsmustern und der Frage, ob das, was ein Mensch berichtet, in eine erkennbare Kategorie passt. Das ist verständlich. Medizin braucht Ordnung. Sie muss Symptome sortieren, Risiken abwägen, gefährliche Ursachen ausschließen, Diagnosen stellen, Behandlungen planen. Ohne Kategorien wäre sie hilflos. Doch Kategorien haben eine Schattenseite: Was nicht gut in sie passt, wird leichter übersehen. Long Covid und ME/CFS liegen genau in diesem schwierigen Feld. Sie sind real, belastend und für viele Betroffene lebensverändernd. Gleichzeitig sind sie komplex, schwankend, oft unsichtbar und nicht durch einen einzigen einfachen Standardtest zu beweisen. Der Abschlussbericht des IQWiG im Auftrag des Bundesgesundheitsministeriums nennt für ME/CFS ausdrücklich die vielschichtige Symptomatik und das Fehlen eines etablierten Biomarkers als Gründe, warum Definition und Diagnose schwierig sind; zugleich beschreibt er PEM als zentrales Leitsymptom nach jüngeren Kriterienkatalogen. Genau diese Kombination ist für Betroffene gefährlich: Die Krankheit ist schwer, aber der Beweis ist nicht einfach. Und wo der Beweis nicht einfach ist, entsteht schnell Zweifel.

Dieser Zweifel richtet sich selten offen gegen den Patienten. Er kommt in weicheren Formen. In vorsichtigen Formulierungen. In der Empfehlung, sich nicht zu sehr zu schonen. In der Frage, ob vielleicht eine depressive Komponente vorliegt. In dem Hinweis, dass Bewegung grundsätzlich gesund sei. In der Feststellung, dass die Blutwerte doch gut aussehen. Solche Hinweise können in anderen Kontexten sinnvoll sein. Bei Menschen mit PEM können sie gefährlich werden, wenn sie zur falschen Aktivierung führen. Die Schwierigkeit liegt nicht darin, dass Ärztinnen und Ärzte nie an Psyche denken dürften. Natürlich dürfen und müssen sie das. Die Schwierigkeit liegt darin, wenn Psyche zur Restkategorie wird für alles, was nicht sofort messbar ist. Ein Messproblem ist kein Einbildungsbeweis. Dieser Satz müsste in jeder Praxis hängen, in der Menschen mit unklarer Fatigue, Belastungsintoleranz oder postinfektiösen Symptomen sitzen. Medizinische Geschichte ist voll von Erkrankungen, die lange unsichtbar, unklar oder falsch gedeutet wurden, bevor Forschung bessere Instrumente, Begriffe und Modelle entwickelte. Dass etwas heute schwer messbar ist, bedeutet nicht, dass es nicht existiert. Es bedeutet, dass die Medizin an dieser Stelle noch nicht gut genug sieht.

Für Max ist diese Erkenntnis bitter. Sein Leben ist nicht abstrakt eingeschränkt. Es ist konkret geschrumpft: Dunkelheit, Stille, Pflege, Reizschutz, Verlust von Alltag. Und trotzdem bleibt in solchen Erkrankungen häufig eine Restunsicherheit im Raum, die andere Krankheiten weniger begleitet. Niemand würde einem Menschen mit gebrochenem Bein sagen, er solle seine Schmerzangst überwinden, bevor der Bruch versorgt ist. Bei ME/CFS, Long Covid und schwerer Fatigue geschieht etwas Ähnliches aber zu oft in feinerer Form: Der Körper setzt eine Grenze, und die Umwelt fragt, ob diese Grenze vielleicht psychologisch verstärkt sei.

Manchmal ist sie das. Menschen sind keine Maschinen. Angst, Stress, Trauer und Unsicherheit können Symptome verschlimmern. Wer lange krank ist, entwickelt verständlicherweise Sorgen, und diese Sorgen können den Körper zusätzlich belasten. Aber daraus folgt nicht, dass die Krankheit psychisch verursacht ist. Es folgt nur, dass Krankheit immer in einem ganzen Menschen stattfindet. Die Verwechslung dieser beiden Ebenen ist eine der großen Schwächen im Umgang mit unsichtbaren Erkrankungen.

Long Covid hat diese Schwäche offengelegt. Die WHO beschreibt die Post-Covid-Erkrankung als Zustand, der gewöhnlich innerhalb von drei Monaten nach einer SARS-CoV-2-Infektion beginnt, mindestens zwei Monate anhält und die Fähigkeit zu Alltagsaktivitäten wie Arbeit oder Haushaltsführung sowie soziale Teilhabe einschränken kann. Gleichzeitig werden Fatigue, Atemnot und kognitive Dysfunktion als häufige Symptome genannt, und WHO Europe verweist darauf, dass mehr als 200 Symptome berichtet wurden. Eine solche Breite passt schlecht in ein medizinisches System, das oft nach klaren Organzuständigkeiten organisiert ist. Herz. Lunge. Neurologie. Psychiatrie. Rheumatologie. Rehabilitation. Long Covid hält sich nicht höflich an diese Grenzen. Betroffene geraten dadurch in eine Art Zuständigkeitswanderung. Der Kardiologe findet vielleicht nichts Eindeutiges. Die Lungenfunktion ist nicht dramatisch genug. Die neurologische Untersuchung erklärt nicht alles. Die Blutwerte sind beruhigend. Die Psychosomatik wird ins Spiel gebracht. Und irgendwann sitzt der Patient da mit einem Körper, der nicht funktioniert, und einem System, das ihm indirekt sagt: Wir sehen nicht genug, also müssen Sie lernen, anders mit sich umzugehen.

Das ist nicht immer böser Wille. Viele Ärztinnen und Ärzte sind selbst überlastet, arbeiten unter Zeitdruck und wurden in ihrer Ausbildung auf andere Krankheitsbilder vorbereitet. ME/CFS war lange randständig. Long Covid ist neu im historischen Maßstab. Forschung, Versorgung, Leitlinien, Fortbildung und Praxiswissen wachsen nicht über Nacht. Aber für Betroffene ist es wenig Trost, dass die Gründe strukturell sind. Sie brauchen Hilfe jetzt. Nicht erst, wenn das System in zehn Jahren besser sortiert ist.

Sara kennt die andere Seite des Systems. Sie arbeitet in der Versorgung und weiß, wie schnell Menschen unter Zeitdruck auf Muster zurückgreifen. Wer jeden Tag zu viele Patientinnen, Bewohner, Angehörige, Dokumentationen und Ausfälle bewältigen muss, hat weniger Raum für das Unklare. Das rechtfertigt keine Fehldeutung, aber es erklärt, warum Zuhören selbst zur knappen Ressource wird. Medizinische und pflegerische Systeme sind häufig so organisiert, dass sie die Langsamkeit, die komplexe Erkrankungen brauchen, kaum leisten können. Genau deshalb ist die Frage „Warum hört die Medizin so lange nicht zu?“ nicht als Anklage gegen einzelne Ärztinnen und Ärzte gemeint. Sie ist eine Systemfrage. Was passiert, wenn eine Erkrankung keine einfache Messgröße hat? Was passiert, wenn Symptome schwanken? Was passiert, wenn Betroffene zu krank sind, um ihre Krankheit gut zu vertreten? Was passiert, wenn Fachrichtungen nebeneinander arbeiten, aber das Krankheitsbild quer zu ihnen liegt? Was passiert, wenn eine Reha-Logik auf Aktivierung setzt, obwohl PEM Aktivierung gefährlich machen kann?

Die britische NICE-Leitlinie zu ME/CFS war in dieser Hinsicht ein international beachteter Einschnitt. Sie betont die Notwendigkeit eines individuellen Energiemanagements und empfiehlt Graded Exercise Therapy nicht mehr als kurative Behandlung für ME/CFS. Diese Veränderung ist mehr als ein Streit zwischen Fachleuten. Sie zeigt, dass medizinische Empfehlungen selbst Teil einer Geschichte sind. Was einmal als vernünftig galt, kann später kritisch neu bewertet werden, wenn Patientenerfahrungen, Evidenz und wissenschaftliche Debatten genauer betrachtet werden.

Für Betroffene ist diese Geschichte ambivalent. Einerseits zeigt sie, dass Korrektur möglich ist. Andererseits zeigt sie, wie lange falsche oder unpassende Modelle wirken können. Wenn Menschen über Jahre gehört haben, sie müssten sich nur langsam steigern, obwohl ihr Körper auf Steigerung mit Crash reagierte, dann ist das Vertrauen beschädigt. Nicht nur in einzelne Behandler, sondern in ein System, das oft erst spät anerkennt, was Betroffene längst gesagt haben. Anerkennung ist deshalb nicht bloß ein emotionales Bedürfnis. Sie ist medizinisch relevant. Wenn ein Arzt PEM ernst nimmt, fragt er anders. Er plant Untersuchungen vorsichtiger. Er bewertet Aktivität nicht nur danach, ob sie möglich ist, sondern danach, was sie kostet. Er versteht, dass ein Patient, der heute im Sprechzimmer sitzt, morgen vielleicht im Bett liegt, weil dieser Termin zu viel war. Er begreift, dass ein unauffälliger Moment keine stabile Belastbarkeit beweist. Er schützt vor falscher Interpretation.

Das gilt auch für Gutachten und Versicherungen. Viele Begutachtungssysteme sind schlecht darin, schwankende und verzögert reagierende Erkrankungen zu erfassen. Sie fragen, ob jemand etwas kann. Sie fragen seltener, wie lange, unter welchen Bedingungen und mit welchen Folgen. Kann jemand fünfzehn Minuten sitzen? Kann jemand ein Gespräch führen? Kann jemand einen Termin wahrnehmen? Solche Fragen klingen objektiv. Aber sie verfehlen die Realität, wenn sie die Nachwirkung nicht erfassen. Bei PEM ist die eigentliche Einschränkung oft nicht der Moment der Handlung, sondern der Preis danach.

Max könnte vielleicht in einem besseren Moment kurz reagieren. Das beweist nicht Teilhabefähigkeit. Meine Frau konnte vielleicht an einem Tag eine begrenzte Aktivität schaffen. Das bewies nicht, dass der nächste Tag frei verfügbar war. Viele Betroffene mobilisieren für Termine, weil sie müssen, und verschwinden danach in einem Crash, den niemand sieht. Ein System, das nur die Mobilisierung sieht, überschätzt den Menschen. Ein System, das den Crash nicht sieht, unterschätzt die Krankheit. Auch Angehörige geraten dadurch in eine schwierige Rolle. Sie werden Zeugen dessen, was die Medizin nicht sieht. Sie sehen den Preis nach dem Termin, die Dunkelheit nach dem Besuch, die Erschöpfung nach dem Gespräch, den Einbruch nach der Untersuchung. Sie sammeln Beobachtungen, führen Listen, erklären Zusammenhänge, erinnern an Symptome, korrigieren Missverständnisse. Manchmal werden sie zu Dolmetschern zwischen einem Körper, der kaum noch sprechen kann, und einem System, das Worte, Nachweise und Termine verlangt.

Das ist besonders belastend, weil Angehörige nicht neutral sind. Sie lieben den Menschen. Sie hoffen. Sie haben Angst. Sie wollen nicht übertreiben und nicht verharmlosen. Sie möchten ernst genommen werden und fürchten zugleich, als zu emotional zu gelten. In dieser Lage wird Sachlichkeit zu einer schweren Arbeit. Man muss das Schlimme präzise genug beschreiben, ohne dramatisch zu wirken. Man muss ruhig bleiben, obwohl man wütend ist. Man muss wiederholen, obwohl Wiederholung Energie kostet.

Frauen haben in dieser Geschichte noch eine besondere Last. Viele Erkrankungen, die mit Schmerzen, Fatigue, autonomen Symptomen oder unsichtbaren Einschränkungen einhergehen, wurden historisch häufiger psychologisiert, besonders bei Frauen. Auch Long Covid betrifft laut WHO alle Altersgruppen und Geschlechter, wird aber in vielen Studien häufiger bei Frauen berichtet; zudem waren Frauen in sozialen und pflegerischen Berufen während der Pandemie vielfach besonders exponiert. Das bedeutet nicht, dass Männer nicht schwer betroffen wären. Max zeigt das Gegenteil. Aber es bedeutet, dass Geschlecht, Rollenbilder und medizinische Wahrnehmung in solchen

Krankheitsgeschichten nicht völlig neutral sind.

Wenn eine Frau sagt, sie sei erschöpft, wird schneller an Überforderung, Angst, Hormone, Familie, Stress oder psychosomatische Belastung gedacht. Manchmal stimmt ein Teil davon. Oft verdeckt es die körperliche Dimension. Wenn ein Mann schwer erkrankt, passt das wiederum nicht zum Bild von Leistungsfähigkeit und Unverwundbarkeit. Dann wird die Krankheit vielleicht später erkannt, weil er selbst länger versucht, weiterzumachen, oder weil seine Hilflosigkeit schwerer in das soziale Bild passt. In beiden Fällen zeigt sich: Medizinische Deutung entsteht nie völlig außerhalb kultureller Vorstellungen. Die Sprache der Psychosomatik ist dabei besonders heikel. Im besten Sinn erinnert sie daran, dass Körper und Psyche zusammengehören. Das ist richtig und wichtig. Im schlechten Sinn wird sie zur Abstellkammer für alles, was man nicht versteht. Dann bedeutet psychosomatisch nicht mehr: komplexes Wechselspiel von Körper und Seele. Dann bedeutet es: eigentlich nicht richtig körperlich. Für Menschen mit Long Covid, ME/CFS oder schwerer Fatigue kann diese Verschiebung katastrophal sein. Sie nimmt ihnen Glaubwürdigkeit, bevor die Medizin ihre eigenen Grenzen ausreichend reflektiert hat.

Eine reife Medizin müsste anders sprechen. Sie müsste sagen können: Wir wissen noch nicht genug, aber wir nehmen Sie ernst. Wir finden nicht alles in den Standardwerten, aber das heißt nicht, dass nichts da ist. Wir müssen gefährliche Ursachen ausschließen, aber wir dürfen Ihre Belastungsgrenze nicht ignorieren. Wir können nicht alles heilen, aber wir können vermeiden, durch falsche Empfehlungen zu schaden. Dieser Ton wäre kein Eingeständnis von Schwäche. Er wäre Ausdruck wissenschaftlicher Redlichkeit. Wissenschaft lebt nicht davon, alles zu wissen. Sie lebt davon, Nichtwissen präzise zu machen. Genau das braucht der Umgang mit Long Covid und ME/CFS. Es gibt Forschung zu Immunprozessen, Autoimmunität, Virusreservoirs, Gefäßen, Mikrogerinnung, autonomer Dysfunktion, Energiestoffwechsel, Neuroinflammation und vielen anderen Mechanismen. Übersichtsarbeiten beschreiben Long Covid als multisystemischen Zustand und diskutieren mehrere mögliche biologische Pfade, ohne alles auf eine einzige Ursache zu reduzieren. Diese Offenheit ist kein Mangel, sondern im Moment die ehrlichste Form der Annäherung.

Für Betroffene bleibt trotzdem die Lücke zwischen Forschung und Versorgung. Ein Mechanismus, der in Studien diskutiert wird, hilft nicht automatisch beim nächsten Hausarzttermin. Ein politischer Bericht schafft nicht sofort eine Long-Covid-Ambulanz mit kurzen Wartezeiten. Eine Leitlinie verändert nicht über Nacht die Reha-Praxis. Zwischen wissenschaftlichem Kenntnisstand und gelebtem Alltag liegt oft ein langer, frustrierender Weg.

Das Bundesgesundheitsministerium verweist beim IQWiG-Abschlussbericht auf den aktuellen Wissensstand zu ME/CFS, unter anderem zu Ätiologie, Symptomen, Risikofaktoren, Prävalenz, Verlauf, Diagnose, Rehabilitation und Therapieoptionen. Das ist wichtig. Aber es zeigt auch, wie viel strukturelle Arbeit noch nötig ist. Wissensaufbereitung ist ein Schritt. Versorgung ist ein anderer. Für jemanden wie Max zählt am Ende nicht nur, ob ein Bericht existiert, sondern ob Hilfe im dunklen Zimmer ankommt.

Diese Hilfe muss anders gedacht werden als klassische Aktivierung. Schwer Betroffene können oft nicht in die Versorgung kommen; die Versorgung müsste zu ihnen kommen. Hausbesuche, reizarme Abläufe, telemedizinische Möglichkeiten, geschulte Pflege, Angehörigenunterstützung, klare Informationen für Gutachter, Krankenkassen und Ämter. Wer sehr krank ist, darf nicht daran scheitern, dass das System Bewegung, Sprache und Anwesenheit voraussetzt. Genau hier zeigt sich, ob Medizin Teilhabe ermöglicht oder ungewollt voraussetzt.

Auch bei weniger schweren Verläufen braucht es ein anderes Verständnis. Eine Long-Covid-Betroffene, die nur noch reduziert arbeiten kann, braucht nicht nur die Frage nach Belastungssteigerung, sondern eine differenzierte Einschätzung: Gibt es PEM? Gibt es POTS? Gibt es Schlafstörungen, kognitive Fatigue, Atemprobleme, Schmerzen, immunologische Auffälligkeiten, psychische Belastung als Folge der Erkrankung? Was ist behandelbar? Was muss vermieden werden? Welche Anpassungen sind realistisch? Welche Risiken hat eine zu schnelle Rückkehr? Diese Fragen brauchen Zeit. Und Zeit ist im Gesundheitssystem knapp. Deshalb werden komplexe Erkrankungen oft in einfache

Empfehlungen gepresst. Doch einfache Empfehlungen können bei komplexen Erkrankungen teuer werden. „Mehr Bewegung“ klingt gesund. Bei PEM kann es falsch sein. „Weniger Schonung“ klingt aktivierend. Bei schwerer ME/CFS kann es gefährden. „Stress reduzieren“ klingt vernünftig. Es hilft wenig, wenn ein Patient vor allem eine postinfektiöse Belastungsintoleranz hat und zugleich um Anerkennung kämpfen muss. „Psychotherapie“ kann unterstützend sein. Sie wird problematisch, wenn sie als Ersatz für medizinisches Verständnis dient.

Das heißt nicht, dass Medizin gar nicht helfen kann, solange keine kausale Therapie existiert. Auch symptomorientierte Versorgung kann wichtig sein. Behandlung von Schlafproblemen, Kreislaufregulation, Schmerz, Migräne, Magen-Darm-Beschwerden, orthostatischer Intoleranz, psychischer Begleitbelastung, Hilfsmittel, Pflege, Reizschutz, soziale Unterstützung. Aber all das setzt voraus, dass der Ausgangspunkt stimmt: Der Körper ist real eingeschränkt. Die Belastungsgrenze ist ernst zu nehmen. Und der Patient ist nicht verpflichtet, seine Krankheit durch Verschlechterung zu beweisen. Vielleicht ist das die wichtigste Forderung dieses Kapitels: Medizin muss lernen, nicht erst dem Zusammenbruch zu glauben. Viele Betroffene werden erst ernst genommen, wenn sie nicht mehr können. Wenn sie im Rollstuhl kommen. Wenn sie bettlägerig sind. Wenn sie ihren Beruf verloren haben. Wenn Angehörige berichten, dass nichts mehr geht. Aber eine gute Medizin müsste früher zuhören. Sie müsste die Warnsignale erkennen, bevor das Leben vollständig zusammenbricht. Sie müsste die Erzählungen der Betroffenen nicht als subjektives Rauschen behandeln, sondern als Daten eigener Art.

Patientenerfahrung ist keine anekdotische Beliebigkeit, wenn sie sich tausendfach in ähnlichen Mustern wiederholt. Natürlich ersetzt sie keine kontrollierte Forschung. Aber sie kann Forschung leiten. Long Covid wurde wesentlich auch durch Betroffene sichtbar, die ihre anhaltenden Symptome beschrieben, lange bevor viele Systeme darauf vorbereitet waren. ME/CFS-Betroffene weisen seit Jahrzehnten auf PEM, Fehlversorgung und die Gefahr falscher Aktivierung hin. Wenn Medizin hier erst spät zuhört, liegt das Problem nicht bei den Stimmen, sondern bei der Verzögerung des Hörens.

Zuhören bedeutet nicht, alles unkritisch zu übernehmen. Es bedeutet, das Gesagte als ernstzunehmenden Ausgangspunkt zu behandeln. Wenn ein Patient sagt, dass Aktivität ihn zeitverzögert verschlechtert, ist das eine relevante Information. Wenn eine Angehörige berichtet, dass Licht und Geräusche einen Crash auslösen, ist das eine relevante Beobachtung. Wenn jemand sagt, dass er nach einem Termin drei Tage im Bett liegt, gehört diese Nachwirkung zur Funktionsdiagnostik. Medizin, die nur den Moment im Sprechzimmer bewertet, sieht zu wenig.

Die Medizin der Zukunft müsste deshalb stärker zeitlich denken. Nicht nur: Was kann der Patient jetzt? Sondern: Wie lange kann er es? Wie oft? Unter welchen Bedingungen? Mit welcher Erholungszeit? Was passiert nach 24 Stunden, nach 48 Stunden, nach einer Woche? Gibt es Muster? Gibt es PEM? Gibt es orthostatische Symptome? Gibt es sensorische Überlastung? Solche Fragen sind nicht kompliziert, aber sie verändern den Blick. Sie nehmen die Krankheit in ihrer Dynamik ernst.

Für Max kämen viele dieser Fragen zu spät, aber nicht umsonst. Sie könnten verhindern, dass andere zu spät verstanden werden. Für meine Frau hätten sie früher helfen können, bestimmte Grenzen besser zu schützen. Für viele Long-Covid-Betroffene könnten sie den Unterschied machen zwischen passender Anpassung und schädlicher Überforderung. Für Menschen mit Burnout könnten sie helfen, die Erschöpfung sauber von postinfektiöser Fatigue zu unterscheiden. Für Menschen mit Depression könnten sie verhindern, dass körperliche Symptome übersehen oder psychische Symptome bagatellisiert werden. Präzision hilft allen.

Das ist der Punkt, an dem Teil II dieses Buches seine gesellschaftliche Dimension erreicht. Es geht nicht nur darum, dass einzelne Ärztinnen und Ärzte mehr über Long Covid und ME/CFS wissen sollten. Es geht darum, wie eine Gesellschaft mit nicht sichtbarer Begrenzung umgeht. Glaubt sie Menschen erst, wenn sie zusammenbrechen? Erkennt sie Energie als Voraussetzung von Teilhabe? Akzeptiert sie, dass junge Menschen pflegebedürftig werden können? Baut sie Versorgung für Menschen, die nicht in die Versorgung kommen? Schützt sie vor falscher Aktivierung? Unterstützt sie Angehörige? Finanziert sie Forschung? Bildet sie

Fachkräfte fort?

Wer diese Krankheiten ernst nimmt, muss mehr tun, als Mitgefühl zu zeigen.

Mitgefühl ist gut. Aber ohne Struktur wird es schnell sentimental. Menschen wie Max brauchen keine Rührung, die nach einem Moment wieder verschwindet. Sie brauchen Wissen, Schutz, Versorgung, Forschung, Anerkennung und eine Gesellschaft, die Dunkelzimmer nicht mit Unsichtbarkeit verwechselt. Menschen mit Long Covid brauchen Ärztinnen und Ärzte, die das Krankheitsbild kennen, Arbeitgeber, die schwankende Belastbarkeit verstehen, Krankenkassen, die nicht nur Standardwege abfragen, und Angehörige, die lernen, Energiegrenzen nicht als Ablehnung zu deuten.

Das alles ist viel verlangt. Aber weniger reicht nicht.

Am Ende steht eine einfache, schwierige Wahrheit: Medizin ist nicht allwissend. Das war sie nie. Aber sie kann entscheiden, wie sie mit ihrem Nichtwissen umgeht. Sie kann es gegen Betroffene wenden, indem sie sagt: Wir finden nichts, also ist da wahrscheinlich nichts. Oder sie kann es wissenschaftlich und menschlich ernst nehmen: Wir finden noch nicht genug, also müssen wir besser suchen und bis dahin vorsichtig handeln. Für Long Covid, ME/CFS und schwere Fatigue ist diese zweite Haltung entscheidend. Sie ist nicht nur freundlicher. Sie ist fachlich angemessener. Denn wo PEM, Dysautonomie, Brain Fog, nicht erholsamer Schlaf und Reizintoleranz eine Rolle spielen, kann falsche Sicherheit schaden. Eine Medizin, die nicht zuhört, übersieht nicht nur Symptome. Sie kann Grenzen verletzen.

Max liegt weiter im dunklen Zimmer. Meine Frau lebt mit mehr Energie als früher, aber nicht mit der alten Selbstverständlichkeit. Viele andere befinden sich irgendwo dazwischen: sichtbar genug, um missverstanden zu werden, krank genug, um nicht mehr normal leben zu können, aber nicht immer krank genug, um in den Augen des Systems eindeutig zu sein. Sie alle brauchen eine Medizin, die genauer fragt.

Nicht: Warum können Sie nicht mehr?
Sondern: Was passiert, wenn Sie es versuchen?
Nicht: Sind Sie sicher, dass es nicht Stress ist?
Sondern: Welche Muster zeigt Ihr Körper nach Belastung?
Nicht: Ihre Werte sind unauffällig.
Sondern: Unsere Standardwerte erklären noch nicht, was Sie erleben.

Das wäre ein Anfang.

Und von dort führt der Weg in Teil III. Denn wenn Teil II eines gezeigt hat, dann dies: Energie ist nicht selbstverständlich. Grenzen sind nicht immer psychologisch. Teilhabe kann verschwinden. Angehörige werden mit krank. Arbeit und Medizin müssen neu lernen, was Belastbarkeit bedeutet. Die Frage ist deshalb nicht mehr, wie Menschen sich besser optimieren können. Die Frage ist, was jetzt zählt — für Betroffene, für Familien, für Arbeitgeber, für Forschung und für eine Gesellschaft, die zu lange geglaubt hat, Gesundheit zeige sich vor allem daran, dass jemand funktioniert.

TEIL III Was jetzt zählt

Kapitel 12 - Die neue Ehrlichkeit über Grenzen

Es gibt Grenzen, die man überwinden kann. Es gibt Grenzen, an denen man wächst. Und es gibt Grenzen, an denen der Körper nicht verhandelt.

Diese Unterscheidung klingt einfach, aber sie widerspricht vielem, was unsere Kultur über Stärke, Entwicklung und Gesundheit erzählt. Wir sind es gewohnt, Grenzen als Einladung zu verstehen. Wer an eine Grenze stößt, soll sie prüfen, dehnen, verschieben, trainieren, überwinden. In Sport, Karriere, Bildung und persönlicher Entwicklung ist das oft sinnvoll. Ein Muskel wächst nicht ohne Reiz. Ein Mensch lernt nicht ohne Herausforderung. Eine Angst wird manchmal kleiner, wenn man ihr vorsichtig begegnet. Ein Leben wird nicht reicher, wenn jede Schwierigkeit vermieden wird. Aber nicht jede Grenze ist eine Komfortzone. Nicht jede Grenze ist Angst. Nicht jede Grenze ist Bequemlichkeit. Und nicht jede Grenze wird durch Überschreitung weiter.

Das ist eine der wichtigsten Erkenntnisse nach Long Covid, ME/CFS, PEM und schwerer Fatigue. Es gibt Grenzen, die nicht darauf warten, heldenhaft durchbrochen zu werden. Sie markieren keine innere Feigheit und keinen mangelnden Willen. Sie markieren eine biologische Wirklichkeit. Wer sie ignoriert, wird nicht stärker, sondern schlechter. Wer sie überschreitet, wächst nicht über sich hinaus, sondern stürzt unter seine verfügbare Energie. Max lebt an einer solchen Grenze. Bei ihm ist sie so eng, dass Worte wie Belastbarkeit, Training oder Selbstüberwindung fast gewaltsam klingen. Licht kann zu viel sein. Geräusche können zu viel sein. Ein Gespräch kann zu viel sein. Seine Grenze liegt nicht dort, wo Außenstehende sie erwarten würden. Sie liegt nicht erst beim Sport, nicht erst bei Arbeit, nicht erst bei einer langen Reise oder einem vollen Tag. Sie kann bei einem Reiz liegen, der für andere kaum zählt. Und genau deshalb muss sie ernst genommen werden, auch wenn sie von außen kaum begreifbar ist.

Meine Frau lebte am Anfang ihrer Long-Covid-Erkrankung mit

einem Energiefenster, das nur noch etwa dreißig Prozent ihres früheren Lebens zuließ. Das ist kein Bild für schlechte Laune und keine Metapher für eine stressige Phase. Dreißig Prozent bedeuten, dass der Tag nicht mehr nach Wünschen sortiert wird, sondern nach Kosten. Was geht noch? Was muss sein? Was kostet ein Gespräch? Was kostet ein Termin? Was kostet eine Aktivität von dreißig Minuten? Was bleibt danach übrig? Und was darf auf keinen Fall passieren, weil sonst der nächste Tag verloren ist?

Heute liegt dieses Energiefenster eher bei siebzig Prozent. Das ist viel, wenn man weiß, wo es begonnen hat. Es bedeutet mehr Welt, mehr Bewegung, mehr Gespräch, mehr Alltag, mehr Hoffnung. Aber auch siebzig Prozent sind nicht einfach die alte Selbstverständlichkeit. Sie sind ein Leben mit mehr Spielraum und mit der Erinnerung daran, dass Spielraum verschwinden kann. Wer einmal erlebt hat, dass Energie nicht verlässlich zurückkommt, hört anders auf den Körper. Nicht ängstlicher im banalen Sinn. Genauer.

Diese Genauigkeit ist das Gegenteil von Schwäche. Sie ist eine neue Form von Ernsthaftigkeit. Eine Grenze zu achten bedeutet nicht automatisch, sich dem Leben zu entziehen. Es kann bedeuten, das Leben überhaupt erst wieder möglich zu machen. Bei PEM ist das besonders klar. Wenn Belastung Symptome verschlechtern kann, ist Pacing keine Wellness-Methode, sondern Schutz. Nicht als starres Programm, nicht als Versprechen, nicht als Ersatz für medizinische Forschung, sondern als Haltung gegenüber einer biologischen Grenze: Ich muss aufhören, bevor mein Körper mich stoppt. Das ist schwer, weil es gegen die alte Logik des Durchhaltens geht. Viele Menschen haben gelernt, dass ein wenig mehr immer noch geht. Noch eine Stunde. Noch ein Termin. Noch eine Nachricht. Noch ein Gespräch. Noch eine Schicht. Noch ein Projekt. Noch ein Versuch. Diese Logik hat sie weit gebracht. Sie hat Abschlüsse ermöglicht, Karrieren, Familienorganisation, Pflege, Verantwortung. Sie ist nicht grundsätzlich falsch. Aber sie wird gefährlich, wenn sie blind wird für den Unterschied zwischen Anstrengung und Überlastung.

Sara kennt diese Blindheit aus ihrem Beruf. In der Pflege, in sozialen Berufen, in der Sorgearbeit allgemein, werden Grenzen oft moralisch aufgeladen. Wenn sie Nein sagt, fehlt sie nicht einfach in einem Kalender. Sie fehlt Menschen. Kolleginnen tragen mehr. Bewohner warten länger. Angehörige sind enttäuscht. Das macht jedes Nein schwerer. Sara weiß, dass ihr Körper Grenzen hat, aber ihr Gewissen argumentiert schneller. Es sagt: Nur noch dieses Wochenende. Nur noch diese Schicht. Nur noch dieses eine Mal.

Das Problem ist, dass aus vielen einmaligen Ausnahmen ein System wird. Sara springt ein, weil es sonst eng wird. Dann wird es wieder eng. Dann wieder. Irgendwann besteht die Stabilität des Systems aus den überschrittenen Grenzen einzelner Menschen. Von außen sieht das nach Engagement aus. Von innen nach Verschleiß. Und genau hier beginnt eine neue Ehrlichkeit über Grenzen: Eine Grenze ist nicht erst dann legitim, wenn niemand anderes von ihr betroffen ist. Sonst hätten gerade fürsorgliche Menschen nie Grenzen. Jonas lernt diese Wahrheit von einer anderen Seite. Für ihn ist Grenze nicht moralisch, sondern leistungsbezogen. Wenn er früher den Laptop schloss, bevor alles perfekt war, fühlte es sich an wie Nachlässigkeit. Wenn er eine Aufgabe nicht übernahm, spürte er den leisen Verdacht, nicht ehrgeizig genug zu sein. Für Jonas war die Grenze weniger ein Schutz als ein Angriff auf sein Selbstbild. Er wollte nicht der Mensch sein, der sagt: Das reicht. Denn genug klang für ihn nach Mittelmaß.

Auch das ist eine kulturelle Prägung. Wir bewundern Menschen, die über Grenzen gehen. Wir erzählen Geschichten von denen, die trotz Müdigkeit, Zweifel und Widerstand weitermachen. Wir zitieren Sätze darüber, dass Wachstum außerhalb der Komfortzone beginne. Manche dieser Sätze haben ihre Berechtigung. Aber sie werden gefährlich, wenn sie pauschal werden. Denn außerhalb der Komfortzone kann Wachstum liegen. Dort kann aber auch Überforderung liegen. Und bei Krankheit kann dort ein Crash liegen.

Die Komfortzone ist eines der am meisten missbrauchten Bilder unserer Zeit. Es suggeriert, dass das, was sich unangenehm anfühlt, wahrscheinlich Entwicklung bedeutet. Doch Unangenehmes ist nicht automatisch sinnvoll. Angst vor einem schwierigen Gespräch ist etwas anderes als PEM nach einem Arzttermin. Nervosität vor einer Präsentation ist etwas anderes als Kreislaufkollaps beim Stehen. Bequemlichkeit ist etwas anderes als körperliche Unmöglichkeit. Wer all das unter dem Begriff Komfortzone vermischt, macht aus biologischen Grenzen Charakterfragen.

Eine neue Ehrlichkeit über Grenzen beginnt deshalb mit Sprache. Wir müssen genauer sagen, welche Grenze gemeint ist. Eine Angstgrenze kann vorsichtig bearbeitet werden. Eine Kompetenzgrenze kann durch Lernen erweitert werden. Eine soziale Grenze kann verhandelt werden. Eine Belastungsgrenze bei PEM muss geschützt werden. Eine Reizgrenze bei schwerer ME/CFS muss respektiert werden. Eine Schlafgrenze, eine Schmerzgrenze, eine Kreislaufgrenze, eine kognitive Grenze sind nicht weniger real, nur weil sie nicht dramatisch aussehen.

Diese Genauigkeit hilft auch Menschen mit Burnout oder chronischer Überlastung. Lena hat lange gedacht, ihre Grenzen seien vor allem psychologisch. Sie müsse besser planen, klarer kommunizieren, sich weniger anstellen. Erst als ihre Erschöpfung tiefer wurde, begann sie zu verstehen, dass ihr Körper längst Informationen sendete. Nicht in der Sprache des Kalenders, sondern in Müdigkeit, Reizbarkeit, Schlafproblemen, innerer Leere. Ihre Grenzen waren nicht so absolut wie bei Max, nicht so postinfektiös wie bei Long Covid, aber sie waren dennoch real. Auch ein chronisch überlasteter Körper verhandelt nicht endlos. Der Unterschied ist wichtig. Lena kann durch Entlastung, Schlaf, psychologische Unterstützung, veränderte Arbeit und neue Grenzen vielleicht wieder deutlich stabiler werden. Max kann nicht einfach durch Entlastung in ein normales Leben zurückkehren. Meine Frau hat sich von dreißig auf siebzig Prozent verbessert, aber nicht durch heldenhaftes Ignorieren der Grenze. Unterschiedliche Zustände brauchen unterschiedliche Antworten. Trotzdem verbindet sie etwas: Die Grenze darf nicht moralisch abgewertet werden.

Moralische Abwertung beginnt oft subtil. Sie steckt in Sätzen wie: „Du musst positiv bleiben.“ „Du darfst dich nicht so reinsteigern.“ „Ein bisschen Bewegung tut immer gut.“ „Andere schaffen das auch.“ „Du bist doch noch jung.“ „Du sahst gestern aber ganz gut aus.“ Viele dieser Sätze entstehen aus Hilflosigkeit. Menschen wollen Mut machen, Normalität herstellen, Hoffnung geben. Aber sie übergehen die Frage, ob der Körper des anderen gerade überhaupt die Bedingungen erfüllt, unter denen Mut, Bewegung oder Normalität hilfreich wären. Besonders gefährlich ist der Satz: „Du musst wieder Vertrauen in deinen Körper gewinnen.“ Auch dieser Satz kann in bestimmten Kontexten sinnvoll sein. Nach einer

Angststörung, nach einer Verletzung, nach einer Phase der Schonung kann Vertrauen ein wichtiges Thema sein. Aber bei Long Covid, ME/CFS oder PEM darf Vertrauen nicht bedeuten, Warnsignale zu ignorieren. Vielleicht beginnt Vertrauen gerade damit, dem Körper zu glauben, wenn er Nein sagt. Nicht jedes Nein des Körpers ist Angst. Manchmal ist es Erfahrung.

Für Betroffene ist diese Unterscheidung schwer, weil sie selbst oft nicht sicher wissen, wo die Grenze verläuft. Das Energiefenster ist nicht immer stabil. Was gestern ging, kann heute zu viel sein. Was vormittags möglich ist, kann nachmittags unmöglich werden. Was emotional schön ist, kann trotzdem körperlich kosten. Dadurch entsteht ein Alltag, der ständig Beobachtung verlangt. Diese Beobachtung kann von außen wie Übervorsicht wirken. Von innen ist sie oft der Versuch, Abstürze zu vermeiden.

Pacing ist deshalb auch psychologisch belastend. Es verlangt, auf etwas zu verzichten, bevor der Körper eindeutig zusammenbricht. Das widerspricht unserem normalen Gerechtigkeitsgefühl. Wir möchten erst aufhören, wenn es nicht mehr geht. Vorher fühlt sich Aufhören wie Verlust an. Bei PEM kann dieses späte Aufhören aber zu spät sein. Dann muss man lernen, eine Grenze zu respektieren, die sich im Moment noch nicht vollständig beweist. Man muss dem Muster mehr glauben als dem kurzfristigen Wunsch. Das ist besonders hart bei guten Tagen. Schlechte Tage erklären sich selbst. Gute Tage verführen. Wenn die Energie kurz zurückkehrt, will man leben. Nicht kalkulieren. Man will spontan sein, Freunde sehen, Dinge erledigen, nachholen, was liegen geblieben ist. Man will beweisen, dass es besser wird. Man will den anderen zeigen, dass man noch da ist. Und manchmal ist das gut. Aber manchmal wird genau der gute Tag zum Beginn des Crashs, weil er die Grenze verdeckt. Wer das einmal erlebt hat, wird vorsichtiger. Nicht, weil er nicht leben will. Sondern weil er leben will, ohne wieder tagelang zu verschwinden. Angehörige müssen diese Logik ebenfalls lernen. Für sie sind gute Tage Hoffnung. Endlich geht wieder etwas. Endlich sieht der Mensch lebendiger aus. Endlich scheint Normalität möglich. Es ist verständlich, dass sie mehr davon wollen. Aber wenn sie zu schnell zu viel erwarten, wird Hoffnung zu Druck. Dann spürt der Betroffene nicht nur die eigene Sehnsucht nach Leben, sondern auch die Sehnsucht der anderen. Und manchmal ist diese fremde

Hoffnung schwerer zu tragen als die eigene Krankheit.

Hier beginnt die zweite Ehrlichkeit über Grenzen: Auch Angehörige haben Grenzen. Sie können nicht unendlich geduldig, verständnisvoll, ruhig und stark sein. Sie haben Angst, Wut, Trauer, Erschöpfung, manchmal auch Überforderung durch die ständige Rücksicht. Das darf ausgesprochen werden, ohne die Krankheit des Betroffenen zu relativieren. Eine Familie, eine Partnerschaft, eine Freundschaft rund um Long Covid oder ME/CFS lebt nicht nur mit einer medizinischen Diagnose. Sie lebt mit einem neuen Regelwerk, das niemand gewählt hat. Wenn ein Mensch nur dreißig Prozent Energie hat, reduziert sich nicht nur sein Leben. Auch die gemeinsame Welt wird kleiner. Spaziergänge, Reisen, Einladungen, Gespräche, Alltag, Pläne, Zukunftsbilder — alles muss neu sortiert werden. Wenn später siebzig Prozent möglich sind, erweitert sich diese Welt wieder. Aber die alte Unbefangenheit kommt nicht automatisch zurück. Angehörige freuen sich über Fortschritte und bleiben zugleich wachsam. Betroffene freuen sich über Möglichkeiten und fragen sich zugleich, was sie kosten. Diese gemeinsame Vorsicht kann verbinden, aber sie kann auch müde machen.

Deshalb darf Teil III dieses Buches nicht so tun, als bestehe die Lösung darin, dass Betroffene ihre Grenzen besser kommunizieren und Angehörige sie einfach akzeptieren. Das wäre zu glatt. Grenzen sind in Beziehungen nie nur individuell. Sie verändern Erwartungen, Rollen und Routinen. Wenn jemand Nein sagt, muss jemand anderes vielleicht etwas tragen. Wenn jemand Ruhe braucht, muss jemand anderes Einsamkeit aushalten. Wenn jemand Termine absagt, müssen andere lernen, Absage nicht als Ablehnung zu deuten. Das alles ist möglich. Aber es ist Arbeit.

Trotzdem ist diese Arbeit notwendig. Ohne Grenzen wird Krankheit chaotischer. Ohne Grenzen geraten Menschen mit Long Covid, ME/CFS oder Burnout tiefer in Muster aus Überforderung und Schuld. Ohne Grenzen wird Fürsorge zur Selbstaufgabe. Ohne Grenzen bleibt Arbeit ein System, das den Körper erst dann anerkennt, wenn er ausfällt. Grenzen sind deshalb keine privaten Launen. Sie sind eine Form von Wahrheit. Diese Wahrheit braucht auch in der Arbeitswelt eine andere Sprache. Ein Arbeitgeber, der jemanden nach Long Covid zurückkehren lässt, sollte nicht nur fragen, wie viele Stunden möglich sind. Er müsste fragen: Unter welchen Bedingungen? Mit welchen Pausen? Mit welcher Reizbelastung? Mit welcher kognitiven Last? Mit welchem Risiko einer Verschlechterung? Ist Homeoffice Entlastung oder Isolation? Ist ein Meeting notwendig oder kann es schriftlich erfolgen? Ist Teilzeit stabil oder nur eine langsamere Form von Überforderung? Arbeitsfähigkeit ist nicht einfach Anwesenheit plus Wille.

Das gilt auch für Burnout. Wenn Lena nach längerer Erschöpfung zurückkehrt, reicht es nicht, ihr zu sagen, sie solle besser auf sich achten. Wenn die Arbeitsmenge gleich bleibt, die Kultur gleich bleibt, die Erreichbarkeit gleich bleibt und dieselben Muster belohnt werden, wird Selbstfürsorge zur privaten Pflicht in einem unveränderten System. Grenzen brauchen dann nicht nur individuelle Kommunikation, sondern strukturelle Gegenstücke: realistische Arbeitslast, Vertretung, Pausen, Führung, die Grenzen nicht nur rhetorisch unterstützt, sondern organisatorisch ermöglicht.

Sara weiß, wie schwer das in sozialen Berufen ist. Sie kann lernen, Nein zu sagen. Aber wenn das Nein jedes Mal bedeutet, dass Kolleginnen noch stärker belastet werden oder Menschen schlechter versorgt sind, bleibt es moralisch schwer. Deshalb ist es so zynisch, Grenzen nur als persönliche Kompetenz zu behandeln. In kaputtgesparten oder überlasteten Systemen werden Grenzen einzelner Menschen schnell zu Konflikten mit anderen Betroffenen des Systems. Die Pflegekraft schützt sich, und der Dienstplan bricht. Der Lehrer schützt sich, und die Klasse hat Ausfall. Die Ärztin schützt sich, und Termine verschieben sich. Das Problem liegt dann nicht im Nein. Es liegt in Strukturen, die kein Nein eingeplant haben. Eine neue Ehrlichkeit über Grenzen muss deshalb politisch werden, ohne parteipolitisch zu sein. Sie muss sagen: Ein System, das nur funktioniert, wenn Menschen dauerhaft ihre Grenzen überschreiten, funktioniert nicht. Es verschiebt seine Kosten in Körper. In Schlaflosigkeit, Fatigue, Depression, Burnout, Rückenschmerzen, Herz-Kreislauf-Symptome, Zynismus, Pflegeausfälle, Frühverrentung, Familienbelastung. Diese Kosten erscheinen später in anderen Budgets, anderen Statistiken, anderen Wartezimmern. Aber sie entstehen dort, wo Grenzen ignoriert wurden.

Bei Long Covid und ME/CFS ist diese politische Dimension noch schärfer. Hier geht es nicht nur um Arbeitsorganisation, sondern um Anerkennung von Energiegrenzen als Teilhabefrage. Wenn ein Mensch nicht zum Amt kann, weil der Weg zu viel ist, braucht er nicht nur Motivation, sondern einen anderen Zugang. Wenn ein Mensch nicht in eine Praxis fahren kann, braucht er Versorgung, die ihn erreicht. Wenn ein Mensch nicht lange sprechen kann, braucht er Kommunikation, die Energie spart. Wenn ein Mensch Reize nicht toleriert, braucht er Räume, die nicht zusätzlich krank machen. Barrierefreiheit ist hier nicht nur Rampe und Aufzug. Barrierefreiheit ist auch Reizarmut, Zeit, Flexibilität, Verständnis für PEM und die Anerkennung, dass Teilhabe Energie kostet. Diese Sicht erweitert den Begriff von Inklusion. Wir denken oft an sichtbare Behinderungen, an Mobilität, an bauliche Zugänge. All das bleibt wichtig. Aber Menschen mit schwerer Fatigue, ME/CFS, Long Covid, Dysautonomie oder kognitiver Überlastung brauchen eine andere Art von Zugänglichkeit. Sie brauchen weniger Wartezeit, weniger Licht, weniger Lärm, mehr Pausen, schriftliche Informationen, kurze Gespräche, verlässliche Planung, digitale Optionen, Hausbesuche, flexible Fristen. Viele dieser Dinge wären nicht nur für sie hilfreich. Sie würden Systeme menschlicher machen.

Das gilt auch im Privaten. Grenzen müssen dort nicht perfekt formuliert sein, um gültig zu sein. Ein Mensch darf sagen: „Ich weiß nicht genau, warum, aber heute ist es zu viel.“ Er darf sagen: „Ich kann das nicht erklären, ohne mich noch mehr zu erschöpfen.“ Er darf sagen: „Bitte frag mich nicht zehn Dinge auf einmal.“ Er darf sagen: „Ich möchte dich sehen, aber nur kurz.“ Solche Sätze sind schwer, weil sie enttäuschen können. Aber sie sind ehrlicher als ein Ja, das später mit einem Crash bezahlt wird.

Für Angehörige gibt es entsprechende Sätze. „Ich möchte helfen, aber ich bin auch müde.“ „Ich glaube dir, auch wenn ich es nicht vollständig verstehe.“ „Ich wünsche mir mehr Normalität, aber ich will dich nicht drängen.“ „Ich brauche selbst Unterstützung.“ Diese Sätze sind wichtig, weil auch Angehörige sonst in eine stille Selbstüberforderung geraten. Krankheit kann ein ganzes Familiensystem in die Logik des Durchhaltens ziehen. Dann wiederholt sich im Privaten, was gesellschaftlich ohnehin geschieht:

Alle funktionieren, bis niemand mehr kann.

Eine neue Ehrlichkeit über Grenzen bedeutet also nicht, dass Grenzen immer leicht akzeptiert werden. Sie bedeutet, dass sie nicht länger als moralischer Makel behandelt werden. Sie bedeutet, dass ein Nein nicht automatisch eine Ablehnung ist. Dass eine Pause nicht automatisch Rückzug bedeutet. Dass Schonung nicht automatisch Angst ist. Dass Belastbarkeit nicht an Würde gekoppelt werden darf. Dass Fortschritt manchmal darin besteht, eine Grenze früher zu erkennen.

Für Jonas wäre das eine Revolution. Sein ganzes berufliches Selbstbild beruhte darauf, Grenzen spät zu spüren und noch später zu kommunizieren. Wenn er heute den Laptop schließt, bevor alles maximal perfekt ist, fühlt es sich zunächst falsch an. Aber vielleicht ist genau dieses falsche Gefühl der Entzug einer alten Logik. Er lernt nicht, weniger wert zu sein. Er lernt, dass sein Wert nicht an die letzte Überarbeitung einer Präsentation gebunden ist. Für Sara ist es ähnlich. Wenn sie eine Zusatzschicht ablehnt, fühlt sie Schuld. Aber Schuld ist nicht immer ein moralischer Kompass. Manchmal ist sie nur das Echo einer Rolle, in der man zu lange gebraucht wurde. Sara muss lernen, Schuld zu prüfen, statt ihr automatisch zu gehorchen. Das ist keine Kälte. Es ist die Voraussetzung dafür, langfristig überhaupt fürsorglich bleiben zu können.

Für Lena bedeutet Grenze, früher zu hören, bevor der Körper lauter werden muss. Nicht erst nach dem Zusammenbruch. Nicht erst, wenn Schlaf, Freude und Konzentration verschwunden sind. Für Mia bedeutet Grenze, digitale Räume nicht länger als harmlose Pausen zu behandeln, wenn sie danach kleiner aus ihnen herausgeht. Für Timo bedeutet Grenze, den Satz „Ich darf nicht ausfallen“ zu ergänzen: gerade deshalb darf ich nicht so leben, als hätte ich keine Grenze. Und für Max bedeutet Grenze etwas viel Radikaleres: Sie ist Lebensschutz. Bei ihm darf niemand aus pädagogischem Optimismus, medizinischer Ungeduld oder persönlicher Hilflosigkeit versuchen, sie zu überreden. Seine Grenze ist nicht symbolisch. Sie ist der schmale Bereich, in dem sein Körper möglicherweise stabil bleibt. Wer sie respektiert, gibt nicht auf. Er schützt die Voraussetzung dafür, dass überhaupt etwas bleiben kann.

Das ist vielleicht die wichtigste Korrektur an der alten Erzählung von Stärke. Stärke ist nicht immer Durchbruch. Manchmal ist Stärke Unterbrechung. Nicht weitermachen. Nicht beweisen. Nicht noch einmal versuchen, nur damit andere beruhigt sind. Stärke kann bedeuten, einen Termin abzusagen, bevor der Körper zusammenbricht. Ein Licht auszuschalten. Eine Nachricht nicht zu beantworten. Eine Schicht nicht zu übernehmen. Eine Karriereentscheidung nicht aus Angst zu treffen. Einen Menschen im Dunkeln nicht mit der eigenen Sehnsucht nach Normalität zu bedrängen. Diese Form von Stärke wird selten gefeiert, weil sie unsichtbar ist. Niemand sieht den Crash, der vermieden wurde. Niemand applaudiert für die Aktivität, die nicht stattfand. Niemand erkennt den Mut, der darin liegt, rechtzeitig aufzuhören. In einer Kultur, die Ergebnisse sieht, bleibt Prävention unsichtbar. Aber für erschöpfte, kranke oder gefährdete Körper kann genau diese unsichtbare Stärke entscheidend sein.

Teil III dieses Buches beginnt deshalb mit Grenzen, weil alles Weitere davon abhängt. Angehörige können nur hilfreich sein, wenn sie Grenzen verstehen. Arbeit kann nur menschlicher werden, wenn sie Grenzen nicht als Störung behandelt. Medizin kann nur angemessen handeln, wenn sie Belastungsgrenzen ernst nimmt. Politik kann nur Versorgung verbessern, wenn sie Teilhabe nicht als reine Willensfrage versteht. Und Betroffene können nur aus der Selbstanklage herausfinden, wenn sie die eigene Grenze nicht länger mit persönlichem Versagen verwechseln.

Vielleicht ist die neue Ehrlichkeit über Grenzen am Ende sehr schlicht. Sie sagt: Ein Mensch ist nicht erst dann wertvoll, wenn er belastbar ist. Ein Körper muss sich nicht durch Zusammenbruch beweisen. Eine Grenze muss nicht von allen verstanden werden, um respektiert zu werden. Und ein Leben wird nicht dadurch größer, dass man jede Warnung übergeht.

Manchmal beginnt ein menschlicheres Leben nicht mit mehr Mut zum Überschreiten, sondern mit mehr Mut zum Anerkennen.

Das nächste Kapitel führt dorthin, wo diese Anerkennung besonders schwer und besonders notwendig ist: zu den Angehörigen. Denn wenn ein Mensch Energie verliert, verändert sich nicht nur sein

Alltag. Es verändert sich der Raum um ihn herum. Partner, Eltern, Kinder, Freunde und Familien werden zu Mitbetroffenen, oft ohne eigenen Namen für ihre Erschöpfung. Sie hoffen, organisieren, trösten, warten, suchen, zweifeln und lernen, dass Liebe manchmal nicht darin besteht, einen Menschen zurück ins alte Leben zu ziehen, sondern mit ihm ein neues, kleineres und hoffentlich tragfähigeres Leben auszuhalten.

Kapitel 13 - Angehörige — die zweite Erschöpfung

Wenn ein Mensch krank wird, verändert sich nicht nur sein Körper. Es verändert sich der Raum um ihn herum.

Zuerst sieht man auf den Erkrankten. Auf seine Symptome, seine Grenzen, seine Untersuchungen, seine Werte, seine Erschöpfung, seine Rückschläge und kleinen Fortschritte. Das ist richtig. Der kranke Mensch steht im Mittelpunkt, weil sein Leben unmittelbar getroffen ist. Aber schwere Erschöpfungserkrankungen wie Long Covid, ME/CFS oder andere chronische Fatigue-Zustände bleiben nie allein im Körper des Betroffenen. Sie greifen in Beziehungen ein. In Partnerschaften, Familien, Freundschaften, Arbeitsverhältnisse, Eltern-Kind-Verhältnisse, Zukunftspläne und alltägliche Gewohnheiten. Sie verändern nicht nur, was ein Mensch kann. Sie verändern, was gemeinsam möglich ist.

Diese zweite Erschöpfung ist schwerer zu benennen. Angehörige sind nicht krank im gleichen Sinn. Ihr Körper hat nicht dieselbe Grenze. Sie erleben nicht dieselbe Fatigue, nicht dieselbe PEM, nicht denselben Brain Fog, nicht dieselbe Reizintoleranz. Und doch leben sie in der Nähe dieser Grenze. Sie müssen sie verstehen, organisieren, respektieren, erklären, manchmal verteidigen und oft aushalten. Sie leben mit einem Menschen, dessen Energie unberechenbar geworden ist, und mit einer Welt, die diese Unberechenbarkeit nur begrenzt versteht. Am Anfang steht häufig die Hoffnung, dass es vorübergehend ist. Das ist keine Naivität. Das ist menschlich. Eine Krankheit beginnt, und man denkt in Wochen. Vielleicht in Monaten. Man sagt sich, dass der Körper Zeit braucht, dass Ruhe helfen wird, dass es langsam besser werden muss. Man organisiert den Alltag um, übernimmt mehr, verschiebt Dinge, sagt Termine ab, schützt den Erkrankten, sucht nach Informationen. Diese erste Phase hat oft eine klare innere Logik: Es ist eine Krise, und Krisen gehen vorbei.

Schwieriger wird es, wenn die Krise nicht richtig endet. Wenn aus Wochen Monate werden. Wenn Fortschritte kommen, aber nicht stabil bleiben. Wenn gute Tage Hoffnung machen und schlechte Tage sie wieder relativieren. Wenn der Körper nicht in die alte Verlässlichkeit zurückkehrt. Wenn man begreift, dass es nicht um eine kurze Unterbrechung des gemeinsamen Lebens geht, sondern um einen Umbau. Dann verändert sich auch die Rolle der Angehörigen. Aus Helfen wird Begleiten. Aus Geduld wird eine Lebensform. Aus Hoffnung wird etwas Vorsichtigeres, weniger Glänzendes, aber vielleicht Tragfähigeres.

Bei meiner Frau bedeutete die Anfangszeit mit etwa dreißig Prozent Energie nicht nur für sie selbst eine radikale Veränderung. Auch der gemeinsame Alltag musste lernen, mit dreißig Prozent zu leben. Aktivitäten, die früher nicht der Rede wert waren, wurden zu Entscheidungen. Ein Besuch, ein kleiner Ausflug, ein längeres Gespräch, ein Termin, ein gemeinsamer Abend — all das bekam ein Gewicht. Man fragt nicht mehr nur: Wollen wir das? Sondern: Geht das? Was kostet es? Was passiert danach? Ist es das wert? Und manchmal ist diese Frage brutal, weil auch schöne Dinge Kosten haben.

Das ist eine der bitteren Erfahrungen für Angehörige: Manchmal muss man den kranken Menschen vor dem schützen, was ihm Freude macht. Nicht, weil Freude falsch wäre. Sondern weil Freude Energie verbraucht. Eine Einladung, auf die man sich gefreut hat, kann zu viel sein. Ein Gespräch mit Freunden kann guttun und trotzdem erschöpfen. Ein kleiner Ausflug kann innerlich wichtig sein und körperlich teuer. Angehörige stehen dann vor einer schwierigen Aufgabe. Sie sollen unterstützen, ohne zu drängen. Sie sollen Hoffnung ermöglichen, ohne die Grenze zu übergehen. Sie sollen Normalität anbieten, ohne Normalität zu erzwingen.

Das gelingt nicht immer. Wie sollte es auch? Angehörige sind keine perfekten Begleiter. Sie sind selbst Teil der Situation. Sie haben eigene Wünsche, eigene Müdigkeit, eigene Ängste. Sie wollen, dass es besser wird. Manchmal wollen sie es so sehr, dass sie gute Tage überschätzen. Ein Tag mit mehr Energie fühlt sich an wie ein Versprechen. Vielleicht geht jetzt wieder mehr. Vielleicht kommt das alte Leben zurück. Vielleicht war die lange Vorsicht bald nicht mehr nötig. Diese Hoffnung ist verständlich. Aber sie kann für den Betroffenen Druck erzeugen. Denn sein Körper muss dieses Versprechen halten, obwohl er es vielleicht nie gegeben hat.

Bei Long Covid und ME/CFS ist genau das gefährlich. Gute Tage sind gut, aber sie sind nicht immer stabil. Sie sind keine Garantie. Sie können ein Fenster sein, kein Fundament. Wer einen guten Tag sofort als Beweis für dauerhafte Verbesserung deutet, macht aus Hoffnung eine Erwartung. Und Erwartung kann schwer werden. Dann fühlt sich der Erkrankte nicht nur krank, sondern verantwortlich dafür, die Hoffnung der anderen nicht zu enttäuschen.

Das gilt besonders bei Verbesserungen. Von dreißig auf siebzig Prozent Energie zu kommen, ist ein großer Fortschritt. Für Außenstehende kann es wirken, als sei damit das Problem fast gelöst. Sie sehen mehr Aktivität, mehr Teilnahme, mehr Alltag. Sie freuen sich. Zu Recht. Aber die siebzig Prozent sind nicht einfach die Rückkehr in das frühere Leben. Sie sind ein neues Leben mit mehr Möglichkeiten und mit einer Erinnerung an den Absturz. Wer diese Erinnerung im Körper trägt, wird vorsichtiger bleiben. Nicht aus Undankbarkeit. Aus Erfahrung.

Angehörige müssen lernen, diese Ambivalenz auszuhalten. Freude über Fortschritte und Respekt vor verbleibenden Grenzen. Dankbarkeit und Trauer. Hoffnung und Vorsicht. Es ist möglich, gleichzeitig erleichtert zu sein und traurig. Gleichzeitig stolz auf jeden Schritt und wütend darüber, dass jeder Schritt überhaupt gezählt werden muss. Krankheit macht Gefühle nicht sauber. Sie legt sie übereinander.

Bei Max ist diese Ambivalenz noch schärfer, weil die gemeinsame Welt fast vollständig in den Schutzraum der Krankheit hineingezogen wird. Wenn ein Mensch im dunklen Zimmer leben muss, werden Angehörige zu Hütern von Bedingungen, die andere kaum verstehen. Licht, Geräusche, Besuch, Gespräche, Pflegehandlungen, medizinische Kontakte — alles muss bedacht werden. Nähe ist nicht mehr selbstverständlich. Selbst Liebe muss leise werden. Wer helfen will, muss lernen, dass Hilfe nicht immer Anwesenheit bedeutet. Manchmal bedeutet sie Abstand. Manchmal bedeutet sie, nicht zu fragen. Manchmal bedeutet sie, eine Tür besonders langsam zu schließen. Das ist emotional schwer, weil Angehörige ebenfalls Verbindung brauchen. Sie wollen den Menschen sehen, sprechen, erreichen. Sie wollen wissen, wie es ihm geht. Sie wollen Trost geben und Trost bekommen. Doch wenn Reize zu teuer sind, wird selbst dieser Wunsch begrenzt. Dann entsteht eine besondere Einsamkeit: Man ist nah und kommt doch nicht richtig heran. Der Mensch ist da, aber die Wege zu ihm sind schmal. Diese Form von Nähe auf Distanz kann erschöpfen, weil sie ständig Selbstkontrolle verlangt.

Angehörige werden in solchen Situationen oft zu Übersetzern. Sie erklären Freunden, warum ein Besuch nicht geht. Sie erklären Ärzten, warum ein Termin zu viel war. Sie erklären Behörden, dass ein Mensch nicht einfach nur zurückgezogen lebt. Sie erklären sich selbst, warum sie manchmal ungeduldig sind, obwohl sie es nicht sein wollen. Sie übersetzen eine Krankheit, die kaum sichtbar ist, in eine Sprache, die andere verstehen sollen. Und oft merken sie dabei, dass Worte nicht reichen.

Denn wie erklärt man dreißig Prozent Energie? Wie erklärt man, dass ein Telefonat zu viel sein kann? Wie erklärt man, dass ein Mensch gestern kurz lachen konnte und heute trotzdem nicht aufstehen kann? Wie erklärt man PEM, wenn die Verschlechterung verzögert kommt? Wie erklärt man, dass ein dunkles Zimmer nicht Depression bedeutet, sondern Reizschutz? Wie erklärt man, dass Schonung nicht Aufgeben ist, sondern manchmal die einzige Form von Stabilisierung? Diese Erklärarbeit ist Teil der zweiten Erschöpfung. Sie ist unsichtbar, aber real. Angehörige müssen nicht nur praktisch helfen, sondern ständig Deutung leisten. Gegenüber Familie, Freunden, Arbeitgebern, Ärzten, Krankenkassen, Gutachtern und manchmal gegenüber dem eigenen inneren Zweifel. Denn auch Angehörige zweifeln. Nicht unbedingt daran, dass der Mensch krank ist. Aber daran, ob sie richtig handeln. Ob sie zu viel schützen oder zu wenig. Ob sie zu hoffnungsvoll sind oder zu vorsichtig. Ob sie drängen oder aufgeben. Ob sie genug tun. Ob sie zu müde werden dürfen. Diese letzte Frage ist besonders heikel: Dürfen Angehörige erschöpft sein, wenn sie selbst nicht krank sind?

Viele beantworten sie innerlich mit Nein. Sie sagen sich, dass es dem anderen schlechter geht. Dass sie funktionieren müssen. Dass ihre Müdigkeit zweitrangig ist. Dass sie kein Recht auf Klage haben. Genau dadurch entsteht aber ein gefährliches Muster. Die Krankheit zieht eine zweite Person in die Logik des Durchhaltens hinein. Der Betroffene kann nicht mehr, also darf der Angehörige nicht auch noch ausfallen. Aus Liebe wird Belastbarkeit. Aus Fürsorge wird

Selbstverpflichtung. Aus Partnerschaft wird manchmal Pflegeorganisation, ohne dass jemand diesen Übergang bewusst gewählt hätte.

Timo kennt diese Logik aus seiner Familienverantwortung. Sein Satz war: Ich darf nicht ausfallen. Angehörige von schwer Erkrankten leben oft in einer ähnlichen inneren Struktur. Sie dürfen nicht ausfallen, weil jemand sie braucht. Sie dürfen nicht zusammenbrechen, weil schon genug zerbrochen ist. Sie dürfen nicht wütend sein, weil der Kranke nichts dafür kann. Sie dürfen nicht traurig sein, weil Trauer wie Resignation wirkt. Sie dürfen nicht müde sein, weil ihre Müdigkeit im Vergleich kleiner erscheint. So entsteht eine Einsamkeit, die nach außen kaum sichtbar ist. Dabei braucht auch Fürsorge Energie. Zuhören braucht Energie. Organisieren braucht Energie. Rücksicht braucht Energie. Hoffnung braucht Energie. Selbst das ständige Beobachten von Grenzen braucht Energie. Angehörige leben oft in einer Art innerem Bereitschaftsdienst. Sie hören auf Zwischentöne, auf Anzeichen von Überforderung, auf Veränderungen im Zustand. Sie planen im Voraus, brechen ab, passen an, erklären, trösten, warten. Auch wenn nichts Dramatisches passiert, bleibt ein Teil von ihnen wach.

Diese Wachheit kann auf Dauer erschöpfen. Nicht so wie PEM. Nicht so wie Long Covid. Aber als chronische Alarmbereitschaft. Ein Angehöriger schläft vielleicht, hört aber innerlich, ob etwas ist. Er arbeitet, hat aber im Hintergrund die Sorge, wie der Tag zu Hause verläuft. Er trifft jemanden, ist aber nicht ganz frei, weil die Krankheit im inneren Raum mit anwesend bleibt. Diese Form von Belastung hat keinen einfachen Namen. Vielleicht ist sie deshalb so schwer mitzuteilen.

Partnerschaften werden dadurch besonders herausgefordert. Eine Liebesbeziehung ist nicht dafür gebaut, dauerhaft in Pflege, Organisation und medizinischer Unsicherheit aufzugehen. Sie kann das tragen, manchmal erstaunlich lange und mit großer Liebe. Aber sie verändert sich. Rollen verschieben sich. Der gesunde Partner übernimmt mehr. Der erkrankte Partner fühlt sich abhängig oder schuldig. Nähe wird praktischer, Gespräche kreisen um Energie, Symptome, Termine, Rückschläge. Zärtlichkeit kann fehlen, nicht wegen fehlender Liebe, sondern wegen fehlender Kraft. Gemeinsame

Zukunftsbilder werden vorsichtiger. Das alles darf gesagt werden, ohne die Würde des erkrankten Menschen zu verletzen. Im Gegenteil. Wenn man es nicht sagt, entsteht eine falsche Heiligkeit der Fürsorge. Dann dürfen Angehörige nur geduldig, liebevoll und stark sein. Aber echte Beziehungen bestehen nicht aus idealen Rollen. Sie bestehen aus Menschen. Und Menschen, die lange in Krankheit leben, empfinden nicht nur Mitgefühl. Sie empfinden auch Frust. Sie vermissen das alte Leben. Sie sind manchmal ungerecht. Sie fühlen sich schuldig für ihre Ungeduld. Sie wünschen sich Normalität und schämen sich dafür, weil der andere sich seine Krankheit nicht ausgesucht hat.

Diese Scham ist gefährlich, weil sie Gespräche verhindert. Wenn Angehörige nur noch das sagen, was moralisch makellos klingt, verlieren Beziehungen Ehrlichkeit. Dann wird die Krankheit zum Raum, in dem alle vorsichtig sprechen, aber niemand wirklich entlastet wird. Es braucht deshalb eine Sprache, die beides erlaubt: die Anerkennung des Leids des Betroffenen und die Anerkennung der Belastung der Angehörigen. Nicht als Konkurrenz. Nicht als Vergleich. Sondern als zwei verschiedene Wirklichkeiten, die miteinander verbunden sind. Ein Satz könnte lauten: „Ich weiß, dass du krank bist, und ich bin trotzdem manchmal müde.“ Ein anderer: „Ich vermisse unser altes Leben, ohne dir die Schuld dafür zu geben.“ Oder: „Ich möchte dich schützen, aber ich habe Angst, dich zu verlieren, wenn ich dich zu sehr schütze.“ Solche Sätze sind nicht einfach. Sie können wehtun. Aber sie können auch verhindern, dass unausgesprochene Gefühle im Stillen härter werden.

Für den erkrankten Menschen sind diese Gespräche ebenfalls schwer. Wer ohnehin wenig Energie hat, möchte nicht zusätzlich die Erschöpfung der anderen tragen. Wer sich schuldig fühlt, hört in jedem ehrlichen Satz schnell einen Vorwurf. Wer abhängig geworden ist, fürchtet, zur Last zu sein. Deshalb müssen solche Gespräche behutsam geführt werden, manchmal kurz, manchmal schriftlich, manchmal mit Pausen. Aber sie dürfen nicht grundsätzlich verboten sein. Denn eine Beziehung, in der nur die Krankheit spricht, verliert irgendwann beide Menschen. Angehörige brauchen auch eigene Unterstützung. Nicht erst, wenn sie am Ende sind. Nicht erst, wenn sie selbst krank werden. Unterstützung kann praktisch sein: Hilfe im Haushalt, Entlastung bei Fahrten, klare

Informationen, Ansprechpersonen, Pflegeberatung, flexible Arbeitsbedingungen. Sie kann emotional sein: Gespräche, Selbsthilfegruppen, Therapie, vertraute Menschen, bei denen nicht alles erklärt werden muss. Sie kann gesellschaftlich sein: Anerkennung, dass Angehörigenarbeit Arbeit ist, auch wenn sie nicht bezahlt wird und oft im Privaten verschwindet.

Gerade bei Long Covid und ME/CFS ist diese Unterstützung oft unzureichend. Weil die Erkrankungen schwer greifbar sind, bleibt auch die Angehörigenbelastung schwer greifbar. Wer einen Menschen pflegt, der sichtbar körperlich eingeschränkt ist, bekommt vielleicht eher Verständnis. Wer einen Menschen begleitet, der nach außen manchmal gesund wirkt, aber danach crasht, muss mehr erklären. Wer einen schwer betroffenen Menschen vor Reizen schützt, wird vielleicht als übervorsichtig wahrgenommen. Wer Termine absagt oder Besuch begrenzt, gilt schnell als abschirmend. Dabei kann genau diese Abschirmung notwendig sein.

Die Angehörigen von Max wissen das. Sie leben mit einer Form von Fürsorge, die gegen viele soziale Instinkte arbeitet. Nicht zu laut sein. Nicht zu lange bleiben. Nicht spontan vorbeikommen. Nicht fragen, was alles geht. Nicht Hoffnung in Forderung verwandeln. Gleichzeitig müssen sie dafür sorgen, dass Max nicht vergessen wird. Dass seine Bedürfnisse gesehen werden. Dass seine Krankheit nicht hinter der Dunkelheit verschwindet. Diese Doppelbewegung ist schwer: schützen und sichtbar machen. Abschirmen und vertreten. Nähe halten, ohne Nähe aufzudrängen.

Auch Freundschaften verändern sich. Viele Menschen möchten helfen, wissen aber nicht wie. Am Anfang fragen sie häufiger nach. Dann werden die Abstände größer. Nicht unbedingt aus Gleichgültigkeit, sondern aus Unsicherheit. Was soll man schreiben, wenn es seit Monaten nicht besser wird? Wie oft darf man fragen, ohne zu belasten? Darf man vom eigenen Leben erzählen, wenn der andere kaum teilnehmen kann? Darf man schöne Erlebnisse teilen? Wird das traurig machen? Solche Fragen können dazu führen, dass Menschen schweigen. Und Schweigen wird dann zur dritten Verletzung. Für Betroffene und Angehörige kann es hilfreich sein, wenn Freundschaft eine neue Form findet. Weniger Erwartung. Mehr Beständigkeit. Eine kurze Nachricht ohne Antwortpflicht. Ein konkretes Angebot statt allgemeiner Hilfsbereitschaft. „Ich stelle am Donnerstag Essen vor die Tür.“ „Ich kann den Antrag ausdrucken.“ „Ich fahre dich, wenn ein Termin ansteht.“ „Du musst nicht antworten, ich denke an dich.“ Solche Sätze sind klein, aber sie entlasten, weil sie nicht zusätzlich Entscheidungskraft verlangen. Allgemeine Hilfsangebote klingen gut, kosten aber oft Energie, weil der Betroffene oder Angehörige erst herausfinden muss, was gebraucht wird.

Die zweite Erschöpfung betrifft auch Eltern erkrankter erwachsener Kinder. Der Fall Max zeigt das besonders deutlich. Eltern erwarten, dass Kinder irgendwann selbstständig werden, ihr Leben aufbauen, eigene Wege gehen. Wenn ein erwachsenes Kind schwer krank wird, kehrt eine Abhängigkeit zurück, für die es keine einfache kulturelle Form gibt. Es ist nicht mehr die Pflege eines Kindes im klassischen Sinn und doch wieder Sorge um Grundbedürfnisse. Es ist Liebe, aber auch Schock. Stolz auf den Weg, der einmal vor ihm lag, und Trauer über das, was unterbrochen wurde. Eltern müssen dann nicht nur pflegen oder organisieren. Sie müssen ein Zukunftsbild betrauern, das niemand offiziell beerdigt hat.

Diese Trauer ohne klaren Abschluss ist ein zentrales Thema. Bei chronischen, schwankenden oder unklaren Erkrankungen gibt es oft keinen eindeutigen Moment, an dem man sagen kann: Ab jetzt ist alles anders. Es verändert sich schleichend. Man hofft weiter, und gerade deshalb trauert man nicht vollständig. Man trauert um das alte Leben, während man gleichzeitig auf seine Rückkehr wartet. Man trauert um Möglichkeiten, die vielleicht doch noch kommen könnten. Diese schwebende Trauer ist erschöpfend, weil sie keinen festen Ort hat.

Bei meiner Frau war die Verbesserung auf siebzig Prozent auch deshalb so bedeutsam, weil sie wieder mehr Zukunft ermöglichte. Aber sie änderte nicht die Erinnerung an die Zeit, in der Zukunft kaum planbar war. Angehörige tragen solche Erinnerungen mit. Sie erinnern sich an Tage, an denen fast nichts ging. An die Angst, dass es so bleibt. An die Hilflosigkeit vor einer Medizin, die nicht sofort helfen konnte. An die eigene Suche nach Informationen. An die Anspannung vor Aktivitäten. An das vorsichtige Beobachten danach. Selbst wenn es besser wird, bleibt der Körper der Angehörigen manchmal länger im Alarmzustand.

Das wird selten gesehen. Angehörige wirken oft erleichtert, wenn es dem Erkrankten besser geht, und sie sind es auch. Aber Erleichterung ist nicht dasselbe wie vollständige Entspannung. Nach langer Belastung muss auch das Umfeld erst lernen, dass nicht jeder gute Tag sofort wieder gefährdet ist. Oder, wenn er gefährdet sein kann, mit dieser Unsicherheit zu leben. Die Krankheit prägt eine gemeinsame Wachsamkeit, die nicht einfach verschwindet, nur weil mehr möglich wird.

Deshalb ist es wichtig, dass Angehörige nicht nur als Helfende betrachtet werden, sondern als Mitbetroffene einer veränderten Lebenslage. Nicht im gleichen Ausmaß, nicht mit denselben körperlichen Symptomen, aber mit realen Folgen. Ihre Arbeit ist Teil der Versorgung. Ihre Beobachtungen sind Teil des Krankheitsverständnisses. Ihre Erschöpfung ist Teil des Systems. Wenn man sie ignoriert, riskiert man, dass die zweite Stütze bricht. Was heißt das konkret, ohne daraus einen Ratgeber zu machen? Vielleicht zunächst nur dies: Angehörige brauchen Erlaubnis zur Wirklichkeit. Sie dürfen sagen, dass es schwer ist. Sie dürfen Hilfe brauchen. Sie dürfen wütend sein auf die Krankheit, auf das System, auf die Unsicherheit, manchmal auch auf die Situation, ohne den Erkrankten abzuwerten. Sie dürfen ihr altes Leben vermissen. Sie dürfen sich freuen, wenn sie einen Moment für sich haben. Sie dürfen erschöpft sein, auch wenn der andere kränker ist.

Diese Erlaubnis ist keine Selbstverständlichkeit. Viele Angehörige nehmen sie sich nicht. Sie funktionieren. Sie organisieren. Sie halten durch. Und damit wiederholt sich ein Motiv des gesamten Buches: Energie wird als selbstverständlich behandelt, bis sie verschwindet. Auch die Energie der Angehörigen. Auch ihre Geduld. Auch ihre Fähigkeit, immer wieder zu erklären, zu hoffen, zu schützen, zu warten. Wenn diese Energie nicht gepflegt wird, entsteht eine zweite Krankheitslinie im Hintergrund.

Eine menschlichere Gesellschaft müsste Angehörige früher sehen. Nicht erst, wenn Pflegegrade, Anträge oder Überlastung offensichtlich werden. Sie müsste anerkennen, dass Long Covid, ME/CFS und schwere Fatigue-Zustände Familien und Beziehungen verändern. Sie müsste Informationen bereitstellen, die nicht nur Betroffene adressieren. Sie müsste Versorgung so organisieren, dass Angehörige nicht zu Fallmanagern wider Willen werden. Sie müsste flexible Arbeitsmodelle nicht nur für Erkrankte, sondern auch für Pflegende ermöglichen. Sie müsste schwere unsichtbare Erkrankungen so ernst nehmen, dass Angehörige nicht ständig zwischen Schutz und Rechtfertigung zerrieben werden.

Doch auch im Privaten beginnt Veränderung manchmal kleiner. Mit einem Gespräch, das nicht alles lösen muss. Mit einer Nachricht, die keine Antwort verlangt. Mit einer Freundin, die nicht fragt, wann es endlich besser wird, sondern was gerade entlastet. Mit einem Arzt, der die Beobachtung der Angehörigen ernst nimmt. Mit einem Arbeitgeber, der versteht, dass Pflege nicht nur bei sichtbarer Behinderung Arbeit ist. Mit der Bereitschaft, Krankheit nicht als individuelles Ereignis zu betrachten, sondern als etwas, das Kreise zieht. Am Ende dieses Kapitels steht kein idealisiertes Bild von Fürsorge. Liebe macht chronische Krankheit nicht leicht. Geduld macht ME/CFS nicht weniger schwer. Verständnis ersetzt keine Forschung, keine Versorgung, keine medizinische Kompetenz. Aber ohne Liebe, Geduld und Verständnis wird alles noch schwerer. Sie sind nicht die Lösung. Sie sind die Bedingungen, unter denen Menschen nicht zusätzlich vereinsamen.

Wenn ein Mensch Energie verliert, verliert nicht nur er etwas. Auch die Menschen um ihn herum müssen ein neues Leben lernen. Dieses neue Leben kann enger sein, langsamer, vorsichtiger, manchmal traurig und manchmal unerwartet intensiv. Es kann Momente großer Nähe enthalten und Momente tiefer Einsamkeit. Es kann Fortschritte feiern, die früher niemand bemerkt hätte. Es kann Rückschläge fürchten, die andere nicht sehen. Es kann aus weniger Welt bestehen und trotzdem Würde brauchen.

Vielleicht besteht die Aufgabe der Angehörigen nicht darin, den erkrankten Menschen zurück in das alte Leben zu ziehen. Vielleicht besteht sie zuerst darin, mit ihm anzuerkennen, dass das alte Leben nicht einfach verfügbar ist. Erst dann kann etwas anderes entstehen: ein Leben, das nicht romantisiert wird, nicht beschönigt, nicht vorschnell geheilt erzählt, aber getragen. So gut es geht. Mit Grenzen. Mit Hilfe. Mit Trauer. Mit Hoffnung, die nicht drängt.

Das nächste Kapitel führt diese Frage in die Arbeitswelt zurück. Denn dort entscheidet sich für viele Menschen, ob Krankheit als menschliche Realität anerkannt wird oder als Störung im System. Solange Arbeit der wichtigste Beweis sozialer Zugehörigkeit bleibt, wird der Verlust von Arbeitsfähigkeit zu mehr als einem medizinischen Problem. Er wird zur Identitätskrise, zur finanziellen Bedrohung und zur moralischen Prüfung. Eine Gesellschaft zeigt ihr Menschenbild daran, wie sie mit denen umgeht, die nicht mehr leisten können.

Kapitel 14 - Arbeit, Leistung und die falsche Moral der Überwindung

Solange ein Mensch arbeitet, wird er selten gefragt, wie viel ihn das Arbeiten kostet. Arbeit gilt als Beweis dafür, dass es geht. Wer morgens erscheint, Aufgaben erledigt, Mails beantwortet, Termine wahrnimmt und am Ende des Monats ein Gehalt bekommt, erscheint im sozialen Blick als funktionsfähig. Vielleicht gestresst, vielleicht müde, vielleicht überlastet, aber grundsätzlich auf der Seite derer, die teilnehmen. Arbeit ist in unserer Gesellschaft mehr als Erwerb. Sie ist Zugehörigkeit, Identität, Status, Normalitätsnachweis und oft auch die Eintrittskarte in Respekt. Das merkt man erst richtig, wenn Arbeit nicht mehr selbstverständlich möglich ist. Ein Mensch, der nicht mehr arbeiten kann, verliert nicht nur Einkommen. Er verliert Rhythmus. Er verliert die Frage am Montagmorgen, die andere vielleicht nervt, aber ihm Struktur gab. Er verliert Kolleginnen, Routinen, Gespräche, Aufgaben, das Gefühl, gebraucht zu werden, manchmal auch die eigene Erklärung dafür, wer er ist. Wer lange gearbeitet hat, weiß oft gar nicht, wie tief Arbeit im Selbstbild sitzt, bis sie wegfällt. Dann wird aus Krankheit nicht nur ein körperlicher Zustand, sondern eine soziale Verschiebung. Man ist noch derselbe Mensch, aber die Welt reagiert anders.

Jonas fürchtet genau das, obwohl er es lange nicht so nennen würde. Für ihn ist Arbeit nicht nur Arbeit. Sie ist Beweis. Wenn er arbeitet, ist er sichtbar. Wenn er leistet, ist er sicher. Wenn er gebraucht wird, hat sein Tag Gewicht. Die Vorstellung, nicht mehr leisten zu können, ist für ihn schwerer als die Vorstellung, müde zu sein. Müdigkeit kennt er. Müdigkeit lässt sich in seiner Welt noch in Ehrgeiz verwandeln. Aber Ausfall lässt sich nicht mehr so leicht umdeuten. Ausfall ist ein Riss in der Erzählung, dass ein Mensch durch Einsatz die Kontrolle behält. Das ist die falsche Moral der Überwindung: Sie erzählt, dass Grenzen vor allem dazu da sind, überschritten zu werden, und dass der Mensch dort am wertvollsten ist, wo er sich gegen Widerstände durchsetzt. In vielen Lebensbereichen kann diese Haltung Kraft geben. Sie kann Menschen helfen, Prüfungen zu bestehen, Krisen zu überstehen, Projekte abzuschließen, nach Rückschlägen wieder aufzustehen. Aber als allgemeines Menschenbild wird sie gefährlich. Sie unterscheidet nicht sauber zwischen Schwierigkeit und Krankheit, zwischen Angst und

Körpergrenze, zwischen Trainingsreiz und Schädigung, zwischen Mut und Selbstgefährdung.

Bei Long Covid, ME/CFS und PEM wird diese falsche Moral besonders sichtbar. Ein Mensch, dessen Körper nach Belastung abstürzt, braucht keine Aufforderung, sich zusammenzureißen. Er braucht Schutz vor einem Denken, das Überwindung automatisch für gesund hält. Wenn Aktivität Symptome verschlechtern kann, ist Durchhalten nicht Tugend, sondern Risiko. Wenn Licht, Geräusche, Gespräche oder kognitive Belastung zu viel sind, ist Rückzug nicht Schwäche, sondern manchmal die einzige Möglichkeit, Stabilität zu bewahren.

Max ist das radikale Gegenbild zur Leistungsgesellschaft. Ein junger Mann, der am Ende seiner Promotion stand, wird zum Pflegefall. Ein Leben, das auf Denken, Arbeiten, Forschung und Zukunft ausgerichtet war, schrumpft in ein dunkles Zimmer. Für eine Gesellschaft, die Menschen gern über Potenzial beschreibt, ist das kaum auszuhalten. Denn was ist Potenzial, wenn der Körper die Welt nicht mehr betreten kann? Was ist Leistung, wenn selbst Reizschutz zur Überlebensbedingung wird? Was ist Wert, wenn ein Mensch nichts mehr beitragen kann, was sich in Produktivität übersetzen lässt?

Die richtige Antwort wäre einfach: Sein Wert bleibt unverändert. Aber gesellschaftlich handeln wir oft nicht so eindeutig. Wir sagen zwar, dass Menschenwürde unabhängig von Leistung ist. Gleichzeitig bauen wir viele Anerkennungsformen um Leistung herum. Wir fragen nach Berufen. Wir messen Erfolg an Einkommen, Position, Produktivität, Sichtbarkeit. Wir sprechen von Leistungsträgern, als trüge der Wert eines Menschen sich besonders dort aus, wo er ökonomisch sichtbar wird. Wer arbeitet, gilt als Teil des Ganzen. Wer nicht arbeiten kann, muss erklären, warum. Diese Erklärungspflicht ist belastend. Krank sein reicht oft nicht. Man muss krank genug sein. Sichtbar genug. Nachweisbar genug. Verständlich genug. Man muss belegen, dass es wirklich nicht geht, und zugleich zeigen, dass man sich bemüht. Man darf nicht zu gesund wirken, sonst wird die Einschränkung bezweifelt. Man darf aber auch nicht zu krank wirken, sonst wird man aus der Vorstellung von Rückkehr gestrichen. Zwischen diesen Erwartungen bewegen sich viele Menschen mit unsichtbaren Erkrankungen. Sie müssen ein Bild liefern, das weder übertreibt noch verharmlost, und geraten dabei in eine Rolle, die zusätzlich Energie kostet.

Bei Long Covid ist dieses Problem besonders häufig. Viele Betroffene sehen nicht dauerhaft krank aus. Sie können an guten Tagen sprechen, lachen, vielleicht eine kurze Aktivität bewältigen. Genau das wird ihnen manchmal später entgegengehalten. Wer gesehen wurde, wie er einkauft, kann doch nicht so eingeschränkt sein. Wer eine E-Mail schreibt, kann doch arbeiten. Wer einen Termin wahrnimmt, kann doch belastbar sein. Diese Schlussfolgerungen ignorieren den Preis nach der Aktivität. Sie sehen den Ausschnitt und nennen ihn Leistungsfähigkeit. Arbeitssysteme sind für solche Schwankungen schlecht gebaut. Sie mögen Planbarkeit. Sie brauchen Verlässlichkeit, Stunden, Aufgaben, Erreichbarkeit, Rollen. Eine Erkrankung, die täglich anders sein kann, die auf Belastung verzögert reagiert, die Reize, Schlaf, Kreislauf und Konzentration beeinflusst, passt schlecht in Standardmodelle. Vollzeit oder krank. Belastbar oder nicht. Wiedereingliederung oder Ausfall. Doch viele Betroffene leben dazwischen: nicht gesund genug für das alte Pensum, nicht krank sichtbar genug für das Verständnis der Umwelt, nicht stabil genug für lineare Pläne.

Die stufenweise Wiedereingliederung kann für manche Menschen hilfreich sein. Sie kann den Weg zurück erleichtern, Belastung langsam erhöhen, Sicherheit geben. Aber bei PEM muss sie sehr vorsichtig gedacht werden. Wenn Steigerung nach Plan erfolgt, ohne die Reaktion des Körpers zu respektieren, kann sie schaden. Nicht jedes Mehr ist Fortschritt. Manchmal ist Stabilität der eigentliche Fortschritt. Manchmal bedeutet ein guter Plan nicht, jede Woche etwas zu steigern, sondern erst einmal herauszufinden, wo die Grenze liegt, ohne sie ständig zu überschreiten. Das widerspricht dem Arbeitsdenken vieler Organisationen. Dort gilt Entwicklung als Zunahme. Mehr Stunden, mehr Verantwortung, mehr Produktivität, mehr Normalität. Krankheit soll sich möglichst in eine Rückkehrkurve einfügen. Doch Körper schreiben keine Projektpläne. Sie reagieren. Sie schwanken. Sie setzen Grenzen, die sich nicht an Kalenderwochen halten. Wer Long Covid oder ME/CFS ernst nimmt, muss akzeptieren, dass Rückkehr nicht automatisch

Rückkehr ins alte Modell bedeutet. Manchmal ist die alte Arbeitsform Teil dessen, was nicht mehr geht. Manchmal braucht es nicht nur weniger Stunden, sondern andere Bedingungen: Ruhe, Reizarmut, Pausen, flexible Zeiten, weniger Meetings, schriftliche Kommunikation, Homeoffice oder gerade nicht Homeoffice, je nachdem, was entlastet.

Auch Homeoffice ist ambivalent. Während der Pandemie wurde es für viele zum Symbol von Flexibilität. Für Menschen mit eingeschränkter Energie kann es tatsächlich helfen: weniger Wege, weniger Reize, bessere Pausen, mehr Kontrolle über Umgebung. Aber Homeoffice kann auch Grenzen auflösen, Isolation verstärken und den Druck erhöhen, trotz Krankheit erreichbar zu bleiben. Für Long-Covid-Betroffene kann ein Bildschirmtag körperlich und kognitiv teuer sein, selbst wenn kein Arbeitsweg anfällt. Für Menschen mit Brain Fog können Videokonferenzen mehr belasten als stille Aufgaben. Für Menschen mit Dysautonomie kann Sitzen selbst ein Problem sein. Die Frage lautet deshalb nie einfach: Homeoffice ja oder nein. Sondern: Welche Form von Arbeit kostet welche Energie?

Das ist der Punkt, den Arbeitgeber oft lernen müssen. Arbeitsfähigkeit ist nicht nur eine Stundenzahl. Sie ist eine Kombination aus Energie, Reizverarbeitung, kognitiver Belastbarkeit, Kreislauf, Schlaf, Symptomdynamik, Pausenfähigkeit und Erholungszeit. Ein Mensch kann vielleicht zwei Stunden konzentriert arbeiten, aber nicht zusätzlich an einem Meeting teilnehmen. Er kann vielleicht schreiben, aber nicht spontan sprechen. Er kann vielleicht vormittags Aufgaben erledigen, aber nachmittags nicht mehr denken. Er kann vielleicht von zu Hause arbeiten, aber nur mit langen Pausen. Diese Differenzierungen wirken kompliziert. Aber sie sind die Realität vieler Betroffener. In der alten Arbeitsmoral gelten solche Differenzierungen schnell als Sonderwünsche. In einer menschlicheren Arbeitskultur wären sie Teil einer nüchternen Ressourcenplanung. Wer einen Körper mit begrenzter Energie weiter wie einen unbegrenzten Körper behandelt, verliert am Ende oft alles: die Arbeitsfähigkeit, die Gesundheit, das Vertrauen. Wer dagegen früh anpasst, kann Teilhabe erhalten. Nicht immer. Nicht bei allen. Nicht als Garantie. Aber häufiger, als wenn man Menschen zwingt, so zu tun, als sei ihre alte Belastbarkeit nur eine Frage des Willens.

Sara sieht die andere Seite dieser Arbeitswelt. In Pflege und sozialen Berufen gibt es oft wenig Spielraum für individuelle Anpassung. Jemand muss da sein. Körper müssen versorgt, Kinder betreut, Menschen begleitet werden. Arbeit lässt sich nicht immer verschieben oder schriftlich erledigen. Genau deshalb ist die falsche Moral der Überwindung dort besonders tief eingebaut. Wenn Sara fehlt, fehlt sie nicht einem abstrakten Projekt, sondern Menschen. Das macht es schwerer, Grenzen zu ziehen. Und es macht es für Systeme bequemer, auf moralische Verpflichtung zu setzen, statt strukturelle Entlastung zu schaffen.

Eine Gesellschaft, die Pflegekräfte, Erzieherinnen, Lehrer, Ärztinnen und soziale Berufe über ihre Belastungsgrenze hinaus braucht, hat kein individuelles Motivationsproblem. Sie hat ein Strukturproblem. Wenn diese Menschen ausfallen, wird oft gefragt, wie man sie resilienter machen kann. Manchmal ist das sinnvoll. Aber häufiger müsste man fragen, warum ein System so organisiert ist, dass es nur durch dauerhafte Grenzüberschreitung stabil bleibt. Resilienz darf nicht zur freundlichen Verpackung für Zumutung werden.

Das gilt nicht nur für soziale Berufe. Auch in Wissensarbeit, Beratung, Technologie, Wissenschaft und Verwaltung wird Erschöpfung häufig individualisiert. Jonas soll Prioritäten setzen, sich besser organisieren, Pausen machen, achtsam bleiben. Gleichzeitig belohnt seine Arbeitswelt Geschwindigkeit, Sichtbarkeit und Erreichbarkeit. Solange das so bleibt, wird jedes Selbstfürsorgeprogramm ambivalent. Es sagt dem Einzelnen: Schütze dich. Aber das System sagt: Gib mehr. Wer zwischen diesen Botschaften lebt, fühlt sich am Ende doppelt verantwortlich — für die Arbeit und für die Reparatur der Schäden, die sie verursacht. Bei Krankheit verschärft sich diese Logik. Der kranke Mensch soll gesund werden, aber möglichst schnell. Er soll Grenzen achten, aber Rückkehrbereitschaft zeigen. Er soll nicht übertreiben, aber auch nicht zu wenig belastbar wirken. Er soll seine Krankheit erklären, aber nicht zu kompliziert. Er soll hoffen, aber nicht unrealistisch. Er soll sich schonen, aber nicht aufgeben. Das ist ein enges Feld. Besonders bei Erkrankungen, deren Verlauf unklar ist, wird daraus eine permanente Selbstbeobachtung unter fremdem Blick.

Die finanzielle Dimension kommt hinzu. Nicht arbeiten zu können ist nicht nur eine Identitätsfrage, sondern oft eine existenzielle. Krankengeld, Erwerbsminderung, Anträge, Gutachten, Einkommensverlust, Versicherungen, Rücklagen, Abhängigkeit vom Partner oder von Familie. Eine schwere Erschöpfungserkrankung trifft deshalb Menschen ungleich. Wer Vermögen, Partner, Familie, Wohneigentum oder flexible Arbeit hat, fällt anders als jemand ohne Sicherheitsnetz. Energieverlust ist biologisch. Seine Folgen sind sozial. Das gilt auch für die Entscheidung, wie viel man riskiert. Ein Betroffener mit finanzieller Reserve kann eher reduzieren, pausieren, Behandlung suchen, stabilisieren. Ein Betroffener ohne Reserve versucht vielleicht länger zu arbeiten, als der Körper erlaubt, weil die Alternative sofort bedrohlich ist. Dann wird Armut oder finanzielle Unsicherheit zum medizinischen Risiko. Nicht, weil sie die Krankheit allein verursacht, sondern weil sie Schonung erschwert. Eine Gesellschaft, die Energiegrenzen ernst nimmt, muss auch diese soziale Dimension sehen.

Max' Fall zeigt das in einer extremen Form. Wenn ein Mensch pflegebedürftig wird, verschieben sich nicht nur persönliche Pläne, sondern finanzielle, organisatorische und rechtliche Strukturen. Pflegegrad, Hilfsmittel, Versorgung, Angehörigenarbeit, Wohnsituation, medizinische Betreuung, Anträge. Ein dunkles Zimmer ist nicht nur ein medizinisches Bild. Es ist auch ein administrativer Zustand. Jemand muss dafür sorgen, dass Schutz, Hilfe und Alltag organisiert werden. Und dieses Jemand ist oft die Familie.

Die Leistungsgesellschaft spricht gern von Selbstständigkeit. Krankheit zeigt, wie fragil diese Selbstständigkeit ist. Jeder Mensch lebt auf Voraussetzungen, die er nicht allein geschaffen hat: Körper, Schlaf, Energie, soziale Unterstützung, Infrastruktur, medizinische Versorgung. Solange alles funktioniert, sieht Selbstständigkeit wie persönliche Eigenschaft aus. Wenn es bricht, wird sichtbar, wie sehr Menschen immer schon abhängig sind. Nicht als Schwäche, sondern als Grundbedingung. Diese Erkenntnis könnte humanisieren. Sie könnte dazu führen, Arbeit weniger brutal zu denken, Krankheit weniger beschämend, Teilhabe weniger eng. Sie könnte uns daran erinnern, dass Produktivität nur eine Ausdrucksform menschlichen Lebens ist, nicht sein Maß. Doch dafür müsste die Gesellschaft ihr

Verhältnis zur Leistung ehrlich prüfen. Nicht nur in Sonntagsreden über Work-Life-Balance, sondern in Strukturen: Arbeitszeiten, Krankenrückkehr, Pflege, Gutachten, Reha, Erwerbsminderung, Forschung, soziale Sicherung.

Die falsche Moral der Überwindung wirkt auch in Reha-Kontexten. Rehabilitation ist grundsätzlich wichtig. Sie kann Menschen nach Krankheit, Unfall oder psychischer Krise helfen, Fähigkeiten zurückzugewinnen, Stabilität aufzubauen und Teilhabe zu ermöglichen. Aber bei Long Covid, ME/CFS und PEM muss Rehabilitation die Belastungsintoleranz verstehen. Eine Reha, die nach Standardsteigerung funktioniert, kann an den falschen Stellen Druck erzeugen. Wenn Betroffene aus Angst vor Unglauben mehr mitmachen, als ihnen guttut, wird die Reha zum Risiko. Dann entsteht das Gegenteil von Teilhabe: Verschlechterung durch ein System, das Teilhabe herstellen wollte.

Deshalb ist die Frage nicht, ob Menschen zurück ins Leben sollen. Natürlich sollen sie das, wenn und soweit es möglich ist. Die Frage ist, zu welchem Preis und in welchem Tempo. Rückkehr darf nicht bedeuten, dass der Körper in die alte Form gezwungen wird. Rückkehr muss bedeuten, Bedingungen zu schaffen, unter denen Teilhabe nicht ständig mit Absturz bezahlt wird. Das kann in manchen Fällen Arbeit sein, in anderen nicht. Es kann eine reduzierte Rolle sein, eine andere Aufgabe, ein geschützter Rhythmus oder die Anerkennung, dass Erwerbsarbeit vorerst oder dauerhaft nicht möglich ist. Diese Anerkennung fällt schwer, weil Arbeit sozial so hoch bewertet ist. Menschen, die nicht arbeiten können, erzählen oft, dass sie sich schämen, obwohl sie nichts falsch gemacht haben. Sie schämen sich, tagsüber zu Hause zu sein. Sie schämen sich, Geld zu bekommen, ohne zu leisten. Sie schämen sich, wenn andere fragen, was sie machen. Sie schämen sich, weil sie selbst früher vielleicht ähnlich gedacht haben: Wer nicht arbeitet, muss einen klaren Grund haben. Krankheit zwingt sie nun, diese alten Urteile am eigenen Körper zu spüren. Scham ist dabei kein Nebeneffekt. Sie kostet Energie. Sie macht krankes Leben enger. Sie führt dazu, dass Menschen sich erklären, rechtfertigen, zurückziehen oder über ihre Grenzen gehen, um nicht als schwach zu erscheinen. Eine Gesellschaft, die kranke Menschen beschämt, erschwert Genesung oder Stabilisierung. Sie zwingt Menschen in Rollen, die nicht zu ihrem Körper passen. Und sie übersieht, dass Nichtarbeiten manchmal keine Entscheidung ist, sondern ein Verlust.

Jonas beginnt das zu ahnen, als er von Max hört. Nicht vollständig, nicht sofort. Aber etwas verschiebt sich. Max ist für ihn nicht einfach ein schwerer Fall. Er ist fast gleich alt, gebildet, leistungsfähig, auf einem anspruchsvollen Weg. Jonas erkennt, dass Leistung kein Schutzversprechen ist. Ein Körper kann ausfallen, auch wenn der Lebenslauf stimmt. Diese Erkenntnis macht ihm Angst, aber sie kann auch befreien. Wenn Leistung nicht garantiert, dass man sicher bleibt, dann darf sie vielleicht auch nicht der einzige Maßstab sein, an dem ein Leben hängt.

Sara erkennt etwas Ähnliches in ihrem Beruf. Sie sieht Menschen, die plötzlich auf Hilfe angewiesen sind, und weiß, wie schnell Rollen kippen. Heute Pflegende, morgen Patientin. Heute Angehöriger, morgen Betroffener. Das ist keine Drohung, sondern eine Erinnerung. Verletzlichkeit ist nicht Ausnahme, sondern Möglichkeit jedes Lebens. Eine Arbeitswelt, die Verletzlichkeit ausblendet, ist nicht realistisch. Sie ist nur so lange bequem, wie andere den Preis zahlen.

Eine menschlichere Arbeitskultur müsste deshalb mit einer einfachen Wahrheit beginnen: Menschen sind keine konstanten Leistungseinheiten. Sie haben Lebensphasen, Krankheiten, Krisen, Pflegeverantwortung, schwankende Energie, Trauer, Erholung, Grenzen. Gute Arbeitspolitik würde das nicht als Störung betrachten, sondern als Normalität. Sie würde Systeme bauen, die nicht sofort instabil werden, wenn Menschen menschlich sind.

Das klingt groß, beginnt aber konkret. Realistische Arbeitslast. Vertretungsstrukturen. Weniger symbolische Überstundenkultur. Führungskräfte, die Grenzen nicht nur rhetorisch loben, sondern praktisch ermöglichen. Rückkehrgespräche, die nach Kosten und Nachwirkungen fragen. Flexible Modelle, die nicht zur permanenten Verfügbarkeit werden. Anerkennung von unsichtbaren Erkrankungen. Schutz vor vorschneller Aktivierung. Kein Karrieremalus für reduzierte Arbeitsfähigkeit, wo Anpassung möglich ist. Und dort, wo Arbeit nicht möglich ist, soziale Sicherung ohne entwürdigende Dauerverdächtigung. Diese Punkte sind nicht weich. Sie sind ökonomisch und menschlich rational. Systeme, die Menschen verbrauchen, verlieren Erfahrung, Vertrauen, Gesundheit und langfristige Leistungsfähigkeit. Gesellschaften, die schwere Erkrankungen ignorieren, verlagern Kosten in Familien, Pflege, Sozialversicherungen und private Verzweiflung. Unternehmen, die Arbeit nur kurzfristig verdichten, erzeugen langfristig Ausfall. Eine Kultur, die Überwindung romantisiert, übersieht den Moment, in dem Überwindung Schaden anrichtet.

Vielleicht muss die alte Frage deshalb umgestellt werden. Nicht: Wie bringen wir Menschen möglichst schnell zurück zur Leistung? Sondern: Welche Form von Teilhabe ist unter realen Bedingungen möglich, würdig und stabil? Manchmal wird die Antwort Arbeit sein. Manchmal reduzierte Arbeit. Manchmal eine andere Aufgabe. Manchmal vorerst keine Arbeit. Manchmal Pflege. Manchmal Schutz. Entscheidend ist, dass der Mensch nicht erst dann zählt, wenn er wieder verwertbar ist.

Max zählt im dunklen Zimmer. Meine Frau zählte bei dreißig Prozent Energie genauso wie bei siebzig. Lena zählt, bevor sie zusammenbricht. Sara zählt, auch wenn sie Nein sagt. Jonas zählt, auch wenn er den Laptop schließt. Mia zählt, auch wenn ihr Lebenslauf noch keine klare Linie erzählt. Dieser Satz klingt selbstverständlich. Aber ein großer Teil unserer Kultur handelt so, als müsse er immer wieder bewiesen werden. Eine Gesellschaft zeigt ihr Menschenbild daran, wie sie mit denen umgeht, die nicht mehr leisten können. Ob sie sie beschämt oder schützt. Ob sie ihnen misstraut oder zuhört. Ob sie Teilhabe ermöglicht oder nur Produktivität vermisst. Ob sie Angehörige alleinlässt oder stützt. Ob sie Forschung finanziert oder Dunkelzimmer übersieht. Ob sie Krankheit als individuelles Pech behandelt oder als gemeinsame Aufgabe. Arbeit bleibt wichtig. Sie gibt Einkommen, Struktur, Sinn, Zugehörigkeit. Sie kann Menschen stärken und Leben tragen. Dieses Kapitel ist kein Plädoyer gegen Arbeit. Es ist ein Plädoyer gegen die Verwechslung von Arbeit und Wert. Gegen eine Moral, die Menschen erst dann ernst nimmt, wenn sie wieder funktionieren. Gegen eine Überwindungserzählung, die dort noch antreibt, wo Schutz nötig wäre.

Vielleicht beginnt eine bessere Arbeitskultur mit einem anderen Satz.

Nicht: Wann kannst du wieder so arbeiten wie vorher? Sondern: Was brauchst du, damit Teilhabe möglich bleibt, ohne dich weiter zu verlieren?

Das nächste Kapitel führt diese Frage aus dem Arbeitsraum hinaus in Forschung, Politik und Versorgung. Denn individuelles Verständnis reicht nicht, wenn Strukturen fehlen. Long Covid, ME/CFS und schwere Fatigue brauchen mehr als gute Worte. Sie brauchen Forschung, geschulte Medizin, angemessene Reha, ernsthafte Begutachtung, Unterstützung für Angehörige und Versorgung, die auch jene erreicht, die zu krank sind, um sichtbar zu sein. Wer diese Krankheiten ernst nimmt, muss mehr tun, als Mitgefühl zu zeigen.

Kapitel 15 - Was Forschung, Politik und Versorgung jetzt leisten müssen

Mitgefühl ist gut. Aber ohne Struktur bleibt es folgenlos.

Man kann berührt sein von Max im dunklen Zimmer. Man kann betroffen sein, wenn ein Mensch nach Long Covid nur noch dreißig Prozent seiner früheren Energie hat. Man kann erschrecken über Brain Fog, PEM, Reizintoleranz, Pflegebedürftigkeit, verlorene Arbeit und die stille Erschöpfung der Angehörigen. Doch wenn dieses Erschrecken nicht in Forschung, Versorgung, Anerkennung und konkrete Hilfen übersetzt wird, bleibt es ein Gefühl. Für die Betroffenen ist das zu wenig. Schwere Erschöpfungserkrankungen brauchen mehr als gute Worte. Sie brauchen eine Medizin, die sie erkennt. Eine Forschung, die ihre Mechanismen versteht. Eine Versorgung, die nicht nur jene erreicht, die noch genug Energie haben, um Termine wahrzunehmen. Eine Sozialverwaltung, die schwankende Belastbarkeit nicht automatisch als Unglaubwürdigkeit deutet. Arbeitgeber, die nicht nur Rückkehr erwarten, sondern Bedingungen schaffen. Politik, die nicht erst handelt, wenn die Unsichtbaren laut genug werden — denn viele von ihnen können nicht laut werden.

Long Covid, ME/CFS und schwere Fatigue-Zustände stellen das Gesundheitssystem vor eine besondere Herausforderung, weil sie quer zu den gewohnten Zuständigkeiten liegen. Sie sind nicht nur Lunge, nicht nur Herz, nicht nur Neurologie, nicht nur Psychosomatik, nicht nur Rehabilitation, nicht nur Arbeitsmedizin. Sie betreffen Energie, Kreislauf, Schlaf, Denken, Immunprozesse, Reizverarbeitung, Belastungsgrenzen und soziale Teilhabe. Ein System, das in Fachabteilungen denkt, muss hier lernen, in Zusammenhängen zu denken.

Das ist leichter gesagt als getan. Medizinische Versorgung ist ohnehin belastet. Termine sind knapp. Ärztinnen und Ärzte arbeiten unter Zeitdruck. Ambulanzen sind überlaufen. Fachwissen verteilt sich ungleich. Und gerade komplexe Krankheitsbilder brauchen das, was im Alltag oft fehlt: Zeit, genaue Anamnese, Verlauf, Zuhören, interdisziplinäre Zusammenarbeit und die Bereitschaft, Nichtwissen nicht gegen Betroffene zu wenden. Long Covid und ME/CFS zeigen deshalb nicht nur eine medizinische Lücke. Sie zeigen eine strukturelle Schwäche im Umgang mit Erkrankungen, die nicht schnell sortierbar sind.

In Deutschland ist immerhin sichtbar geworden, dass diese Erkrankungen politisch und wissenschaftlich stärker wahrgenommen werden. Das Bundesgesundheitsministerium hat Anfang 2025 ein Forschungsnetzwerk zu Long Covid gestartet, dessen Ziel es ist, Forschungsergebnisse zur Behandlung von Long Covid einschließlich ME/CFS zu entwickeln, auszutauschen und zeitnah in die Versorgung zu bringen; zugleich sollen Daten aus der Versorgung für die Forschung verfügbar werden. Die BMG-Initiative Long COVID bündelt zudem Informationen und verweist auf Versorgungs- und Forschungsaktivitäten, unter anderem auf ein Qualitätszirkel-Modul der Kassenärztlichen Bundesvereinigung zur Versorgung von Menschen mit Long Covid und ME/CFS.

Das sind wichtige Schritte. Aber sie lösen das Grundproblem noch nicht. Zwischen Initiative und Alltag liegt eine große Strecke. Ein Forschungsnetzwerk hilft nicht automatisch der Patientin, die keinen Termin bekommt. Ein Qualitätszirkel-Modul hilft nur, wenn es in der Breite ankommt. Eine Leitlinie hilft nur, wenn sie gelesen, verstanden und im konkreten Fall angewandt wird. Forschung hilft nur, wenn sie langfristig finanziert, koordiniert und in Versorgung übersetzt wird. Der Weg von der Erkenntnis bis zum Bett eines schwer Betroffenen ist lang. Für Menschen wie Max ist er oft zu lang. Forschung muss deshalb mehr leisten als Beschreibung. Sie muss helfen, die diagnostische Unsicherheit zu verringern. Sie muss Biomarker suchen, Untergruppen erkennen, Mechanismen verstehen, Therapieansätze prüfen, Rehabilitationsrisiken bewerten und Versorgungspfade entwickeln. Bei Long Covid und ME/CFS geht es nicht um eine einzige einfache Antwort. Die Forschung diskutiert unterschiedliche biologische Pfade: Immunregulation, Autoimmunität, anhaltende Entzündungsprozesse, Virusreste oder Reaktivierungen, Gefäß- und Gerinnungsfragen, autonomes Nervensystem, Energiestoffwechsel, Neuroinflammation. Gerade weil die Mechanismen vielfältig sein können, braucht es gut koordinierte Forschung statt einzelner lose nebeneinanderstehender Projekte.

Dabei darf Forschung nicht nur die leichter erreichbaren Betroffenen untersuchen. Das ist ein entscheidender Punkt. Wer schwer oder sehr schwer betroffen ist, kann oft nicht in Studienzentren kommen, keine langen Fragebögen ausfüllen, keine belastenden Untersuchungen durchstehen, keine Reisen antreten. Wenn Forschung nur diejenigen erfasst, die noch teilnehmen können, entsteht ein verzerrtes Bild. Die Schwersten verschwinden wieder — diesmal nicht nur aus der Öffentlichkeit, sondern auch aus den Daten. Eine ernsthafte Forschungsstrategie müsste Wege finden, auch haus- und bettgebundene Menschen einzubeziehen, ohne sie zu überfordern.

Das ist schwierig, aber notwendig. Mobile Untersuchungen, reizarme Studiendesigns, kurze Erhebungen, digitale oder durch Angehörige unterstützte Dokumentation, klare Abbruchkriterien, Schutz vor PEM, ethisch sensible Protokolle. Forschung an schwer Erkrankten darf nicht selbst zur Belastung werden, die den Zustand verschlechtert. Aber ohne sie bleiben gerade jene unsichtbar, die am dringendsten Hilfe brauchen. Auch Versorgung muss anders gedacht werden. Long-Covid-Ambulanzen, ME/CFS-Kompetenzzentren und interdisziplinäre Sprechstunden sind wichtig, aber ihre Reichweite ist begrenzt. Viele Betroffene warten lange oder finden in ihrer Region keine passende Stelle. Schwer Betroffene können oft gar nicht reisen. Kinder und Jugendliche brauchen andere Strukturen als Erwachsene. Angehörige brauchen Ansprechstellen. Hausärztinnen und Hausärzte brauchen Fortbildung, weil sie oft die erste und dauerhaft wichtigste Versorgungsebene sind. Die politische Aufgabe besteht deshalb nicht nur darin, einige spezialisierte Zentren zu fördern, sondern Wissen in die Breite zu bringen.

Gerade bei Kindern und Jugendlichen ist der Handlungsdruck hoch. Medien berichteten im März 2026 über Pläne, die Betreuung junger Long-Covid- und ME/CFS-Betroffener bundesweit auszubauen; im Fokus stand unter anderem PEDNET-LC, ein Zusammenschluss zahlreicher Kliniken und Forschungseinrichtungen, der spezielle Versorgungszentren für junge Patientinnen und Patienten aufgebaut hat. Solche Strukturen sind wichtig, weil junge Betroffene nicht nur medizinische Hilfe brauchen, sondern auch schulische, soziale und familiäre Unterstützung. Wenn ein Kind oder Jugendlicher nicht mehr regelmäßig zur Schule kann, ist das nicht nur ein Gesundheitsproblem. Es ist ein Teilhabeproblem. Teilhabe muss der

Maßstab sein. Nicht nur Symptomreduktion. Nicht nur Arbeitsfähigkeit. Nicht nur Laborwerte. Die Frage muss lauten: Was braucht dieser Mensch, um unter seinen realen Grenzen möglichst würdig am Leben teilzunehmen? Bei manchen bedeutet das Rückkehr in Arbeit. Bei anderen Schule in angepasster Form. Bei anderen Pflege zu Hause. Bei anderen Reizschutz. Bei anderen Hilfe bei Anträgen. Bei anderen finanzielle Absicherung. Bei anderen die Anerkennung, dass im Moment keine Aktivierung möglich ist, ohne zu schaden.

Rehabilitation ist dafür ein besonders sensibles Feld. Reha kann helfen, wenn sie das Krankheitsbild versteht. Sie kann schaden, wenn sie schematisch aktiviert. Bei ME/CFS und PEM muss jede Reha-Logik die Belastungsintoleranz ernst nehmen. Die britische NICE-Leitlinie zu ME/CFS betont den Umgang mit Energie und enthält besondere Empfehlungen für Menschen mit schwerer und sehr schwerer ME/CFS; sie empfiehlt Graded Exercise Therapy nicht als kurative Behandlung. Auch die Charité verweist in ihren Patienteninformationen auf PEM und Pacing als relevante Themen bei Post-Covid und ME/CFS.

Das bedeutet nicht, dass jede Aktivität falsch ist. Es bedeutet, dass Aktivität nicht pauschal verordnet werden darf. Wer PEM hat, braucht eine andere Logik als jemand, der nach einer allgemeinen Schwäche langsam Kondition aufbaut. Bei PEM ist die zentrale Frage nicht: Wie steigern wir möglichst zügig? Sondern: Wie vermeiden wir Verschlechterung und erhalten, was noch möglich ist? Diese Unterscheidung muss in Reha, Physiotherapie, Ergotherapie, Psychotherapie, Hausarztpraxis, Begutachtung und Angehörigenberatung ankommen. Besonders problematisch ist die Begutachtung. Pflegegrad, Erwerbsminderung, Krankengeld, Arbeitsfähigkeit, Reha-Fähigkeit, Schwerbehinderung — all diese Verfahren verlangen Nachweise. Das ist grundsätzlich nachvollziehbar. Sozialsysteme brauchen Kriterien. Aber bei Long Covid, ME/CFS und schweren Fatigue-Zuständen stoßen klassische Verfahren an Grenzen. Wenn ein Mensch an einem guten Tag einen Termin wahrnehmen kann, heißt das nicht, dass er regelmäßig belastbar ist. Wenn jemand fünfzehn Minuten sprechen kann, heißt das nicht, dass er arbeitsfähig ist. Wenn Laborwerte unauffällig sind, heißt das nicht, dass keine schwere Funktionsstörung vorliegt.

Gutachten müssten deshalb stärker nach Nachwirkungen fragen. Was passiert 24 oder 48 Stunden nach Belastung? Wie lange dauert Erholung? Gibt es PEM? Welche Reize verschlechtern? Wie viele Aktivitäten pro Tag sind möglich? Was muss danach entfallen? Wie schwankt der Zustand? Welche Hilfe wird tatsächlich benötigt? Welche Aktivitäten werden nur durch extreme Vorbereitung oder anschließenden Rückzug möglich? Ohne diese Fragen wird die tatsächliche Einschränkung unterschätzt. Das gilt auch für Pflege. Bei schweren Verläufen kann Pflegebedürftigkeit entstehen, obwohl der Mensch jung ist, obwohl er früher leistungsfähig war, obwohl er äußerlich nicht in bekannte Bilder passt. Wenn jemand Licht, Geräusche und Bewegung kaum toleriert, braucht Pflege besondere Kompetenz. Es reicht nicht, Standardabläufe zu übertragen. Pflege muss reizarm, langsam, vorhersehbar und belastungssensibel sein. Für Menschen wie Max kann eine zu laute, zu schnelle, zu helle Versorgung selbst zur Verschlechterung beitragen. Das muss in Ausbildung, Pflegeberatung und Versorgungspraxis ankommen.

Angehörige dürfen dabei nicht als unbegrenzte Ressource behandelt werden. Viel zu oft füllen sie die Lücken des Systems: Sie organisieren Termine, erklären Symptome, schützen Grenzen, pflegen, dokumentieren, recherchieren, kämpfen mit Krankenkassen, übersetzen Arztberichte, beobachten Nachwirkungen und halten den Alltag zusammen. Diese Arbeit wird selten vollständig gesehen, obwohl sie oft darüber entscheidet, ob ein Betroffener überhaupt stabil bleibt. Angehörigenhilfe darf deshalb kein Nebenthema sein. Sie ist Teil der Versorgung.

Politik muss hier mehr tun als Informationsseiten bereitstellen. Informationen sind wichtig, aber sie ersetzen keine Strukturen. Es braucht spezialisierte Anlaufstellen, klare Versorgungspfade, Fortbildungen, Forschungsgelder, sozialrechtliche Sensibilisierung, Schutz vor Fehlbegutachtung, Unterstützung für schwer Betroffene zu Hause, niedrigschwellige Beratung für Angehörige und eine ernsthafte Debatte darüber, wie viele Menschen durch postinfektiöse Erkrankungen langfristig aus Arbeit, Schule und sozialer Teilhabe herausfallen.

Der Umfang des Problems ist groß genug, um nicht als Randthema behandelt zu werden. Aktuelle Berichte und politische Debatten sprechen für Deutschland von Schätzungen in der Größenordnung von rund 1,5 Millionen Long-Covid-Betroffenen; zugleich wird immer wieder betont, dass viele schwer Betroffene dauerhaft ans Haus oder Bett gebunden sein können. Auch wenn Zahlen je nach Definition, Erhebungsmethode und Zeitraum schwanken, ist die politische Botschaft klar: Es geht nicht um einige wenige Einzelfälle. Es geht um eine relevante Versorgungs- und Teilhabefrage.

Forschungsgeld ist dabei kein Luxus. Das Bundesforschungsministerium kündigte Anfang 2026 eine „Nationale Dekade gegen Postinfektiöse Erkrankungen“ mit 500 Millionen Euro für Forschung an Erkrankungen wie Long Covid und ME/CFS an. Solche Summen zeigen, dass das Thema in der Forschungspolitik angekommen ist. Entscheidend wird sein, ob daraus nachhaltige Strukturen entstehen: Biobanken, Register, klinische Studien, Versorgungsforschung, Nachwuchsförderung, internationale Kooperationen, Datenstandards und vor allem eine Verbindung zwischen Forschung und Alltag der Betroffenen. Denn Betroffene können nicht von Ankündigungen leben. Sie brauchen spürbare Verbesserungen. Ein Mensch mit schwerer ME/CFS braucht keine Pressemitteilung, sondern eine Ärztin, die seine Belastungsgrenze versteht. Eine Familie mit einem bettlägerigen jungen Erwachsenen braucht keine abstrakte Anerkennung, sondern konkrete Hilfe. Eine Long-Covid-Patientin mit siebzig Prozent Energie braucht keine Standardrückkehr in Vollzeit, sondern eine realistische Einschätzung, was stabil möglich ist. Ein Arbeitgeber braucht Wissen, wie Anpassung funktioniert. Ein Gutachter braucht Kriterien, die PEM erfassen. Eine Schule braucht Lösungen für ein Kind, das nicht zuverlässig teilnehmen kann. Dafür braucht es Weiterbildung in der Breite. Hausärzte, Kinderärztinnen, Neurologen, Kardiologinnen, Pneumologen, Psychiaterinnen, Psychotherapeutinnen, Physiotherapeuten, Ergotherapeutinnen, Pflegekräfte, Sozialarbeiter, Reha-Teams, Gutachter. Alle müssen nicht Spezialisten für alles werden. Aber sie müssen die roten Linien kennen: PEM ernst nehmen. Belastung nicht pauschal steigern. Unsichtbare Symptome nicht vorschnell psychologisieren. Nach Nachwirkungen fragen. Dysautonomie und POTS mitdenken. Brain Fog als Funktionsstörung verstehen. Angehörigenberichte ernst nehmen. Schwere und sehr schwere Verläufe kennen.

Gleichzeitig muss Forschung offen bleiben. Es wäre falsch, Long Covid oder ME/CFS vorschnell auf einen einzigen Mechanismus zu reduzieren. Es wäre ebenso falsch, wegen dieser Unsicherheit in Beliebigkeit zu verfallen. Gute Forschung hält beides aus: klare Anerkennung der Erkrankung und offene Suche nach ihren Mechanismen. Sie trennt Hypothesen von Beweisen, sie prüft Therapien sorgfältig, sie nimmt Patientenerfahrungen ernst, ohne sie ungeprüft zu verallgemeinern, und sie schützt vulnerable Menschen vor Studien oder Behandlungen, die mehr kosten als nützen.

Patientenorganisationen und Betroffene haben in dieser Entwicklung eine zentrale Rolle gespielt. Viele Themen, die heute in Fachkreisen diskutiert werden, wurden lange von Betroffenen benannt: PEM, Crashs, Fehlbelastung, Reizintoleranz, Versorgungslücken, psychologische Fehldeutung. Eine moderne Medizin sollte daraus lernen. Nicht, indem sie Forschung durch Erfahrung ersetzt, sondern indem sie Erfahrung als Frühwarnsystem ernst nimmt. Wenn Tausende Menschen ähnliche Muster beschreiben, ist das kein Rauschen. Es ist ein Auftrag.

Der Fall Max zeigt, warum dieser Auftrag dringlich ist. Ein junger Mensch verschwindet in ein dunkles Zimmer, und die Gesellschaft muss sich fragen, wie viele solcher Zimmer sie nicht sieht. Wie viele Menschen zu krank sind, um in Statistiken aufzutauchen. Wie viele Angehörige pflegen, ohne dass ihre Arbeit angemessen gesehen wird. Wie viele Betroffene an Verfahren scheitern, die nicht für ihre Erkrankung gebaut sind. Wie viele falsche Reha- oder Aktivierungsansätze Verschlechterungen riskieren. Wie viele Ärztinnen und Ärzte helfen möchten, aber nicht genug wissen. Wie viel Zeit verloren geht, weil das System langsamer lernt als die Krankheit Leben verändert.

Versorgung muss deshalb dort beginnen, wo Betroffene tatsächlich sind. Nicht nur in Spezialambulanzen, sondern im Hausarztzimmer. Nicht nur im Krankenhaus, sondern zu Hause. Nicht nur bei Erwachsenen, sondern bei Kindern und Jugendlichen. Nicht nur bei denen, die sprechen können, sondern auch bei denen, für die Angehörige sprechen müssen. Nicht nur bei Erwerbstätigen, sondern bei Menschen, die aus dem Arbeitsmarkt herausgefallen sind. Nicht nur bei milden Verläufen, sondern bei den schwersten.

Das ist eine Frage der Gerechtigkeit. Krankheiten, die Menschen unsichtbar machen, brauchen eine besonders wache Gesellschaft. Sonst werden diejenigen am wenigsten versorgt, die am wenigsten sichtbar sind. Wer nicht reisen kann, kommt nicht zur Ambulanz. Wer nicht lange sprechen kann, erklärt seine Lage schlechter. Wer keine Angehörigen hat, organisiert weniger Hilfe. Wer finanziell schwach ist, kann weniger ausprobieren, weniger warten, weniger ausgleichen. Wer jung ist, wird vielleicht nicht ernst genommen, weil sein Alter gegen seine Krankheit zu sprechen scheint. Wer alt ist, wird vielleicht abgeschrieben, weil Müdigkeit dann angeblich dazugehört. In allen Fällen braucht es Strukturen, die nicht nur auf die Lauten, Mobilen und Gutorganisierten reagieren.

Die politische Aufgabe ist also nicht bloß medizinisch. Sie ist sozial. Long Covid und ME/CFS betreffen Arbeitsmarkt, Bildung, Pflege, Familien, Sozialversicherung, Armut, Gleichstellung, Forschung und öffentliche Kommunikation. Wenn Menschen dauerhaft oder vorübergehend nicht arbeiten können, entstehen finanzielle Risiken. Wenn Jugendliche nicht zur Schule können, entstehen Bildungslücken. Wenn Angehörige pflegen, entstehen Belastungen in Familien und Betrieben. Wenn die Versorgung unzureichend ist, entstehen Folgekosten. Wer diese Erkrankungen kleinredet, spart nicht. Er verschiebt Kosten nur an Orte, an denen sie schwerer sichtbar sind.

Das Buch hat bisher immer wieder gezeigt, dass Energie die stille Voraussetzung von Freiheit ist. Kapitel 15 fügt hinzu: Energieverlust ist auch eine politische Kategorie. Nicht, weil jeder persönliche Krankheitsverlauf politisch verursacht wäre. Sondern weil Gesellschaften entscheiden, wie sie mit Energieverlust umgehen. Ob sie Betroffene beschämen oder absichern. Ob sie Forschung finanzieren oder auf Selbsthilfe verweisen. Ob sie Angehörige alleinlassen oder entlasten. Ob sie Arbeitsfähigkeit erzwingen oder Teilhabe ermöglichen. Ob sie Krankheit erst glaubt, wenn der Mensch nicht mehr erklären kann. Es geht nicht darum, ein perfektes System zu fordern. Kein Gesundheitssystem kann jede Unsicherheit sofort lösen. Keine Politik kann Forschungsergebnisse herbeibeschließen. Keine Leitlinie ersetzt ärztliches Urteil. Aber ein System kann lernen. Es kann zuhören. Es kann Fehler korrigieren. Es kann Betroffene nicht als Störung seiner Abläufe behandeln. Es kann anerkennen, dass Long Covid, ME/CFS und schwere Fatigue mehr sind als Randphänomene. Es kann verhindern, dass aus medizinischem Nichtwissen soziale Abwertung wird.

Vielleicht wäre das der erste realistische Maßstab: nicht Allwissenheit, sondern Nicht-Schaden. Keine pauschale Aktivierung bei PEM. Keine vorschnelle Psychologisierung. Keine Begutachtung ohne Nachwirkungsfrage. Keine Versorgung, die Schwerbetroffene wegen ihrer Schwere ausschließt. Keine Angehörigenarbeit ohne Unterstützung. Keine Forschungsstrategie, die die Schwersten nicht erreicht. Keine Arbeitsrückkehr, die nur die Stunden zählt und nicht die Kosten.

Danach kommt der nächste Maßstab: Teilhabe. Wie kann ein Mensch trotz Energiegrenze Verbindung halten? Wie kann Schule angepasst werden? Wie kann Arbeit reduziert, verändert oder ersetzt werden? Wie kann Pflege würdig geschehen? Wie können digitale Möglichkeiten genutzt werden, ohne neue Reizlast zu erzeugen? Wie können Behörden Verfahren so gestalten, dass sie nicht mehr Energie kosten, als Betroffene haben? Wie kann medizinische Kommunikation klarer, kürzer, verständlicher und belastungssensibel werden? Das klingt technisch. Aber dahinter steht eine einfache menschliche Frage: Kommt Hilfe dort an, wo das Leben eng geworden ist?

Bei Max müsste Hilfe leise sein. Reizarm. Kompetent. Geduldig. Nicht auf schnelle Aktivierung ausgerichtet. Bei meiner Frau musste Hilfe anerkennen, dass dreißig Prozent Energie keine Laune sind und siebzig Prozent keine alte Normalität. Bei Lena müsste Hilfe früher beginnen, bevor Burnout-nahes Funktionieren in Zusammenbruch kippt. Bei Sara müsste Hilfe auch das System sehen, das ihre Grenzen verbraucht. Bei Jonas müsste Hilfe die Verwechslung von Arbeit und Wert lösen. Unterschiedliche Geschichten, unterschiedliche Formen von Erschöpfung, aber eine gemeinsame Lektion: Menschen brauchen Strukturen, die ihre Grenzen nicht erst ernst nehmen, wenn sie endgültig überschritten sind.

Dieses Kapitel ist deshalb kein Forderungskatalog im engen Sinn. Es ist eine Richtungsbestimmung. Forschung, Politik und Versorgung müssen lernen, Energie als Grundlage von Teilhabe zu behandeln.

Das verändert Prioritäten. Dann sind Long-Covid-Ambulanzen nicht Spezialluxus, sondern Teilhabestruktur. Dann ist ME/CFS-Forschung nicht Nischenthema, sondern Schutz für Menschen, die sonst aus dem Leben fallen. Dann ist Ärztefortbildung kein Zusatz, sondern Patientensicherheit. Dann ist Angehörigenunterstützung keine private Nettigkeit, sondern Systementlastung. Dann ist Pacing-Wissen kein Ratschlag, sondern Schadensvermeidung.

Die Gesellschaft wird daran gemessen werden, ob sie diese Lehre ernst nimmt. Nicht in Schlagworten. Nicht in kurzfristiger Betroffenheit. Sondern in der langen, unspektakulären Arbeit an Versorgung. Forschung finanzieren. Leitlinien verbreiten. Reha korrigieren. Gutachter schulen. Hausärzte unterstützen. Pflege entlasten. Kinder und Jugendliche schützen. Schwer Betroffene erreichen. Angehörige einbeziehen. Arbeitsmodelle anpassen. Und immer wieder fragen: Was kostet Teilhabe — und wer trägt diese Kosten? Vielleicht klingt das groß. Aber für Betroffene beginnt es klein. Mit einer Ärztin, die fragt, was nach dem Termin passiert. Mit einem Arbeitgeber, der nicht nur die Rückkehr, sondern die Stabilität im Blick hat. Mit einem Gutachter, der versteht, dass ein guter Moment kein ganzer Alltag ist. Mit einer Pflegekraft, die das Licht dimmt. Mit einer Krankenkasse, die nicht nur Standardpfade prüft. Mit einem Forschungsprojekt, das auch schwer Betroffene berücksichtigt. Mit einer Politik, die Dunkelzimmer nicht aus dem Blick verliert. Mitgefühl ist gut. Aber Struktur entscheidet, ob Mitgefühl Folgen hat.

Das letzte Kapitel wird diese Linien zusammenführen. Es wird zurückgehen zu der Frage, mit der das Buch begonnen hat: Warum sind so viele erschöpft, und was sagt das über unsere Zeit? Nach Teil II und III kann die Antwort nicht mehr nur lauten: weil Arbeit, Social Media und moderne Unsicherheit zu viel geworden sind. Die tiefere Antwort lautet: weil wir Energie zu lange für selbstverständlich gehalten haben. Als private Ressource. Als moralische Eigenschaft. Als Voraussetzung von Leistung. Als etwas, das man mit genug Willen immer wieder mobilisieren kann. Long Covid, ME/CFS, Burnout und die erschöpfte Generation zeigen, wie falsch und wie gefährlich diese Annahme ist.

Kapitel 16 - Was bleibt, wenn Energie nicht selbstverständlich ist

Vielleicht beginnt eine menschlichere Gesellschaft dort, wo sie aufhört, Energie für selbstverständlich zu halten. Das klingt zunächst schlicht. Fast zu schlicht nach all den Kapiteln über Erschöpfung, Long Covid, ME/CFS, PEM, Brain Fog, Arbeit, Angehörige, Medizin und verlorene Teilhabe. Und doch führt genau dieser Satz zum Kern des Buches. Denn fast alles, was wir über moderne Leistung, Selbstverwirklichung, Freiheit, Arbeit, Gesundheit und Verantwortung erzählen, setzt etwas voraus, das selten ausgesprochen wird: dass Menschen genug Energie haben, um ihr Leben überhaupt führen zu können. Energie ist die unsichtbare Grundlage von Freiheit. Wer Energie hat, kann entscheiden, planen, arbeiten, lieben, antworten, reisen, streiten, lernen, sich kümmern, Neues beginnen und Altes verlassen. Wer Energie hat, erlebt Grenzen oft als verhandelbar. Ein anstrengender Tag lässt sich ausgleichen. Eine kurze Nacht ist unangenehm, aber nicht existenziell. Ein voller Kalender nervt, aber er beweist auch, dass man noch teilnehmen kann. Solange Energie da ist, wirkt sie nicht wie ein Thema. Sie ist einfach der Boden, auf dem alles andere steht. Erst wenn dieser Boden nachgibt, wird sichtbar, wie viel von einem Leben darauf gebaut war.

Bei meiner Frau wurde das sichtbar, als der Alltag auf etwa dreißig Prozent schrumpfte. Nicht theoretisch, nicht als abstrakte Diagnose, sondern in den kleinen Entscheidungen eines Tages. Was geht noch? Was muss warten? Was ist zu viel? Wie lange kann eine Aktivität dauern? Was kostet ein Gespräch? Was bedeutet ein Besuch? Wie viel Welt passt in diesen Körper, ohne dass er danach einbricht? Später wurden daraus ungefähr siebzig Prozent. Mehr Raum. Mehr Leben. Mehr Hoffnung. Aber auch die bleibende Erkenntnis, dass Energie nicht einfach da sein muss, nur weil man sie braucht.

Bei Max wurde diese Erkenntnis radikal. Sein Leben zeigt, was geschieht, wenn Energie, Reizverarbeitung und Teilhabe so stark eingeschränkt sind, dass ein junger Mensch aus fast allem herausfällt, was wir gewöhnlich Leben nennen. Licht, Geräusche, Gespräche, Denken, Nähe — alles kann zu viel sein. Ein dunkles Zimmer wird dann nicht zum Rückzug aus der Welt, sondern zum

Schutz vor ihr. Wer das wirklich begreift, kann Erschöpfung nicht mehr leichtfertig als Schwäche, Stress oder mangelnde Disziplin behandeln.

Und doch geht dieses Buch nicht nur über die schwer Erkrankten. Es begann mit einer Generation, die müde ist, obwohl sie funktioniert. Mit Menschen wie Lena, die nach außen alles im Griff haben und innerlich leer werden. Mit Jonas, der Arbeit mit Wert verwechselt. Mit Mia, die im Vergleich lebt und dabei den Kontakt zu sich selbst verliert. Mit Sara, die in einem System der Fürsorge arbeitet, das von ihrer Selbstüberschreitung lebt. Mit Timo, der glaubt, nicht ausfallen zu dürfen, weil Familie, Arbeit und Verantwortung auf seinen Schultern liegen. Diese Menschen haben nicht alle Long Covid. Sie haben nicht alle ME/CFS. Sie sind nicht alle krank im medizinischen Sinn. Aber sie leben in einer Kultur, die Energie verbraucht, als sei sie unbegrenzt.

Das ist die Verbindung zwischen den Teilen dieses Buches. Teil I hat gezeigt, wie eine Generation unter Erwartungen, Vergleich, Arbeit und Pandemieerfahrung erschöpft wurde. Teil II hat gezeigt, was geschieht, wenn Erschöpfung körperlich wird und Energie als biologische Grundlage des Lebens verschwindet. Teil III hat gefragt, was daraus folgen muss: eine neue Ehrlichkeit über Grenzen, ein genauerer Blick auf Angehörige, eine andere Arbeitsmoral, bessere Versorgung, Forschung und gesellschaftliche Verantwortung.

Am Ende bleibt keine einfache Lösung. Das ist wichtig. Dieses Buch kann nicht versprechen, dass Long Covid heilbar wird, wenn man nur das Richtige versteht. Es kann Max nicht aus dem dunklen Zimmer zurückholen. Es kann Angehörigen nicht die Erschöpfung abnehmen. Es kann keine medizinische Forschung ersetzen, keine Versorgungslücke schließen, keine Reha-Leitlinie allein verändern, keinen Arbeitgeber automatisch menschlicher machen. Es kann auch nicht jede müde Generationserfahrung in eine Krankheit verwandeln. Das wäre falsch. Aber es kann eine falsche Erzählung angreifen. Die falsche Erzählung lautet: Wer genug will, kann genug leisten. Wer erschöpft ist, muss sich besser organisieren. Wer krank ist, muss sich zurückkämpfen. Wer Grenzen hat, muss an ihnen arbeiten. Wer nicht mehr funktioniert, ist entweder nicht diszipliniert genug, nicht resilient genug, nicht positiv genug oder nicht ausreichend motiviert.

Diese Erzählung ist tief in unserer Kultur verankert. Sie klingt manchmal hart, manchmal freundlich, manchmal therapeutisch, manchmal wirtschaftlich. Aber ihr Kern bleibt derselbe: Der Mensch soll verfügbar bleiben.

Long Covid und ME/CFS widersprechen dieser Erzählung brutal. Burnout widerspricht ihr leiser, aber ebenfalls deutlich. Die erschöpfte Generation widerspricht ihr in Millionen kleinen Alltagsszenen. Der Körper widerspricht ihr morgens im Bett, im dunklen Zimmer, im Büro, in der Pflege, am Küchentisch, im Supermarkt, vor dem Laptop, nach einem Arzttermin, nach einem Gespräch, nach einer Aktivität, die früher selbstverständlich war. Er sagt: Ich bin keine unbegrenzte Ressource. Vielleicht muss eine Gesellschaft diesen Satz neu lernen. Nicht als Einladung zur Passivität. Nicht als Absage an Anstrengung, Verantwortung oder Entwicklung. Menschen sollen arbeiten dürfen, wachsen, kämpfen, üben, lernen, lieben, sich engagieren, für andere da sein, Großes schaffen. Dieses Buch ist kein Plädoyer gegen Leistung. Es ist ein Plädoyer gegen die Verwechslung von Leistung und Menschenwert. Gegen eine Kultur, die Grenzen erst respektiert, wenn sie katastrophal überschritten wurden. Gegen eine Medizin, die manchmal erst zuhört, wenn nichts mehr geht. Gegen eine Arbeitswelt, die Erschöpfung individualisiert, obwohl sie sie strukturell erzeugt. Gegen eine Gesellschaft, die Teilhabe zu oft an Funktionieren bindet. Denn ein Mensch ist nicht weniger wert, wenn er weniger kann. Dieser Satz ist leicht zu unterschreiben und schwer zu leben. Er wird erst geprüft, wenn jemand tatsächlich weniger kann. Wenn eine Partnerin nicht mehr wie früher am Alltag teilnehmen kann. Wenn ein junger Mann mit neunundzwanzig zum Pflegefall wird. Wenn eine Kollegin nach Long Covid nur noch wenige Stunden schafft. Wenn ein Freund ständig absagt. Wenn ein Mitarbeiter nicht linear zurückkehrt. Wenn eine Tochter im dunklen Zimmer liegt. Wenn ein Vater nach Monaten der Überlastung nicht mehr derselbe ist. Wenn jemand nicht sichtbar krank aussieht und trotzdem nicht belastbar ist.

Dann zeigt sich, ob Würde wirklich unabhängig von Leistung gedacht wird. Eine Gesellschaft, die Energie ernst nimmt, würde anders fragen. Sie würde nicht zuerst fragen: Wann bist du wieder voll belastbar? Sie würde fragen: Was ist real möglich, ohne Schaden zu verursachen? Sie würde nicht nur fragen: Kannst du arbeiten? Sondern: Unter welchen Bedingungen, mit welchen Kosten, mit welcher Erholungszeit? Sie würde nicht nur fragen: Warum nimmst du nicht teil? Sondern: Was macht Teilhabe für dich zu teuer? Sie würde nicht sagen: Du musst dich wieder mehr trauen. Sondern: Welche Grenze ist Angst, und welche Grenze ist Körper?

Auch im Privaten würde sie anders sprechen. Sie würde aufhören, Absagen sofort persönlich zu nehmen. Sie würde kurze Nachrichten ohne Antwortpflicht senden. Sie würde Besuche nicht als Beweis von Nähe erzwingen. Sie würde verstehen, dass Reizschutz kein Rückzug aus Liebe ist. Sie würde Angehörige nicht nur bewundern, sondern entlasten. Sie würde gute Tage feiern, ohne sie sofort zur Erwartung zu machen. Sie würde schlechte Tage nicht als Rückschritt deuten, sondern als Teil eines schwankenden Verlaufs.

In der Medizin würde sie anders handeln. Sie würde unauffällige Standardwerte nicht als Ende des Denkens behandeln. Sie würde PEM kennen. Sie würde Dysautonomie, POTS, Brain Fog und nicht erholsamen Schlaf als reale Funktionsstörungen ernst nehmen. Sie würde schwer Betroffene nicht aus Forschung und Versorgung verlieren, nur weil sie zu krank sind, um sichtbar zu sein. Sie würde Psychologie nicht abwerten, aber auch nicht als Restkategorie für das Unverstandene missbrauchen. Sie würde sagen können: Wir wissen noch nicht genug, aber wir nehmen Sie ernst. In der Arbeitswelt würde sie anders planen. Sie würde Menschen nicht nur nach Stunden bewerten, sondern nach Stabilität, Erholungszeit und Bedingungen. Sie würde Wiedereingliederung nicht als lineare Rückkehr zur alten Leistungsform verstehen. Sie würde Teilzeit, Pausen, Reizreduktion, Homeoffice, weniger Meetings oder andere Aufgaben nicht als Sonderbehandlung betrachten, sondern als Versuch, Teilhabe zu erhalten. Und dort, wo Arbeit nicht möglich ist, würde sie nicht so tun, als sei das ein moralischer Mangel. All das klingt nach viel. Vielleicht ist es viel. Aber die Alternative ist teurer. Sie besteht darin, weiter so zu tun, als seien Menschen unbegrenzt belastbar, bis sie ausfallen. Sie besteht darin, Erschöpfung zu privatisieren, Krankheit zu verdächtigen, Angehörige allein zu lassen, Forschung zu spät zu finanzieren und Dunkelzimmer zu übersehen. Diese Alternative ist nicht nur unmenschlich. Sie ist auch irrational. Denn die Kosten verschwinden nicht. Sie verlagern sich in

Familien, Kliniken, Pflege, Arbeitsausfälle, Erwerbsminderung, Depressionen, Einsamkeit und verlorene Leben.

Das Wort Leben ist hier bewusst gewählt. Denn am Ende geht es nicht nur um Gesundheit im engen Sinn. Es geht um Leben als Teilhabe. Um die Möglichkeit, morgens aufzustehen und nicht zuerst zu rechnen. Um die Möglichkeit, einen Menschen zu treffen, ohne den nächsten Tag zu verlieren. Um die Möglichkeit, zu arbeiten, ohne sich zu zerstören. Um die Möglichkeit, krank zu sein, ohne sich ständig rechtfertigen zu müssen. Um die Möglichkeit, weniger zu können und dennoch dazuzugehören.

Lena braucht diese Möglichkeit, bevor ihre Erschöpfung zum Zusammenbruch wird. Jonas braucht sie, bevor Arbeit sein ganzes Selbst verschluckt. Mia braucht sie, bevor Vergleich ihr Leben dauerhaft von innen verkleinert. Sara braucht sie, bevor Fürsorge sie verbraucht. Timo braucht sie, bevor Verantwortung ihn hart macht. Meine Frau brauchte sie, als dreißig Prozent Energie das Leben neu sortierten. Max braucht sie im radikalsten Sinn: als gesellschaftliches Gedächtnis für einen Menschen, der kaum noch am sichtbaren Leben teilnehmen kann.

Vielleicht ist das die Aufgabe dieses Buches: nicht alle Antworten zu geben, sondern die richtigen Fragen wieder freizulegen.

Was bedeutet Erschöpfung, wenn sie nicht nur psychisch ist?
Was bedeutet Gesundheit, wenn ein Mensch normal aussieht und trotzdem kaum Energie hat?
Was bedeutet Leistung, wenn der Körper nicht mehr mitspielt?
Was bedeutet Teilhabe, wenn schon ein Gespräch zu viel sein kann?
Was bedeutet Angehörigensein, wenn Liebe nicht heilt, aber trotzdem tragen muss?
Was bedeutet Medizin, wenn Standardwerte unauffällig sind und das Leben trotzdem zerbricht?
Was bedeutet Gesellschaft, wenn Menschen erst dann zählen, wenn sie funktionieren?

Diese Fragen sind unbequem. Aber sie sind notwendig. Das Buch begann mit Menschen, die sagen: „Ich bin müde." Und dann fast sofort hinzufügen: „Aber eigentlich geht es mir gut." Nach allem, was in diesem Buch beschrieben wurde, klingt dieser zweite Satz anders. Vielleicht ist er nicht Bescheidenheit. Vielleicht ist er ein Symptom einer Kultur, die Erschöpfung erst anerkennt, wenn sie nicht mehr zu übersehen ist. Eine Kultur, in der Menschen ihre Müdigkeit relativieren, weil andere es schlimmer haben, weil sie keinen dramatischen Grund nennen können, weil sie noch arbeiten, noch lächeln, noch antworten, noch funktionieren.

Aber Funktionieren ist nicht dasselbe wie Gesundheit. Und Nichtfunktionieren ist nicht dasselbe wie Wertlosigkeit. Zwischen diesen beiden Sätzen liegt ein großer Teil dessen, was sich ändern muss.

Vielleicht wird eine menschlichere Gesellschaft nicht daran erkennbar sein, dass niemand mehr erschöpft ist. Das wäre unrealistisch. Leben bleibt anstrengend. Arbeit wird fordern. Krankheit wird es geben. Krisen werden kommen. Menschen werden an Grenzen stoßen, scheitern, neu anfangen, Unterstützung brauchen. Eine menschlichere Gesellschaft erkennt man nicht daran, dass sie Verletzlichkeit abschafft. Man erkennt sie daran, wie sie mit ihr umgeht.

Sie hört früher hin.
Sie glaubt nicht erst dem Zusammenbruch.
Sie verwechselt Energie nicht mit Moral.
Sie schützt Grenzen, die der Körper setzt.
Sie lässt Menschen nicht verschwinden, wenn sie nicht mehr laut sein können.
Sie bewertet Fürsorge nicht nur in warmen Worten, sondern in Entlastung.
Sie misst Teilhabe nicht allein an Erwerbsarbeit.
Sie finanziert Forschung dort, wo Nichtwissen Leben kostet.
Sie erlaubt Angehörigen, erschöpft zu sein.
Sie gibt Betroffenen Würde, auch wenn keine schnelle Lösung da ist.

Vielleicht ist das kein spektakuläres Ende. Aber es ist ein realistisches.

Denn am Ende bleibt nicht der große Durchbruch. Nicht die perfekte Antwort. Nicht die sichere Heilungsgeschichte. Es bleibt der Blick auf Energie als etwas Kostbares, Verletzliches, Ungleichverteiltes. Es bleibt die Erfahrung, dass ein Leben sich in Prozenten verengen kann. Dass ein junger Mensch im Dunkeln verschwinden kann, ohne dass seine Würde verschwindet. Dass eine Generation nicht einfach empfindlich ist, sondern in einer Welt lebt, die ihre Ressourcen oft falsch versteht. Dass Arbeit wichtig ist, aber nicht heilig. Dass Medizin stark sein kann, aber besser zuhören muss. Dass Angehörige tragen, aber nicht unbegrenzt.

Und es bleibt vielleicht ein anderer Anfangssatz für Menschen, die müde sind. Nicht mehr: „Ich habe keinen Grund." Sondern: „Ich sollte genauer hinsehen." Genauer auf den Körper. Genauer auf die Arbeit. Genauer auf die Grenzen. Genauer auf die Menschen, die aus dem sichtbaren Leben verschwinden. Genauer auf jene, die noch funktionieren und dabei innerlich leiser werden. Genauer auf Angehörige, die mittragen. Genauer auf Systeme, die zu viel verlangen und zu wenig auffangen. Dieses genauere Hinsehen ist keine Heilung. Aber es ist der Anfang von Verantwortung.

Vielleicht beginnt eine menschlichere Gesellschaft dort, wo sie aufhört, Energie für selbstverständlich zu halten. Dort, wo sie versteht, dass Freiheit nicht nur bedeutet, wählen zu können, sondern genug Kraft zu haben, um überhaupt wählen zu können. Dort, wo sie erkennt, dass Teilhabe nicht nur eine Frage des Wollens ist, sondern des Körpers, der Umgebung, der Medizin, der Arbeit, der Beziehungen und der Strukturen.

Und vielleicht beginnt sie ganz klein. Mit einem Licht, das gedimmt wird. Mit einer Frage, die nicht drängt. Mit einem Arzt, der länger zuhört. Mit einem Arbeitgeber, der nach den Kosten einer Belastung fragt. Mit einer Freundin, die schreibt, ohne Antwort zu erwarten. Mit einem Angehörigen, der sagen darf, dass er müde ist. Mit einem Menschen, der seine Grenze nicht länger als Versagen betrachtet.

Vielleicht beginnt sie dort, wo jemand sagt:

Was du erlebst, ist real.

ÜBER DEN AUTOR

Frank Hertfelder ist Autor, Finanzexperte, Coach, Trainer und Referent. Seit rund fünf Jahrzehnten begleitet er Menschen in sehr unterschiedlichen Lebenssituationen: im Sport, in der Arbeit mit Jugendlichen und Erwachsenen, in der Finanz- und Lebensplanung, bei Unternehmensgründungen, in Vereinen, in Führungsfragen und in persönlichen Umbruchphasen.

Nach über vier Jahrzehnten Erfahrung in der Finanzindustrie, Vermögensverwaltung und Beratung kennt er die Zusammenhänge zwischen Sicherheit, Zukunftsangst, Verantwortung, Leistungsdruck und Erschöpfung aus vielen Perspektiven. In seiner Arbeit mit Familien, Unternehmern, Führungskräften und jungen Menschen hat er immer wieder erlebt, wie stark berufliche, finanzielle und persönliche Krisen das Leben verändern können.

Dieses Buch entstand aus einer sehr persönlichen Erfahrung mit Long Covid im engsten familiären Umfeld. Hertfelder erlebte, wie ein vertrautes Leben plötzlich von einem stark begrenzten Energiefenster bestimmt wurde — mit abgesagten Einladungen, begleiteten Arztbesuchen, eingeschränkter Mobilität, Homeoffice und der ständigen Frage, wie viel Alltag der Körper noch tragen kann.

Frank Hertfelder schreibt nicht als Arzt und gibt keine medizinischen Therapieempfehlungen. Er schreibt als Angehöriger, Autor und erfahrener Beobachter menschlicher Belastungsgrenzen. Sein Blick verbindet persönliche Erfahrung, gesellschaftliche Analyse, Coachingpraxis, Sport, Finanz- und Lebensplanung sowie die Frage, warum moderne Erschöpfung nicht länger als individuelles Versagen missverstanden werden darf.

IMPRESSUM

WENN ENERGIE VERSCHWINDET

Ein Werk von Frank Hertfelder

Coverdesign: Frank Hertfelder
Satz und Gestaltung: Frank Hertfelder

Veröffentlicht über Amazon KDP
ISBN: 978-3-912194-08-1
Erstveröffentlichung: 2026

Kontakt:
K2-KunstWerk
www.K2-KunstWerk.de
Marie-Elisabeth-Lüders-Weg 8
75428 Illingen
Deutschland

www.ingramcontent.com/pod-product-compliance
Lightning Source LLC
LaVergne TN
LVHW010937051026
849532LV00003B/1022